신구약 중간사

레이몬드 설버그 著
김   의   원 譯

기독교문서선교회

INTRODUCTION
TO THE
INTERTESTAMENTAL PERIOD

by
Raymond F. Surburg

translated by
Eui Won Kim

Copyright © 1975 by Raymond F. Surburg

Originally published in English under the title
as *Introduction to the Intertestamental Period* by Raymond F. Surburg
Published by Concordia Publishing House,
3558 South Jefferson Avenue, St. Louis Missouri 63118.

All rights reserved.

Translated and used by the permission of Concordia Publishing House through the arrangement of KCBS Literary Agency, Seoul, Korea.

Korean Edition
Copyright © 2004 by Christian Literature Crusade
Seoul, Korea.

* 본 저작물의 한국어판 저작권은 KCBS Literary Agency를 통하여 Concordia Publishing House와 독점 계약한 기독교문서선교회에 있습니다. 신 저작권법에 의하여 한국 내에서 보호받는 저작물이므로 무단전재와 무단복제를 금합니다.

역자 서문

　본서 『신구약 중간사』(Introduction to the Intertestamental Period)는 레이몬드 설버그(Raymond F. Surburg) 박사가 저술하였다. 그는 콘콜디아 신학교를 졸업하였고 콜럼비아 대학교에서 셈어(Semitics)연구로 박사 학위를 받았으며, 아메리칸 신학교에서 신학박사 학위를, 그리고 포담 대학교에서 교육철학과 역사 분야 연구로 박사 학위를 취득하였다.

　설버그 박사는 루터교단에서 목사 안수를 받았으며 뉴욕과 뉴저지 교구에서 18년 동안 목회하였다. 또 콘콜디아 교육대학에서 신학과 교육학을 강의하였으며, 현재는 콘콜디아 신학교의 성경신학 과장이시다.

　본서에서는 페르샤 시대에서부터 A.D. 70년 예루살렘 멸망까지의 유대역사를 기술하고 있으며, 유대주의의 바리새파, 사두개파, 에세네파, 쿰란 공동체, 그리고 열심당의 시대인 B.C. 587년부터 A.D. 70년까지를 포함하고 있다. 그리고 신구약 중간기의 팔레스틴과 이방지역에서 유래된 유대인의 문헌을 다루고 있으며, 특별히 70인경, 외경, 위경, 쿰란 종파의 저작들, 요세푸스와 필로의 저작들도 자세하게 다루고 있다.

　본서를 통해서 신구약 중간기의 유대인들의 생활철학과 역사를 생생하게 알 수 있으므로, 보다 많은 중요한 자료들을 제공할 것이다. 그러므로 목회자, 신학도, 그리고 일반 성도들에게도 귀한 자료가 될 것을 확신한다.

1984. 9. 1.
역자 識

목 차

역자 서문 ··· 김의원 박사

제 一 부 역사적 배경 ·····································   7

제1장 서 론 ··   9
제2장 페르샤 통치 하의 유대인 ····················· 12
제3장 알렉산더 대제와 유대인······················· 20
제4장 프톨레미 왕조와 유대인······················ 27
제5장 셀류키드 왕조 하의 유대인 ················· 34
제6장 마카비가(家) 통치 하의 유대인 ··········· 46
제7장 하스모니안 왕조 하의 유대인 ·············· 57
제8장 로마 통치 하의 유대인(B.C. 63~A.D. 135) ······ 63

제 二 부 종교적 배경 ····································· 75

제9장 유대교의 종교적 분파들···················· 77
제10장 신구약 중간사 시대의 신학적 교훈들 ············ 88

제 三 부 중간사 시대의 유대 문헌······················ 105

제11장 히브리어 구약성경의 헬라어역 ···················· 107
제12장 사해 동굴에서 발견된 문헌들························ 118
제13장 외 경······································· 136
제14장 외경의 각론···································· 141
제15장 위경문학에 대한 서론······················· 184
제16장 위경의 각론···································· 190
제17장 필로와 그의 저작들 ························· 227
제18장 요세푸스와 그의 저작들 ···················· 239

　　□ 각　　주 □························· 253
　　□ 참고문헌 □························· 260

제一부

역사적 배경

제 1 장
서 론

성경 독자들이 말라기 4장에서 마태복음 1장으로 책장을 넘길 때, 그들은—익히 알고 있는 사실이지만—구약에서 신약으로 건너 뛰게 될 뿐 아니라, 또 대부분의 독자들이—생각해보지도 않았던 사실이지만—신구약 사이의 수 세기의 기간을 건너 뛰고 있는 것이다. 말라기와 세례 요한의 출현 사이에는 약 4세기에 걸친 공백이 있다. 과거에 어떤 학자들은 이 공백기간이 유대 역사나 신약의 역사와 신학을 이해하는데 대단히 중요하다는 사실을 생각하지 않은 채 "침묵의 세기들"(silent centuries)이라고 지칭하여 망각 속에 묻어버렸다.

그러나 이 세기들은, 종종 이해되고 있는 것 보다 더 큰 의미에서, 신약시대와 신약성경에 대한 이해와 정당한 평가를 위한 열쇠가 되고 있다. 구약과 신약성경의 무대가 모두 지중해 연안이지만 두 성경의 지적(知的)이며 사회적, 종교적 배경은 서로 상이하다. 사실상 신약성경이 기록된 분위기는 두 성경 사이의 중간사 시기에 표출된 것이 상당부분을 차지하고 있으며, 구약성경에 대한 연구만 가지고는 그것을 설명할 수가 없다. 또한 로마제국의 역사에 대한 개관은 성경독자들에게 많은 신약성경상의 구절들과 관념들에 대하여 설명을 할 수가 없다.

중간사 기간에는 중요한 발전들이 있었다. 즉, 강대한 왕조들의 교체가 있었고, 유럽의 판도가 두 세 차례나 바뀌었으며, 유럽과 아시아 국가들 사이의 국경선이 커다랗게 변모하였고, 새로운 문화들이 출현하였다.

중간사에 속하는 정치와 종교의 역사는 성경학도들이 꼭 알아야 하는 과목이다. 이 기간에 기록된 문헌들은 대단한 가치를 지니고 있다. 이 기간에 히브리어, 아람어, 그리스어로 기록된 중간사 문헌들은 아이스펠트(Eissfeldt)가 "구약의 영향사" (die Wirkungsgeschichte des Alten Testaments)라고 호칭한 바, 곧 세계와 기독교 역사에 끼친 구약성경의 영향을 보여준다.

신구약성경 사이의 중간기 역사는 신약성경을 이해하는데 있어서 평가할 수 없으리만큼 귀중한 것이다. 이것은 말라기 당시의 정치적이며 사회적 상황과 복음서 독자들이 직면한 세계 사이의 공백을 다리놓고 있다. 구약성경에서 발견되는 제도들이 신약성경에서 계속 나타나지 않는 경우가 많다. 이 중간세기 동안에 세계 제패권은 페르샤에서 로마로 넘겨진다. 즉, 서방이 이제는 동방을 대신하여 지배한다. 유대인 사회의 전 국면은 신약성경이 기록될 때까지 변화를 겪었다. 신약성경을 공부하는 사람은 새로운 사실들과 상황들이 자기에게 부딪쳐오며 많은 의문이 꼬리를 물고 일어나는 것을 발견하게 된다. 따라서 중간사 시기에 일어난 여러 발전에 대한 연구는 그로 하여금 이미 발생했던 많은 변화들을 이해할 수 있게 해줄 것이다.

말라기 시대에는 인구가 희소하였고, 성읍들은 쓰레기더미에 불과하였으며, 곳곳마다 땅은 황폐한 채 버려져 있었고, 소수의 착취에 의하여 대다수가 더욱 악화된 가난에 시달렸다. 그러나 초기 신약시대에는 팔레스틴이 로마제국 가운데서 가장 인구밀도가 조밀한 지역 중의 하나가 되었고 그 성읍들은 사람들로 붐볐으며 계단을 이룬 언덕들은 마지막 한 치까지 개발되어 경작되었다. 팔레스틴의 상인들은 지중해 세계의 무역에 참여하여 대단한 영향력을 행사하였다.

그리스어는 신약성경의 언어인데 당시 로마제국 전역에서 널리 사용되고 있었다. 비록 쿰란(Qumran)에서 발견된 문헌들은 바벨론 포로 귀환 이후에 히브리어가 완전히 사멸된 언어가 되었다는 주장을 부인하고 있지만, 당시에 아람어는 히브리어를 대신하여 통용어가 되었다. 구약시대의 말기에 아람어가 페르샤 제국의 lingua franca(세계 공용어)가 되었고 이 사실은 회당예배시에 통역관(methugeman)을 기용한 기원을 설명해주고 있다. 처음에는 율법과 선지서에 대한 아람어의 대구적(對句的) 번역이 구술로 전달되었으나 후기 초대교회 때에는 이들이 결국 문자화되어 탈굼(Targum)이라 지칭되었고, 상당수의 종류가 사용되었다. 그렇다면 그리스어는 어디서 들어왔는가? 이 당시에 70인경(Septuagint)으로 알려진 그리스어 역본이 있었으며 이것은 애굽의 파피루스에 사용된 코이네 그리스어(Koine Greek)와 동일시되는 언어로 번역되었는데 왜 타국으로 분산된 유대인들(Diaspora)은 그리스 역본 대신에 자기들의 히브리어 성경을 사용하지 않았는가? 여기에 대한 대답은 구약성경의 마지막 책과 신약에 나오는 세례 요한의 출현 사이의 수 백년의 역사에서 발견된다.

신약성경에 나오는 유대교의 특징은 유일하신 하나님에 대한 이스라엘의 정열적인 헌신과, 다신교 및 우상숭배의 회피였으며, 더 나아가 신약성경에서 강조되고 있는 영혼불멸과 육체부활에 대한 신앙까지도 포함하고 있다. 이 종교가 갖는 종말론적인 견해들은 구약성경의 마지막 세기보다 예수 강림 이후 일세기에 보다 명료하게 드러나고 있다.

복음서에서 우리는 산헤드린 공회를 만나고, 장로들의 전통에 대하여 읽으며, 서기관들의 활동을 대하게 된다. 복음서 저자들은 많은 경우 예수께서 제사를 위해서가 아니라 율법을 읽고 종교적인 강론과 기도를 하시기 위하여 회당을 찾으셨음을 기록하고 있다. 예수께서 이 땅에 오셔서 은혜를 베푸셨을 때 팔레스틴은 유대와 사마리아, 갈릴리의 세 부분(주〈州〉)으로 분할되었다. 이러한 성경상의 분할은 어떻게 유래되었는가? 이 모든 질문들에 대한 대답이 신구약의 중간사 시기에 있었던 유대인들의 지리와 역사, 종교적 발전을 연구할 때 얻어진다.

중간사를 연구하는 자료들은 애굽의 역사가인 마네토(Manetho)와, 지리학자 스트라보(Strabo)의 저서들, 폴리비우스(Polybius)의 역사서들, 요세푸스(Flavius Josephus)와 필로(Philo)의 저서들, 유대의 외경과 위경들, 다메섹(Damascus)에서 발견한 사독의 문서들(Zadokite documents), 사해 동굴들에서 발견한 저작물들 등에서 얻게 되었다.

본서의 목적은 팔레스틴과 이방지역에서 유래된 유대인의 문학을 간략히 다루는데 있으며, 특별히 70인경, 외경, 위경, **쿰란 종파**의 저술들, 요세푸스와 필로의 저술들에 집중되어 있다.

바벨론 유수에서 시작하여 유대인들이 애굽과 팔레스틴과 유대인의 분산에서 체험한 종교적 발전의 말기에 이르는 근동세계의 역사적 발전을 서술하는 것이 70인경과 외경, 위경, 쿰란의 비정경적 문헌, 필로와 요세푸스의 저술들을 보다 더 잘 이해하는데 도움이 될 것이다.

제 2 장

페르샤 통치 하의 유대인

 B.C. 596년에서 A.D. 70년에 이르는 기간은 이스라엘 백성에게는 하나의 결정적인 시기였다. "유대교"가 존재케 된 것은 바로 이 기간 동안이었다. B.C. 605년과 B.C. 596년에 있었던 국외 이주를 필두로 하여 수 세기 동안 유대 땅에 집중되어 있었던 유대인들은 이제 결과적으로 근동과 중동, 소아시아, 유럽에까지 확산된 하나의 종교적 공동체를 형성하기 시작하였다. 느헤미야, 에스라, 에스더와 같은 성경들과 외경과 위경에 속한 마카비서들(the Books of the Maccabees), 요세푸스가 저술한·『유대의 고사기』(*Jewish Antiquities*)와 『유대 전쟁사』(*Jewish War*) 같은 책들은 이 기간의 역사에 빛을 비추어주는 책들이다. 또한 여기에다 사해 지역에서 새롭게 발굴된 여러개의 두루마리들을 첨가할 수 있다.

 유대교의 태동과 발전은 느부갓네살에 의한 첫번 바벨론 유수가 있던 B.C. 605년과 고레스가 치유의 교서를 발부한 B.C. 538년 사이에 이루어졌다. 유대인들은 느부갓네살에 의하여 B.C. 605년, B.C. 597년, B.C. 587년에 강제로 이주하였을 뿐 아니라 바벨론에 이주한 그들은 유대의 사회와 종교를 대변하였던 사람들이었다(왕하 24 : 14~16 ; 25 : 11~12). 이주자들은 점차 그들의 새로운 바벨론의 집을 즐기게 되었고 그들의 농경과 상업상의 근면함으로 성공을 이루게 되었다.

 북왕조에 속한 형제들과는 대조적으로 남왕조에 속하였던 유대인들

제 2 장 페르샤 통치 하의 유대인 13

은 포로 기간 동안에 국제결혼을 거부하고 이방세계 속에서도 구별된 공동체들을 형성함으로써 그들 특유의 동질성을 고수하였다. 바벨론에서 유대인들은 아마도 장로의 지도 아래서 종교적 공동체를 유지하였다(느 8:1;13:1). 선지자 에스겔과 여타의 종교 지도자들의 지도 아래서 유대인들은 영적 지도를 받아 그들 나름의 국가적 결속을 강화시켰다. "그들은 모세의 사상과 선지자들의 교훈, 특히 그 기간을 위하여 기록되어진 이사야의 교훈에 착념하여 그들의 행동규범을 삼고 노력하였다. 이스라엘의 하나님은 만국의 하나님이시기 때문에 그의 백성의 패배를 인하여 버려진 바 되지가 않았다. 만민의 하나님으로서 그 분은 자기가 선택하셨던 백성에게 생명을 주실 것이다"(겔 37:1~14).[1] 포로기 동안 유대인들이 왕이나 성전의 의식이 없이도 종교적 공동체로 존속할 수 있음이 점차 명백해지기 시작하였다. 여호와의 율법에 대한 충성은 이 백성을 결속시키고 그들로 하여금 종교적 연합체로 남아 있도록 하는 힘이 되었다. 율법에 정통하였던 서기관들은 유대인의 무리에게 성문서의 의미를 해석하였고, 따라서 회당마다 성문서를 배치하게 되었으며 이후 계속되는 유대교의 역사에 있어서 이들은 이와 같은 중요한 역할을 담당하였다. 서기관들은 개인적인 기도와 안식일의 준수, 형제들과의 관계에 있어서 공의를 행할 것을 강조하였다.

   이러한 종교활동의 결과 하나님의 계시가 저장된 책을 수호하려는 조그마한 유대인의 핵심단체가 형성되었다. 그리하여 바벨론은 유대교의 사상을 유지하고 전파하는 중요한 중심지가 되었고 수 세기에 걸쳐 유대교의 광휘가 보존 유지되었다.

   예레미야(B.C. 626~587)의 예언이 성취되는 B.C. 538년에 고레스는 유대인들에게 그들의 고국으로 귀환하는 것을 허락하였고 그의 화해정책에 따라서 그 이후로 바벨론 사람의 종이 된 모든 사람들에게 종교의 자유가 부여되었다. 바벨론에 강제 이주되었던 이들이 유대로 귀환하자 그들은 유대에 남아 있던 유대인들이 누리던 느슨한 도덕생활을 개혁하고자 노력하였다.

   에스라와 느헤미야는 이주된 지역으로부터의 유대인의 귀환이 세 차례였다고 기록하고 있다. 첫번째 귀환은 B.C. 538년에 고레스 치하에서 있었고(스 1:5;2:67), 두번째는 B.C. 457년에 에스라가 인도하였으며, 세번째는 B.C. 444년에 느헤미야가 인도하였다. 실제로 바벨론에서 팔레스틴으로 귀환하였다고 추정되는 수효는 5만명에 달하며 이 중에 4,229명의 제사장이 있었다(스 2:2~67). 이들 이주민들의 대부분은 남아 있었던 유대인과 함께 예루살렘 주변에서 거주하였으며 유대인의 거주 지역, 즉 예후딤(Yehudim)이라고 불리우는 유대인의 국가를 형성하였다. 귀환한 유대인의 상태는 곤궁하였다. 훼파된 가옥은 큰 품을 들여 재건되거나 그 집에 살던 사람들에게서 사들여야 했고, 전쟁의 흉포에 의하여 폐허가 된 전답은 다시금 경작을 해야 하였다. 귀환한 유대인들에게 할당된 지역은 케일라(Keilah), 벳-수르(Beth-sur), 남으로는 테코아(Tekoa)에 이르는 조그만 영토였다.

유대인들은 그들이 귀환한지 일곱째 달이 된 때인 B.C.587년에 완전히 파괴된 성전을 재건하기 시작하였다. 그러나 그들의 민족과 종교의 순수성을 보존하려는 그들의 결단은 주변족속들, 즉 사마리아 사람들과 아라비아 사람들, 암몬 족속, 여타 족속들과 충돌을 야기시켰다. 이것은 성전건축을 반대하는 일로 구체화되어 페르샤왕은 공식교서를 내려 중지시켰고 B.C.537년에 성전건축은 멈추게 되었다. 그 후 15년 동안 그들은 농사짓는 일과 그들의 가옥을 건설하는데 소모하였다. 귀환자들이 최초로 유대에 돌아오면서 가졌던 대단한 종교적 열정이 식어지기 시작하였다. 그러자 하나님은 "성전의 선지자"라고 불리우는 학개와 스가랴 두 선지자를 세우시어 예언을 하게 하여 그들의 죄된 무기력과 무관심에서 깨어나 활동을 하도록 새 힘을 불어 넣게 하셨다. B.C.520년에 예언을 시작한 학개와 스가랴에 의하여 자극을 받은 성전재건은 B.C.515년에 완공되었다.

총독인 스룹바벨과 대제사장 요슈아(Joshua)의 지도 아래 성전이 재건되었다. 그 이후의 역사를 우리에게 전해주는 스가랴서는 성전의 완공 이후 57년간을 생략하고 있다. B.C.457년 제사장의 반열에 속하며 율법에 익숙한 학사(서기관)인 에스라는 페르샤 황제 아닥사스다(Artaxerxes)에게 일단의 유대인 무리를 팔레스틴에 인도하여 그곳에서 종교적 활동에 투신하도록 허락해줄 것을 간청하였다. 페르샤 황제는 에스라가 요청한 유대와 예루살렘의 유대인들의 회복을 위하여 필요한 물품과 자금을 그의 내탕고에서 내어 팔레스틴의 유대인들이 사용하도록 허락하였다.

B.C.457년 에스라는 바벨론에서 되돌려받지 못하였던 성전 기물들을 가지고 1,700명의 유대인과 함께 귀국하였다. 예루살렘에 도착하자 에스라는 유대인들이 이방과 가나안의 여자들과 통혼함으로써 모세의 율법을 범하는 모습을 목도하고는 충격을 받았다. 그는 홀로 기도하며 그 백성의 죄를 고백하였다. 에스라는 제사장들을 설득하여 그들의 이방인 아내를 고향으로 보내게 하는데 성공하였으나 후에 느헤미야가 똑같은 일을 해야만 했다.

에스라는 특별히 모세오경(Pentateuch)에 계시된 대로의 하나님의 율법을 유대인들에게 가르치는데 노력을 집중하였다. 이 결과 안식일이 엄격하게 지켜지고 기록된 대로 제사가 준행되며 이방인과의 통혼이 금지되고 이방인 아내들을 돌려보내게 되었다.

느헤미야는 팔레스틴에서 B.C.5세기에 특출한 역할을 감당하였던 평신도였다. 그는 아닥사스다 1세의 수사(Susa, 혹은 Shushan) 궁정의 중요한 직책을 맡고 있었다. 그는 팔레스틴의 유대인들이 곤경을 당하고 있다는 소식을 전해 듣고서 페르샤 왕에게 간청하여 휴가와 함께 자기 고향 사람들을 도우라는 허락을 받아내었다. 느헤미야는 유대의 총독에 임명되었고 왕은 그의 귀국길에 접해 있는 총독들에게 협조하도록 친서를 내리고 수사에서 예루살렘에 당도할 때까지 호위대를 파송하였다.

B.C.444년에 그는 예루살렘에 도착한 직후에 예루살렘의 야간순행을 하였으며 성민들을 회집케 하여 예루살렘 성곽의 재건을 독려하였다. 그는 산발랏(아닥사스다의 대리자격인 공직자, 느 2:10;4:2)과 사마리아 주민, 기타의 호전적인 인접 족속들의 방해에도 불구하고 2개월도 채 안되어서 이 역사를 필하였다.

에스라와 느헤미야는 상호 협력하여 백성들의 종교적이며 사회적인 상태를 증진시켰다. 이들의 노력에 대하여 선지자 말라기도 가세하여 협력하였다. 느헤미야 8장은 백성들이 장막절로 회집하였을 때 율법이 어떻게 낭독되었는지를 전하고 있다.

> 때에 학사 에스라가 특별히 지은 나무 강단에 서매… 학사 에스라가 광대하신 하나님 여호와를 송축하매 모든 백성이 손을 들고 아멘 아멘 응답하고 몸을 굽혀 얼굴을 땅에 대고 여호와께 경배하였느니

라…(그들이) 다 그 처소에 있는 백성에게 율법을 깨닫게 하는데 하나님의 율법책을 낭독하고 그 뜻을 해석하며 백성으로 그 낭독하는 것을 다 깨닫게 하매(느 8:4~6,8).

백성들은 하나님과 맺은 언약을 준수하고 이방인들과 구별되어 살겠다고 약속하였다. 느헤미야는 철저히 결혼풍습을 개혁하고(13:25), 안식일을 범하는 행각을 근절시켰다(13:21). 몇 년 후 느헤미야가 아닥사스다에게서 재차 휴가를 얻어 예루살렘으로 돌아왔다. 그는 엄격한 안식일 준수를 강조하였고 산발랏의 딸과 결혼하였던 제사장 엘리아십의 무관심 속에 암몬 사람 도비야가 꾸민 방을 성전뜰 밖으로 옮기게 하였다. 이 때 도비야는 그의 장인이 거하는 사마리아로 도피하였고, 이들이 가장 오래된 히브리 성경의 필사본을 남겼으며, 이것은 사마리아 오경(the Samaritan Pentateuch)으로 알려져 있다. 또한 이 도피자들은 그리심산 위에 하나의 신전을 건립하였다.

구약성경이 종결되었던 무렵(B.C. 400년 경)까지 138년간 유대는 페르샤에 예속된 하나의 주(province)였으며, 유대인들은 페르샤제국을 이루었던 128개 주 전역에 분산되어 살았다. 페르샤는 140년이 넘도록 세계를 제패한 국가였다. 유대인들이 가장 넓은 영역에서 관대한 처우와 흡족한 역할을 영위할 수 있었던 B.C. 5세기의 페르샤 왕들은 그의 통치 밑에서 예루살렘 성곽을 재건하였던 아닥사스다 1세(Artaxerxes Ⅰ, B.C. 465~425)와 단 일년 동안 치리하였던 크세르크세스 2세(Xerxes Ⅱ), 다리오 2세(Darius Ⅱ-Nothus, B.C. 423~405)였다.

B.C. 432년과 B.C. 411년 사이에 유대에서 어떠한 일이 발생하였는지에 대하여는 거의 알려진 바가 없다. 다음 10년 동안 바고아스(Bagoas)가 유대의 총독이 되었다. 그 당시 엘리아십의 손자인 대제사장 요하난은 중요한 정치적 지도자였다. 그는 B.C. 408년에 성전에서 그의 친형제들을 살해하였고, 그로 인하여 바고아스의 미움을 사서 곧 그의 아들에 의하여 대치되었다.

엘리판틴 파피루스(the Elephantine Papyri)가 애굽의 나일강의 최초의 범람(the First Cataract) 시에 형성된 엘리판틴 섬에서 1903년에 발견되었다. 여기에 담긴 내용은 B.C. 5세기경 페르샤 제국의 변경지역

중의 하나였던 곳으로서 현대의 구약학자들의 눈길을 끌고 있는 셰네(Syene)의 파피루스와 상치된 이야기들이다. 이 두 파피루스는 구약성경이 종결될 무렵에 대하여 우리에게 정보를 제공하고 있다. 셰네에서 발굴된 아람어 파피루스는 상 애굽(Upper Egypt)에 거주하였고 자신들과 후손들을 위하여 토지를 증여받았던 어떤 유대인의 군사식민지에 대하여 빛을 던져주고 있다. 그들은 상업에 종사하거나 어떤 직업을 가졌으며, 아람어를 말하고 글로 썼으며, 나름대로의 풍습을 영위하였고 자치권을 행사하였다. 다리오 2세의 치세 동안에는 게마리아(Gemariah)의 아들인 예도냐(Jedonia)가 장로들과 함께 군사식민지를 통치하였다. 이 유대인 식민지는 율법을 떠나서 야웨(JHWH)를 섬기는 자신들의 신전을 건축하였다.

　B.C. 419년에 하나니아(Hananiah)라고 하는 고위 공직자가 엘리판틴에 문서를 전하면서 다리오 2세의 조서에 담긴 문장을 인용하였는데 유월절의 세부적인 내용을 말하고 있다. 우리는 역시 엘리판틴 파피루스에서도 B.C. 411년 경에 있었던 반 유대적인 학살이 행해지는 동안 유대인의 신전이 유린당하였고, 양의 머리를 한 크눔(Khnum [Chumis])을 숭배하도록 강요당하였다는 사실을 읽게 된다. 유대인들은 그들의 신전을 재건하도록 허락해줄 것을 예루살렘에 요청하는 문서를 발송하였다. 그러나 시간이 지나도 예루살렘으로부터 응답을 받지 못하자 그들은 B.C. 408년에 두번째 편지를 보내면서 동시에 파괴된 자기들의 신전을 재건하는 일을 허락하도록 간청해줄 것을 사마리아인들에게 요청하였다. 그러자 이번에는 예루살렘의 지도자들이 신속한 허락을 해왔다. 이 식민지가 얼마나 오랫 동안 존속했는지는 알려지지 않았으나 그 지역에서 발견된 문서들 중에서 가장 늦은 연대는 B.C. 400년의 것이다.

　야웨를 경배하는 외에도 엘리판틴의 유대인들은 가나안 땅에서 가져온 듯한 다른 신들, 즉 아낫벧엘(Anathbethel), 아쉼―벧엘(Ashim-bethel), 헤렘(Cherem 또는 Charam)도 섬겼다. 그러나 그 신들 중에서 야웨는 최고의 신이었다.

　투나―엘―게벨(Touna-el-Gebel)의 서신들은 B.C. 5세기 경에 상 애굽에 또 다른 유대인 식민지들이 존재하였음을 말하고 있다. 이들 식민지의 유대인들은 예루살렘에 있는 동일한 신앙의 지도자들과 유대를 맺고 있었던 듯이 보인다. 빅커만(Bickerman)에 따르면 성경이 종결된 이후의 유대 역사는 독특한 양극성으로 그 특징을 이룬다. 즉, "한편은 예루살렘이란 중심지이며 다른 한편은 디아스포라(Diaspora)에 산재한 여러 중심지들이다. 유대인의 분산은 유대교가 혈족상으로 근절이 되고 영적으로 번지는 것을 막았다. 팔레스틴은 여러 국가들에 분산된 유대인들을 결속시켰고 그들에게 일체감을 제공하였다."[2]

페르샤의 국력이 쇠퇴하는 최초의 징조가 아닥사스다 2세(B.C. 404~358)의 치세 동안에 나타났는데 제국의 여러 곳에서 발생한 반란들은 마치 페르샤 왕조의 통치를 종식시키거나 하려는 듯이 위협하였다. 이미 자기 부인인 파리사티스(Parysatis)에게 놀아난 그의 선왕인 다리오 2세의 치세 중에 심각한 여러 차례의 반란이 발생하였었다. 리비아 사람인 아밀타우스(Amyrtaus)는 애굽에서 페르샤 파견대를 축출하고 스스로 왕이라고 선포하였다. B.C. 401년에 아닥사스다는 그의 동생인 고레스(Cyrus the younger)가 그의 왕권에 도전하였기 때문에 애굽 토벌을 포기해야만 하였다. 비록 고레스는 바벨론 북부에 위치한 쿠낙사(Cunaxa)에서 전사하였지만 크세노폰(Xenophon)이 지은 『원정기』(The Anabasis)에서 묘사된 유명한 행진을 연출한 "일천 명"의 그리스 용병들이 흑해에까지 도달할 수 있었고 이것은 페르샤 제국의 힘이 약화되었음을 보여주었다. 근 40년간(B.C. 378~340)을 애굽은 페르샤의 통치를 벗어나 자유를 누렸다.

아닥사스다 3세 오쿠스(Artaxerxes Ⅲ Ochus, B.C. 358~338)는 제국의 서부에서 발생한 반란을 진압해야 하는 압력을 받았다. 350년 그는 애굽을 재차 정복하고자 노력하였으나 실패하였다. 그 후에 시돈의 지휘 하에 수리아가 반란을 일으켰다. 338년 아닥사스다 3세는 자기의 부하 장군인 바고아스에 의하여 독살되었다. 페르샤 왕조의 마지막 왕이었던 다리오 3세는 그리스의 제도시 국가들에 대한 영향력을 강화하였고 334년에 애굽을 재정복하였다. 마치 아캐메니안의 통치(the Achaemenian rule)의 안정세가 회복되는 듯이 보였으나 그것은 잠시 뿐이었고 알렉산더 대제가 같은 해에 소아시아의 그리스 도시 국가들을 페르샤의 지배로부터 해방시켰다.

이미 바벨론의 통치 시기에 유대인들은 옛날의 고전적 히브리어 대신에 제국(帝國) 아람어(Reichsaramaeisch)를 사용하였었다. 아람어는 바벨론의 산간지방에서 사용된 셈족 언어이며 수리아족 방언이었고 히브리어와 밀접한 관계를 맺고 있었다. 그러나 히브리어와 아람어 사이의 차이점도 대단하여서 **해석자**(methurgeman)가 (토라와 선지서에서 추출한) 히브리어로 된 회당의 페리코팔 문선(pericopal selections)을 알기 쉽게 해석해야만 하였다. 구약성경에 속한 어떤 책들에 사용된 히브리어가 바벨론과 페르샤의 환경에 언어의 형태가 유래한 것일 경우에는 아람어에 영향을 끼쳤음을 보여준다. 포로 이후 기간에 기록된 에스라, 느헤미야, 학개, 스가랴, 에스더, 말라기에 사용된 유형은 주목할 만한 차이점을 지니고 있다. 이러한 책들에서 보면 유대인들이 페르샤 왕의 연대를 따라 시간을 계산하고 있음을 보여준다(학 1:1, 슥 1:1, 스 1:1, 느 2:1 참조).

어떤 학자들은 유대교와 그 문헌들에 대한 상당수의 중요한 영향들이 페르샤 시대로 거슬러 올라가며 엘람과 페르샤에 살았던 비유대인과 교분을 가졌던 유대인들의 접촉에로 거슬러 올라간다고 주장한다. 페르샤에 살았던 유대인은 그들의 하나님에 대한 유일신 신앙을 조로아스터교(Zoroastrianism)에서 습득하였다고 주장되기도 한다. 이러한 주장은 구약성경에 계시된 사실들과 일치하지는 않는다. 유대인들은 그들이 지닌 전 역사를 통하여 본질적으로 유일신 신앙을 견지하였다. 그렇다고 이러한 점이 여러 차례에 걸쳐 유대인들이 저지른 우상숭배의 사실을 부인하는 것은 아니다.

영혼불멸과 육체적 부활이란 두 가지의 종말론적 교리는 조로아스터교에 접한 유대인들에 의하여 들어왔다는 강력한 주장이 있다. 그러나 바벨론 유수의 훨씬 이전에 유대인들은 내세에 대한 그들의 소망과 육체의 부활에 대한 그들의 신앙을 표현하였었다.

유대인들이 바벨론과 페르샤에 머물면서 유입하였다고 가상하는 또 다른 교리는 천사론이다. 그러나 족장들의 이야기는 그들이 이미 천사에 대한 신앙을 갖고 있었다는 충분한 증거를 제시하기 때문에 구약의 천사론이 포로기 후에 발생되었다고 할 수 없다.

제 3 장

알렉산더 대제와 유대인

　마게도냐의 필립 왕이 나타나기 이전에는 그리스의 도시 국가들이 결코 통합된 적이 없었다. 크세르크세스 이래로 그리스 국가들의 세력이 날로 증가하여 갔지만 그들이 하나로 통합되지 않았기 때문에 다른 나라를 정복하여 제국을 형성할 만한 공격력은 없었다. 물론 모든 도시 국가들이 헬라 동맹(Hellenic League)에 가담하지는 않았지만 이러한 연합을 성취한 이는 마게도냐의 필립이었으며, 이 동맹은 페르샤 제국을 정복하는데 하나의 힘이 되었다.
　알렉산더 대제의 부친인 마게도냐의 필립은 헬라 문화에 대한 상당한 긍지를 가졌다. 그는 아들인 알렉산더를 심마쿠스(Symmachus)라는 선생에게 맡겼고, 그는 알렉산더에게 호머의 일리어드(Iliad)를 알게 해주었다. 알렉산더가 13세 때 위대한 철학자인 아리스토텔레스(Aristotle)가 그의 스승이 되었다. 알렉산더는 그로부터 그리스 문학과 예술을 배우고 이해하게 되었으며, 그리스 종교와 문화, 문명에 대한 대단한 존경심을 갖게 되어서 결국에는 "헬레니즘의 사도"라는 이름을 얻게 되었다.
　알렉산더는 약관의 나이에 아버지의 왕위를 계승하였으며 이미 부왕이 계획하였던 일들을 실행하였다. 그는 일년에 걸쳐서 그리스 여러 도시 국가들과 전쟁을 하여 그들의 항복을 얻어내었다. 특히, B.C. 335년에 테베(Thebes)를 패퇴시키고 알렉산더와 그리스 도시 국가들 사이의 동맹을 강화하기 위한 경고로서 그 도시민들을 학살한 직후에 그러하였다. 겨울 동안 준비를 갖춘 후에 334년 알렉산더는 아시아 정복을 위하여 유럽을 떠났고 그 이후에 마게도냐는 결코 그를 볼 수 없었다.
 페르샤 제국을 정복하고 자신이 황제가 되기 위하여 그는 마게도냐인의 거의 절반이 되는 3만의 보병과 5천의 기병을 이끌고 소아시아를 가로질러 갔다.
 호머의 서사시를 통하여 그가 익히 알고 있던 트로이(Troy)에 도착한 뒤에 그는 옛 트로이 근처의 그라니쿠스(Granicus)라는 작은 강가에서 소아시아에 주둔하고 있던 페르샤의 태수들과 전투를 갖게 되었다. 그러나 페르샤의 귀족들은 패주하였고 사르디스는 아무런 저항도 없이 항복하였다. 그리고 루디아인들은 약 200년 전에 빼앗긴 자치권을 허락받았다.
 그 후 알렉산더는 소아시아의 이오니아에 있는 여러 도시들을 공략하여 이따금 그들이 원하지 않았음에도 "해방"이 되었다. 334년 가을까지 에베소(Ephesus), 밀레도(Miletus), 할리카낫수스(Halicarnassus)가 함락되었다. 334~333년 겨울 동안 소아시아의 남부지역이 정복되었다. 333년 잇수스(Issus)에서 알렉산더는 다리오 3세 지휘 아래 진을 친 60만에 달하는 페르샤의 대군과 마주쳤다. 페르샤군은 3만의 그리스 용병을 포함한 알렉산더의 군대보다 수 배에 달하였다. 그러나 페르샤군은 패주하였고 이 패전으로 인하여 대 페르샤 제국의 퇴락이 시작되었다. 이 때 다메섹(Damascus)은 경악에 사로잡혔다. 그러나 알렉산더는 다리오를 추적하지 않고 자신의 배후를 확보하기로 결정하였다.
 알렉산더는 페르샤군을 격퇴시킨 뒤에 방향을 돌려 지중해의 동편 연안 도시들을 정복해나갔다. 시돈과 비블로스(Byblos), 아라두스(Aradus)는 알렉산더에게 사절단을 파견하였고 그들의 항복을 전하였다. 그러나 두로는 굴복하기를 거절하였다. 따라서 알렉산더는 이 도시를 공략하기 위하여 본토에서 섬에 이르는 둑길을 쌓아야만 하였다. 이 둑길을 쌓으면서 그는 본토에 있는 옛 두로의 폐허를 취하여 "바다 물 가운데" 던져넣었다. 따라서 옛 두로는 먼지까지 깨끗이 쓸리어 "말간 반석"이 되었고 "바다 가운데 그물 치는 곳"이 되어버렸다(겔 26:4, 5, 12~14). 두로성에 대한 공략은 7개월이 걸려 332년 8월에 함락되었고, 이 때 두로인 8천명이 살륙을 당했으며 3만명이 노예로 팔려갔다. 두로가 함락되자 푀니키아인(Phoenicians)의 해상독

점과 상업상의 우월함에 종말을 고하였다.

　마찬가지로 항복하기를 거부하였던 가사(Gaza)도 역시 같은 방법으로 공격을 받아 두달만에 함락되었다. 그러나 가사에 대한 보복은 두로에 대한 것보다 더욱 심하였으며 스가랴가 한 예언을 성취시켰다. "가사도 심히 아파할 것이며…가사에는 임금이 끊어질 것이며…"(슥 9:5).

　이어서 알렉산더는 두로와 가사와 마찬가지로 항복을 하려 하지 않았던 예루살렘으로 향하였다. 요세푸스와 탈무드에 따르면 당시의 대제사장이었던 야두아(Jaddua)가 그의 제사장의 옷을 입고 앞장 서며 흰 옷을 입은 한 무리의 행렬이 알렉산더를 맞으러 나아갔다. 몸에는 제사장의 제복을 입고, 머리에 관을 쓰고 손에는 그 위에 하나님의 이름이 새겨진 금대접을 든 대제사장이 앞장 선 무리를 보고 알렉산더는 가까이 다가가 하나님의 성호를 경배하며 대제사장에게 경의를 표하였다. 그는 대제사장을 자기의 꿈 속에서 본 일이 있노라고 말하였다. 대제사장이 알렉산더에게 그가 그리스의 최초의 왕이 되고 페르샤 제국을 정벌하리라는 예언이 기록된 다니엘서의 구절들을 보여주자 알렉산더는 그것이 자기에 대한 예언임을 믿었다. 이 때 이후로 알렉산더는 유대인의 친구가 되었다. 비록 이러한 이야기가 많은 학자들에 의하여 비역사적인 것으로 간주되고 있을지라도 알렉산더가 유대인들에게 호의적이었음을 보여주는 것만은 사실이다.

　332년에 알렉산더가 애굽을 침략하였고 그곳의 지방 방백들은 항복하였다. 알렉산더는 페르샤인을 증오하였던 애굽인들에 의하여 구원자로 환영받았다. 알렉산더가 아몬(Amon) 신전에 들어서자 애굽의 제사장이 아몬의 아들이 입는 법의를 그에게 제수하였으며 이로써 그는 바로의 법적인 아들로 공포되었다. 그는 또한 가르낙(Garnak) 신전에서도 이러한 의식에 참예하였다. 알렉산더는 즉시 애굽에 그리스 문명을 이식하기 시작하였다. 그는 331년에 알렉산드리아(Alexandria)란 도시를 설립하였는데 건축가 디노그라테스(Dinocrates)가 설계하고 그의 감독 아래 건설되었다. 알렉산더는 동 지중해의 상업적 대도시였던 두로를 능가하고 그리스의 상업적 이익을 촉진시키기 위하여 이 도시에다가 훌륭한 항구를 설치하였다. 유대인들이 이 도시의 별도의 구역에 거주하며 자기들의 관습을 영위하고 자신들의 종교생활을 누리도록 허락받는 특별한 배려가 행하여졌다. 알렉산드리아에 많은 유대인들이 거주하였다는 사실은 그 후에 하 애굽(Lower Egypt)에 살았던 유대인과 기독교인들의 역사에 중요한 의미를 갖게 되었다.

애굽을 떠난 알렉산더는 다시금 동쪽을 공략하여 331년 10월 1일에는 백만의 군대로 포진한 다리오를 앗수르에서 만났다. 여기서 페르샤군은 막대한 인명의 손실을 입고 패배하였다. 곧바로 알렉산더는 남쪽에서 바벨론을 향하여 진군하였고 이 성의 총독은 그를 향하여 성문을 열어주었다. 이 때 바벨론의 방백이었던 마재우스(Mazaeus)는 그 성의 통치자로 유임되었다. 알렉산더는 바벨론의 신전들을 재건한 후에 동쪽으로 진군하여 나아갔다.

엘람(Elam)의 수도인 수사(Susa)에서 알렉산더는 막대한 보물을 노획하였다. 바벨론과 수사에서 그는 6천만 달러에 상응하는 금과 은을 거두어 들였다. 페르세폴리스(Persepolis)에서는 일억 달러에 이르는 보물을 노략하였다. B.C. 330년 겨울을 그는 페르세폴리스에서 지냈다. 알렉산더는 취중에 아테네인이었던 기녀 타이스(Thais)의 선동으로 크세르크세스의 왕궁을 불태웠다. 330년 봄 그는 메디아(Media)의 수도인 엑바타나(Ecbatana)를 공략하였다. 이 때 다리오는 그의 친족에 의하여 살해당하였고 그의 유해는 페르세폴리스에서 장사지내지기 위하여 알렉산더에게 보내어졌다.

알렉산더는 페르샤 제국을 정복하려는 그의 꿈을 달성하기 이전에 자기가 정복한 나라와 국민들에게 그리스 문화를 정착시키려 하였던 그의 원래의 생각을 바꾸었다. 그는 이제 유럽인과 아시아인을 결합시켜 하나의 세계 제국을 만들어서 모든 지역의 신민들이 동일한 기회에 동참하도록 하려는 계획을 채택하였다. 다리오를 패배시켰던 아르벨라(Arbela 또는 Gauqamela) 전투 이후 알렉산더는 동방의 복장을 하였고 그의 부하들이 동방의 관습을 따라 그에게 절하게 하였다. 아시아인들의 나라들에서는 정부의 통치권이 아시아인들에게 되돌려졌다. 이러한 사실은 그리스와 마게도냐 군인들에게는 납득할 만한 일이 못되었다.

알렉산더는 330년에서 325년에 이르는 기간에 동북부의 페르샤와 지금은 아프가니스탄의 서부와 남부로 알려진 지역을 그의 제국에 귀속시킴으로써 정복자로서의 그의 승리적 전훈을 계속 쌓아갔다. 그는 힌두—쿠쉬 산맥(the Hindu-Kush Mountains)을 넘어 속디아나(Sogdiana)로 진군하여 옥수스(Oxus) 강과 작사르테스(Jaxartes) 강 사이에 위치한 러시아—터키스탄(Rusian Turkestan, 중앙 아시아의 광대한 지역)을 정복하였다. 그는 중국에 연한 터키스탄(Chinese Turkestan) 지역의 타쉬갈(Tashgar)에서 삼백 마일 떨어진 곳에 또 다른 알렉산드리아를 건설하였다. 이것은 가장 먼 알렉산드리아(Alexandria the Ultimate)라고 불리웠다.

옥수스의 북부 거친 지역에서 두번의 여름과 한 차례의 겨울을 지낸 후에 알렉산더는 아프가니스탄으로 통하는 힌두—쿠쉬 산맥을 넘어서, 키벨 관문(Khyber Pass)을 통과하여 인도 땅에 들어갔다. 그는 인도의 푼잡(Punjab)을 정복하였고 그곳에서 더욱 멀리 나아가 황해(the Yellow Sea)까지 진군하고자 하였으나 그의 마게도냐 군대는 더 이상의 진군을 반대하였다. 그들이 보기에도 자기들이 노략한 전리품이 너무 많아서 더 이상 운반할 수 없기 때문에 계속하여 진군한다는 것은 어리석게 여겨졌다. 323년 알렉산더는 지금은 발루키스탄(Baluchistan)이라 불리우는 게드로시아(Gedrosia)를 거쳐 인도에서 바벨론으로 귀환하였는데 그들은 여지껏 유럽인들이 밟아보지 않은 땅을 통과하였다.

바벨론에서 알렉산더는 동양과 서양의 사람들을 하나로 합하려는 그의 계획들을 친행시켰다. 그는 아시아에 유럽인의 식민지를 세우고, 유럽에 아시아인의 식민지를 세워 서로 다른 민족간의 국제결혼을 진작시킴으로써 이 계획을 실행하길 원하였다. 이 계획들의 첫 단계로서 그는 자기의 진군로를 따라 70개 이상의 알렉산드리아를 건설하고 그 도시들에 원주민과 통혼한 자기의 군대를 주둔시킴으로써 부분적인 성취를 보았다.

이 때에 그는 그의 마게도냐 군인들에게 아시아 민족의 여인들과 결혼하도록 명령하였다. 그리고 친히 수사궁의 박타리안계 공주인 록산나(Roxanna)와 다리오 3세의 딸인 스타티라(Statira)와 결혼함으로써 마게도냐 병사들이 인정하지 않았던 풍습인 국제결혼(이민족과의 통혼)을 시작케 하였다. 알렉산더는 또한 다른 페르샤의 공주인 파리사티스(Parysatis)와도 결혼하였다. 그는 그의 부하들의 모본으로써 이러한 결혼을 통한 동맹을 택하였다. 알렉산더는 동양과 서양의 민족들

제 3 장 알렉산더 대제와 유대인 25

과 문명의 융합에 노력을 보였을 뿐 아니라 심지어 유럽과 아시아의 식물들을 교합시키는 일도 원하였다.
　알렉산더는 324년 수사에 귀환하여 그 도시의 통치자가 악정을 행하고 있는 사실을 발견하였다. 이와 동시에 자기에 대하여 점차 거세져가고 있는 반감도 깨닫기 시작하였다. 그리스에서는 많은 사람들이 그가 자기의 친조카인 역사가 칼리스테네스(Callisthenes)를 죽였다는 소식을 듣고 그로부터 등을 돌렸다. 그리스인들은 알렉산더가 하나의 신으로 숭배되기를 원한다는 소식에 분개하였다. 그의 동양화 정책의 실행 때문에 폭동이 일어나기도 하였다.
　323년 알렉산더는 아라비아의 주변을 항해하는 여행을 계획하였다. 그러나 같은 해 남부 아라비아와 아프리카, 서부 유럽을 정복하려는 보다 급한 계획을 추진하던 중에 알렉산더는 33세라는 나이로 열병에 걸려 죽게 되었다. 그리하여 그는 13년에 걸친 그의 통치를 마쳤으며 이 짧은 기간 동안 역사상의 어떤 통치자보다 더욱 방대한 영토를 정복하고 통치하였다.
　알렉산더는 허영과 가만이 대단한 사람이었다. 그는 손으로 세계를 쥐고 있는 자신의 모습을 새긴 아토스 산(Mount Athos)을 갖는 꿈을 가졌었다. 그는 친히 하나의 신으로 인정받기를 원하였으나 지상에서의 그의 죽음은 그가 지닌 더 이상의 모든 야망을 물거품으로 만들었다. 어떤 학자들은 알렉산더의 구상에 대하여 다른 견해를 주장하기도 한다.[1]
　알렉산더가 이룩한 정복은 유익한 면과 나쁜 면을 모두 갖고 있다. 주된 유익한 결과는 다음과 같았다.
　1. 헬라 문명을 애굽과 서부 아시아에 확산시켰다.
　2. 그리스인과 이방인(야만인) 사이의 구별을 어느 정도 완화시켰고 기독교 복음을 위한 사람들의 마음을 준비시키는데 일익을 담당하였다.[2]
　3. 헬라어가 개화된 사람들이 말하고 쓰는 세계적 통용어가 되었다.
　4. 유럽에서 인도에 이르는 바닷길이 발견되었다.
　나쁜 영향 중의 하나는 페르샤 제국의 막대한 보화를 소유한 이후에 야기된 그리스인들의 비도덕화였다. 또 하나는 동양의 악덕과 사치풍조에 접함으로써 야기된 그리스인들의 나약해짐이었다. 어떤 역사가는 그 결과의 중요성을 다음과 같이 묘사하고 있다.

> 우리가 그리스의 문명을 생각할 때 그것이 지닌 특성들을 정의하는데 하등의 어려움을 못느낀다. 미술과 시, 문학, 철학의 다양한 모든 형태들 속에서 발견되는 지성과 상상의 고도한 완전함—운동 경기들이나 난해한 토론들 속에서 전개되는 마음과 몸의 끊임없는 활동—미에 대한 사랑—신속한 지각작용—지칠줄 모르는 질문—이 모든 것이 그리스 민족 고유의 관념에 들어 있다. 우리는 이와 같은 국가적 특성들이 하나님의 섭리 아래서 복음의 확장을 위하여 보조적 역할을 하도록 되었다는 선에서만 생각해야 한다.[3]

알렉산더의 정복사업이 가져다준 중요한 결과 중의 하나는 유대인의 광범위한 분산인데 이것은 기독교의 전파를 예비하는데 도움이 되었다. 알렉산더는 그가 설립한 많은 도시들에서 유대인들이 거주하도록 하는 호의를 보여주었다. 이미 다리오의 통치 기간에 3백만의 유대인이 127개 주에 이르는 페르샤 제국의 전역에 분산되었다고 보여진다. 유대인은 중국에 이르는 아시아 전역에서 발견될 수 있었을 것이다.

역사상의 어떠한 인물도 그렇게 많은 나라들의 전설 속에서 이야기된 적은 이제까지 없었다. 애굽인들은 그들의 신화 속에서 그를 하나의 신으로 이야기하였고, 이슬람의 여러 나라는 그를 영웅이자 성자인 이스칸더(Iskander)로 묘사하며, 이스라엘 사람들은 그를 메시야의 선구자로서 다윗 가문에 속하여 두고, 이디오피아의 기독교인들은 그들의 성인문학(hagiological literature)에서 그를 하나의 성자로 노래하며, 중세에 대단히 유행하였던 성자의 이야기들 속에서 그는 낙원을 기다리는 알렉산더 대제(Alexlandre le Grand)로 묘사되고 있다.[4]

제 4 장

프톨레미 왕조와 유대인

B.C. 323년에 알렉산더가 죽으면서 그는 자기의 자리에서 제국을 통치하기에 충분한 나이의 계승자를 남기지 않았다. 그가 죽은 후에 알렉산더의 박타리안 왕족인 아내 록산나에게서 한 아들이 태어났다. 그러나 그의 제국을 통치하는 계승자가 되길 바라는 많은 사람들이 그의 친가와 처가에 있었다. 심지어 위대한 정복자가 장사되기도 전에 그의 왕국을 소유하고자 하는 자들의 전쟁이 시작되었다. 한 동안 알렉산더의 휘하 장수들 중의 하나였던 페르디카스(Perdiccas)가 아직 태어나지 않은 알렉산더의 아들을 위하여 제국의 통합을 고수하고자 노력하였다. 또한 알렉산더의 이복형제이며 정신이상자인 필립 아리대우스(Philip Arridaeus)는 알렉산더의 아들이 혼자서 통치가 가능한 연령에 이를 때까지는 명목상의 왕이라고 선포되었다.

알렉산더의 **후계자들**(diadochoi)은 그의 제국을 소유하기 위한 경합을 벌렸다. 그들 중에 록산나와 그녀의 아들을 죽인 카산더(Cassander)가 끼어 있었다. B.C. 315년까지 프톨레미, 카산더, 그리고 리시마쿠스(Lysimachus)는 제2의 알렉산더가 되려는 안티고누스(Antigonus)의 야심적인 음모를 분쇄하기 위하여 동맹을 맺었다. 라구스의 아들인 프톨레미에게는 애굽이, 리시마쿠스에게는 수리아가, 셀류쿠스 니카터(Seleucus Nicator)에게는 바벨론의 속주들이 할당되었다. 대다수의 성경학자들은 이러한 사건이 다니엘 11 : 4의 예언을 성취시킨 것이라고 믿고 있다. "그러나 그가 강성할 때에 그 나라가 갈라져 천하 사방에 나누일 것이나 그 자손에게로 돌아가지도 아니할 것이요 또 자기가 주장하던 권세대로도 되지 아니하리니 이는 그 나라가 뽑혀서 이 외의 사람들에게로 돌아갈 것임이니라."

알렉산더의 제국의 분열은 애굽인과 메소포타미아인이 벌인 팔레스틴의 장악을 위한 오랜 동안의 쟁투에서 재연되었다. 프톨레미는 B.C. 320년에 애굽을 침공하였으며 예루살렘은 안식일에 공격을 받아 저항없이 정복당하였다. B.C. 315년에는 팔레스틴이 프톨레미의 적수인 안티고누스에게 넘어갔으나 가사(Gaza) 전투(B.C. 312년) 이후에 프톨레미는 그것을 회복시켰다. 프톨레미와 연합세력을 형성하였던 셀류쿠스는 스스로 바벨론의 군주가 되었다.

B.C. 312년은 유대인들 가운데서 오랫 동안 사용되었던 달력이 시작되는 셀류키드 제국의 개국을 맞았다. 그리고 이 달력은 지금도 동방에 살고 있는 일부 유대인들에 의하여 사용되고 있다. B.C. 301년의 입수스(Ipsus) 전투에서 안티고누스가 피살되었고, 이 사건은 프톨레미 1세(Soter [Lagi], B.C. 305~285)가 팔레스틴을 장악하는 기회를 제공하였다. 그러나 셀류쿠스(B.C. 305~280)가 전쟁에서 승리하여 수도를 정하고 수리아를 통치하였다.

요세푸스는 『유대 고대사』(*Jewish Antiquities*) 12권에서 다음과 같이 프톨레미의 예루살렘 함락을 설명하고 있다.

> 그리고 이 왕은 잔꾀와 책략을 사용하여 예루살렘을 점령하였다. 그가 안식일에 제사를 드리러 온 것 같이 위장하여 입성하였기 때문에 유대인들은 그를 거절하지 않았고 — 왜냐하면 그들은 어떤 적대 행위를 상상조차 하지 못하였기 때문에 — 그들의 음모에 대한 기미를 전혀 알아차리지 못하기도 하였고 그 날의 성격을 인하여서 유대인들은 태만하고 한가로움을 만끽하고 있었다. 따라서 그는 아무런 어려움 없이 그 성의 주인이 되었고 그곳을 엄하게 통치하였다. 이와 같은 사건 전모를 디아도키(Diadochi)의 역사가인 크리두스의 아가타르키데스(Agatharcides of Cridus)가 다음과 같이 증거한다. 그는 우리가 어떻게 자유를 상실하였는가를 설명하면서 우리의 안식일의 관습을 비난한다. "유대라 불리우는 한 나라가 있는데 그들은 예루살렘이라 불리우는 견고하고 커다란 성읍을 가지고 있었다. 그런데 이 성은 그들이 무기를 사용하기를 거절함으로 말미암아 프톨레미의 수중에 함락되었으며 때에 맞지 않는 그들의 풍습 때문에 혹독한 군주에게 굴복하게 되었다."[1]

『아리스테아스의 편지』(The Letter of Aristeas)는 프톨레미에 대하여 이렇게 묘사하였다.

> 그는 그의 호운과 용맹을 사용하여 코엘레-수리아(Coele-Syria)와 페니키아(Phoenicia) 전역을 장악하였고, 모든 신민들을 무력으로 굴복케 하여 어떤 이들은 그곳으로 이주시키고 또 어떤 이들은 포로로 잡아갔다. 바로 이 때 그는 십만명에 달하는 사람들을 유대인의 지경에서 애굽으로 데려갔다. 그는 이들 가운데서 선발된 약 3천명의 남자들을 무장시켜 그 나라에 파견한 주둔군에 배속시켰다.[2]

애굽의 비석과 파피루스가 보여주고 있듯이 당시 프톨레미의 애굽에는 상당수의 유대인이 거주하였다. 물론 프톨레미 왕조의 통치 시대 이전에도 많은 수의 유대인이 살기도 하였지만 상당수가 프톨레미 라기(Ptolemy Lagi)에 의하여 애굽으로 이주되었다.

유대인들은 페르샤의 지배 하에서 자유스럽게 생활하고 자기네의 종교와 문화적 전통을 행사하도록 허락받았던 것과 동일한 자치권을 누렸다. 중앙정부는 오직 세금징수에만 관여하였고 기타의 내정에는 간섭하지 않았다. 대제사장은 페르샤의 통치 하에서 행사하였던 그대로 지역사회의 일들을 관장하도록 허락받았다.

프톨레미 왕조의 초기는 비록 그들의 개인적인 생활이 비도덕적이고 방탕하였지만 애굽과 기타 속국들에 대하여 절대적이고 무제한의 권력을 행사하는 유능하고 지각있는 통치자들이 있었다. 프톨레미 왕조의 통치 동안에 애굽은 헬라세계의 가장 중요한 지적인 중심지 중의 하나가 되었다. 본토인을 헬라화시키려는 시도는 전혀 있지 않았다. 프톨레미 정부는 애굽인들로부터 가장 큰 가능한 세입원을 확보하는 데만 관심을 가졌고 이로 인하여 애굽인들은 압박에서 피할 수 있었다. 프톨레미 왕조는 본토인보다 그리스인들을 우등한 민족으로 여겨서 그들에게 많은 호의를 베풀었다.

애굽의 알렉산드리아는 학자들의 정착지이며 학문의 커다란 중심지가 되기 시작하였다. 한 때 알렉산드리아의 박물관과 도서관 때문에 연구차 모여든 학생수가 14,000명을 넘은 적도 있다고 말하는 학자도 있다. 박물관에 의한 동물원과 식물원의 유지와 생체해부와 천문을 연구하는 연구기관들을 통해 많은 학자들의 노력은 과학적 탐구에 집중되었다.

B.C. 319~198년 동안 팔레스틴은 프톨레미 왕조의 지배 하에 놓였었다. 비록 다른 나라의 지배를 받고는 있었지만 애굽과 팔레스틴에서 살고 있던 유대인들에게는 이 시기가 운이 좋은 기간이었다. 그러나 프톨레미 왕조와 셀류키드 왕조 사이에 계속된 전쟁의 와중에서 팔레스틴이 상대편의 군대의 말발굽에 짓밟히면서 유대인은 수난을 당하였다. 그리고 비록 헬레니즘이 예루살렘과 그 근방에서는 미약하였지만 그리스의 영향이 팔레스틴에서는 강하였다.

애굽을 통치한 그리스 왕조인 프톨레미 왕조는 다음과 같았다.

프톨레미 1세 (Lagus의 아들) B.C. 323~283
프톨레미 2세 (Philadelphus) B.C. 283~247
프톨레미 3세 (Euergetes) B.C. 247~221
프톨레미 4세 (Philopater) B.C. 221~203
프톨레미 5세 (Epiphanes) B.C. 203~181
프톨레미 6세 (Philometor) B.C. 180~146
프톨레미 7세 (Euergetes 2세) B.C. 145~117

1. 프톨레미 1세 라구스의 아들(B. C. 323~283)

프톨레미 왕조의 시조는 고대의 위대한 통치자들 중의 하나였다. 알렉산드리아의 박물관과 도서관을 건축하였던 이가 바로 그였다. 학문의 후원자로서의 그의 명성은 고대세계에서 널리 전파되었다. 탁월한 수학자였던 유클리드(Euclid)는 프톨레미의 궁정에서 기하학을 가르쳤다.

프톨레미 1세는 그리스인과 마게도냐인으로 구성된 용병을 확보함으로써 강한 군사력의 필요성을 충족시켰다. 나아가 그는 지중해를 지배하기 위하여 하나의 선단을 보유하였다. 알렉산드리아는 고대세계의 중요한 상업중심지의 하나가 되었다. 그의 최초의 팔레스틴 침공시에 프톨레미 1세는 많은 유대인 포로들을 애굽으로 끌어갔으며, 계속 있었던 원정 때마다 그 수효는 수 천을 헤아리게 되도록 증가하였다. 무장할 수 있었던 유대인들은 병역의 의무를 위하여 여러 곳의 요새들에 배치되었다. 얼마 후에 프톨레미 2세는 이들 유대인 노예들을 자유롭게 해방시켜주었으며 유대인들에 대하여 친절하게 대해주었다.

2. 프톨레미 2세 필라델푸스(B.C. 283~247)

알렉산드리아의 항구 앞 파로스(Pharos) 섬 위에 세워진 그 유명한 370~400 피트 높이의 등대는 프톨레미 2세에 의하여 건립되었다고 알려져 있다. 그것은 근 1600년이 지난 A.D. 1326년에 파괴되었다.

프톨레미 2세는 프톨레미 1세와 그의 아내 베르니스(Bernice) 사이에서 태어난 아들이었다. 많은 면에서 프톨레미 2세의 사적이며 가정상의 생활은 동양의 군주들의 형태를 따랐다. 그는 리시마쿠스의 딸인 알시노에 1세(Arsinoe I)와 결혼하였다. 그 뒤 리시마쿠스의 아내였다가 과부가 된 자기의 친 누이인 알시노에 2세(Arsinoe II)와 결혼하였다. 그는 권좌에 오를 때 그의 친형제를 살해하였다. 어떤 조사보고에 따르면 프톨레미 필라델푸스는 당시의 가장 부유한 왕들 중의 하나였다. 프톨레미 2세는 프톨레미적 통치자 숭배를 시작하였던 왕으로 알려져 있다. 그의 재위 기간에 애굽은 이탈리아와 상거래를 갖기 시작하였다.

프톨레미 2세는 그의 부친보다 학문을 더욱 사랑하였다. 그는 알렉산드리아에 동물원을 세워 자연과학 분야에 대한 학문을 진작시켰다. 그는 에디오피아와 남아프리카에서 동물들을 생포하여 알렉산드리아에 데려왔다. 그는 그의 부친이 건립한 박물관과 도서관에 많은 새 장서들을 두게 하였다고 전해진다.

프톨레미 2세 필라델푸스는 그의 전 통치 기간 중에 애굽의 통치자로 일관하였으며 그의 지시로 모세오경이 헬라어로 번역되었다. 이 일은 결과적으로 70인경(Septuagint)을 만들어내는 번역사업을 촉진시켰다. 후에 다시 다루게 될 『아리스테아스의 편지』는 프톨레미가 이 헬라어 번역을 시작하는데 한 몫을 담당하였다는 주장이 있음을 전하고 있다.

학문과 그리스 문화의 후원자로서, 인생의 가장 커다란 만족은 이것들이 제공하는 쾌락들의 유익에서 유래한다는 것이 프톨레미 2세의 확신이었다. 그는 거칠고 사치스러운 생활로 인하여 일찍 늙었고 62세에 세상을 떠났다.

3. 프톨레미 3세 유에르게테스
(후원자 ⟨B.C. 247 ~ 221⟩)

그의 부친과 마찬가지로 프톨레미 3세 유에르게테스는 셀류키드 왕조와의 전쟁을 수행하였다. 그는 그의 누이인 베르니스의 생명을 구하기 위하여 수리아의 안티오쿠스 테오스(Antiochus Theos)와 한 차례의 전쟁을 치렀다.

프톨레미 3세는 학문, 특히 순수과학의 발전에 있어서 그의 선친들의 선례를 따랐다. 수리천문학자 에라스토스테네스(Erastosthenes)는 알렉산드리아의 도서관 관리관이었으며, 그의 과학적 연구에 지원을 받았다. 그는 그의 "그림자 계산법"(science of shadows)으로 지구의 둘레를 계산하였는데 25,000 마일로 생각하였다. 프톨레미 3세의 지원을 받은 또 다른 과학자는 수라구스의 아르키메데스였으며 그는 과학적인 중력과 지렛대의 원리를 발견하였다.

4. 프톨레미 4세 필로파테르(B.C. 221~203)

셀류키드 군주인 안티오쿠스 3세 대제는 애굽에 선전포고를 하고 코엘레-수리아와 팔레스틴을 침공하였다. 프톨레미 4세는 그의 제국의 일부인 이 지역을 지키기 위하여 군사를 일으키고 B.C. 217년에 라피아(Raphia) 전투에서 안티오쿠스 3세를 패배시키고 그로부터 팔레스틴과 코엘레-수리아를 애굽의 소속으로 돌려받았다.

프톨레미 4세는 그의 승리를 축하하여서 팔레스틴을 포함하는 동부 지중해 연안 지방들을 여행하였다. 이 때 그의 부친이 이전에 하였던 것과 마찬가지로 프톨레미 4세는 예루살렘을 방문하고 성전에서 감사의 제물을 드리고 상당한 재물을 헌납하였다. 이 애굽왕은 지성소에서 무엇을 하는지 알고 싶은 호기심이 작동하여 그 안에 들어가려고 시도하였지만 그렇게 하지는 못하였다. 유대인의 전설에 따르면 그는 마비가 되어 쓰러졌다고 한다. 그는 예루살렘에서 귀환하자 그의 수

치심과 분한 생각 때문에 애굽에 사는 유대인을 벌하기 위하여 그들이 어제까지 누려왔던 모든 특권들을 박탈하기로 결심하였다.

프톨레미 왕조가 이제까지 베풀었던 호의 때문에 유대인을 미워하였던 비유대인들은 왕의 본을 따라 애굽의 유대인들을 박해하였다.

프톨레미 4세인 필로파테르의 통치 아래서 애굽은 사양길에 들어섰다. 그는 색을 탐하고 나태한 왕이었으며 국내에서 반란이 발생하였다. 이 반란을 진압하는데 성공하고나서도 계속하여 도덕적으로 악하고 사치스럽게 살아갔다. 그에게는 유일하게 어린 후계자가 있었는데 이 아들이 B.C. 205년에 그의 왕위를 계승하였다.

5. 프톨레미 5세(B.C. 203~181)

프톨레미 5세의 등극은 마게도냐와 수리아의 왕이 애굽을 공격하고 변방의 지방들이 그 나라를 에워싸게 하기 위하여 군사동맹을 맺게 된 동기가 되었다. 안티오쿠스 3세가 팔레스틴을 침공하자 유대인의 상당수가 그의 편에 가담하였다. 비록 필로파테르가 행한 무도한 대우가 간접적인 요인이 될 수는 있겠지만 팔레스틴에 살고 있던 유대인들이 안티오쿠스 편에 가담하는 이러한 변화의 정확한 원인은 알려지지 않고 있었다.

이로부터 조금 후에 스코푸스(Scopus) 장군 휘하의 애굽군대가 예루살렘에서 수리아군을 몰아내고 거룩한 성읍을 한동안 장악하였다. 그러나 B.C. 198년 안티오쿠스 3세는 처음에는 패배를 당하였으나 요르단 계곡의 파네아스(Paneas)에서 애굽군대를 격파함으로써 패배를 만회하고 승리하였다. 안티오쿠스 3세가 애굽을 공격하려고 계획을 하였을 때 애굽이 자기들의 보호국가라는 로마의 경고에 의하여 그는 제지당하였다. 안티오쿠스는 애굽을 공격하기를 중단하고 정략결혼에 의하여 강화된 평화협정을 체결하였다. 안티오쿠스 3세의 딸이 애굽의 어린 왕과 결혼을 하였고 퀴니키아와 팔레스틴은 수리아에게 양도되어 팔레스틴의 유대인들은 수리아 왕의 통치 아래 있게 되었다. 이 일은 B.C. 198년에 발생하였으며 프톨레미 왕조가 팔레스틴을 치리한지 122년이 경과된 후였다.

프톨레미 왕조의 통치가 지닌 특징을 기술함에 있어서 밀러

(Dorothy Miller)는 이렇게 서술하고 있다. "프톨레미 왕조의 전 역사, 그리고 사실상 모든 헬라적 왕조들의 역사는 인생과 국가에 대한 하나님의 임재하심이란 진정한 종교가 없는 지성의 찬연함과 물질적 풍요, 최고의 문명이 도덕이나 선행에 한치의 보탬이 되지 않음을 보여주는 좋은 예가 되었다. 당대의 가장 개화된 군주들의 생활과 가족관계에 공통되지 않았던 죄나 악덕은 찾아볼 수가 없는 듯이 보인다. 어머니나 형제, 자매, 자녀, 친구의 생명이 만일 개인적인 욕망이나 정치적 야망의 가도에 놓여있다면 그것은 전혀 무가치한 것이었다."3)

제 5 장

셀류쿠스 왕조 하의 유대인

수리아를 통치한 셀류키드 왕조의 역대왕들은 다음과 같다.

셀류쿠스 1세	(Nicator)	B.C. 312~280
안티오쿠스 1세	(Soter)	B.C. 280~261
안티오쿠스 2세	(Theos)	B.C. 261~246
셀류쿠스 2세	(Callinicus)	B.C. 246~226
셀류쿠스 3세	(Keroneos)	B.C. 226~223
안티오쿠스 3세		B.C. 222~187
셀류쿠스 4세	(Philopater)	B.C. 187~175
안티오쿠스 4세	(Epiphanes)	B.C. 175~163
안티오쿠스 5세	(Eupator)	B.C. 163~162
데메트리우스 1세		B.C. 162~150
데메트리우스 2세와 알렉산더		
↳ 발라스의 권좌를 위한 투쟁		

알렉산더 발라스	B.C. 150~145
데메트리우스 2세	B.C. 145~139
안티오쿠스 7세	B.C. 139~134

1. 셀류쿠스 1세 니카터(B.C. 312~280)

셀류키드 왕조의 시조는 알렉산더 대제의 장군들 중의 하나인 셀류쿠스 니카터(Seleucus Nicator)였다. 그는 군사적인 정복에 의하여 헬레스폰트(Hellespont)와 지중해 연안에서 동쪽으로 인더스(Indus) 강에 이르는 이전 알렉산더 제국의 넓은 국토를 장악할 수 있었다. B.C. 321년에 그는 바벨론의 방백으로 임명되었으나 B.C. 316년에 프리기아(Phrygia)의 통치자인 안티고누스(Antigonus)에 의하여 축출되었다. B.C. 301년의 입수스(Ipsus) 전투 후에 셀류쿠스 1세는 수리아와 소아시아를 할당받았다. 이 때 셀류키드 시대가 시작되었으며 마카비 1서와 어떤 역사서들은 그들의 역사적 사건들을 이 기원에 따라서 연대를 계산하고 있다.

셀류쿠스 1세는 지중해에서 16마일 떨어진 오론테스(Orontes) 강가에 그 유명한 안디옥 성을 건설하였으며, 그곳을 자기가 다스리는 왕국의 수도로 정하였다. 로마인이 수리아를 제압하였을 때 안디옥은 로마 속주의 수도가 되었다. 약 50만의 인구를 가진 이 성읍은 로마제국 가운데서 헬라 문화의 커다란 중심지들 중의 하나가 되었다. 여기서 동양과 서양이 만났으며 각자의 문화가 융합되었다.

셀류키드 왕조는 알렉산더의 경우를 모방하여 그들에게 투항한 지역들을 헬라화하고 싶어하는 방법에 따라 40개 가량이 되는 성읍들을 건설하였다. 이 밖의 다른 중요한 헬라 문화의 중심지는 피시디아의 안디옥(Antioch of Pisidia)과 티그리스 강가의 셀류키아(Seleucia on the Tigris)였으며, 또한 헬라 문화의 중심지로서 아파메아, 라오디게아, 에데사, 베뢰아가 세워졌다. 이들 거대한 도시들에서의 생활은 어느 곳에서나 살인과 피로 물들인, 음모와 암살과 짝지워진 동방의 사치와 악덕으로 특징지워진다. 수리아의 역사, 특히 후기의 역사는 악하고 퇴보적인 시대에 사는 잔인하고 악한 남녀들의 비열한 일련의 모습들을 전하고 있다.

다니엘서 11장은 B.C. 2세기 경의 팔레스틴의 유대인들에게 영향을 끼친 이 기간 동안의 사건들을 말하고 있다.[1] 본 장에서 우리는 셀류키드 왕조의 모든 통치자들을 언급하지 않고 다만 유대인을 후대했거나 학대하였던 왕들에 대하여만 이야기를 할 것이다.

2. 안티오쿠스 3세(B.C. 222~187)

탁월한 셀류키드 왕조의 왕 중에 안티오쿠스 3세 황제가 들어간다. 팔레스틴은 결국 B.C. 198년의 파네아스(Paneas, 또는 Panium) 전투에서 애굽의 프톨레미 왕조의 통치에서 수리아의 셀류키드 왕조의 통치 밑에 예속되었다. 유대인들은 이전의 프톨레미의 어떤 왕들보다도 더 안티오쿠스 3세를 좋아하였다. 안티오쿠스의 초기 통치 기간에는 유대인들이 그들의 관습대로 자유롭게 신앙생활을 하며 세금을 징수당하지 않는 것을 포함하여 많은 특권과 호의를 누리며 번영하였다. 따라서 유대의 법률은 페르샤 제국의 경우와 마찬가지로 정부의 재가를 받았다. 상인들은 유대인에게 금지된 음식물을 예루살렘에 반입시키는 것이 금지되었다. 안티오쿠스는 수 천명의 유대인들을 자신이 건설한 성읍들에 정착하게 하였다. 그러나 불행하게도 유대인들에게 부여된 이와 같은 호의들은 얼마가지 못하였다.

이 당시 유대인의 디아스포라(Diaspora)는 점점 증가되었다. 따라서 B.C. 2세기와 1세기에는 바벨론에서, 예루살렘 주변에서, 욥바와 갈릴리, 요단 건너편 지역의 많은 지방에서, 브리기아와 루디아에서, 힐카니아, 애굽, 구레나이카에서 유대인을 만나볼 수가 있었다. 팔레스틴의 통치권이 수리아에게 넘어갔기 때문에 애굽에 있는 유대인과 팔레스틴의 유대인들은 정치적으로 분리가 되었으며 이러한 여건은 유대교에 심각한 결과를 초래하게 되었다.

카르타고의 장군인 한니발(Hannibal)의 격려에 힘입어 안티오쿠스 3세는 로마군과 전쟁을 벌였으나 그는 참담한 패배를 당하였다. B.C. 190년 서머나(Smyrna)에서 결정적인 전투가 벌어졌었다. 이 전투 후에 소아시아의 타우루스 산맥(the Taurus Mountains) 서쪽의 모든 영토가 로마인의 손에 넘어가야만 했고, 이것은 사실상 소아시아의 상당한 부분을 빼앗긴 것이 되었다. 수리아는 현대의 화폐제도상의 3천만 달러에 상당하는 무거운 배상금, 즉 5,000 달란트를 부과받았다. 이와 같이 무거운 배상금을 지불하도록 보증하기 위하여 수리아 귀족 중의 지도급 인물 중 열 두 명이 보증을 서게 되었다. 이로 말미암아 셀류키드 왕가에 속한 부자들이 갑자기 파산할 지경에 이르렀다. 로마가 요구한 엄청난 액수를 채우기 위하여 안티오쿠스 3세는 나라 안의 신전들을 압류하고 예루살렘 신전의 재산도 압류하였다. 이 신전들은 어느 정도의 금을 보유하고 있다고 소문났었다. 안티오쿠스 3세가 자기의 통치 아래 있는 신전들의 재산을 강탈하는 일에 착수하자 반대가 일어났고, 그는 그의 왕국의 남동부에 있는 한 신전의 재물을 압수하는 도중에 살해당하였다.

3. 셀류쿠스 4세(B.C. 187~175)

셀류쿠스 4세는 계속하여 로마에 과중한 조공을 바치도록 압력을 받았다. 그 역시 예루살렘 성전을 강탈하려고 시도하자 유대인들의 재정적인 반대가 일어났다. 성전의 곡간에는 과부와 고아들의 몫이 비축되었고 또한 토비아스(Tobias)의 아들 힐카누스(Hyrcanus)의 재산이 어느 정도 보관되어 있었는데 그 액수가 은 400 달란트와 금 200 달란트에 이르렀다(마카비 2서 3:11, 요세푸스 Ant. xii. 196~235). 이 사건은 예루살렘에서 발생한 시위와 함께 수리아 장관 헬리오도루스(Heliodorus)로 하여금 성전의 금을 압류하는 일을 보류하게 하였다. 마카비 2서 3:1~40에 따르면 유대인들은 이 일을 하나의 기적으로 간주하였다. 얼마 후 셀류쿠스 4세는 자기가 정권을 장악하고자 의도하였던 헬리오도루스에 의하여 살해당하였다.

4. 안티오쿠스 4세(B.C. 175~163)

셀류쿠스 4세의 동생이며 에피파네스(Epiphanes)라고 불리운 안티오쿠스 4세는 자기의 선왕들이 행하였던 강압적인 정책을 답습하였다. 그는 전형적인 동양의 왕으로 행세하였으며 기만술과 가장함과 숙달된 통치를 행하였다. 그는 자신의 사악한 행위들로 인하여 유명하여지기 시작하였다. 그는 명예를 대단히 추구하고 탐하였을 뿐 아니라 심상치 않은 정신착란과 괴벽으로 고생을 하였다. 역사가 폴리비우스(Polybius)는 그의 행동이 보여주는 조급함 때문에 그를 "현명한 신"이란 뜻의 에피파네스 보다는 "미친 사람"이란 뜻의 "에피마네스"(Epimanes)라고 명명하였다. 제국의 광대함을 실현시키고자 하는 희망을 품고 그는 그가 통치하는 나라의 모든 신민들이 자기와 같이 그리스 문화의 신봉자가 되도록 온갖 정열을 쏟았다. 특별히 유대인들이 그에게는 비위상하는 민족이었다. 타기투스(Tacitus)는 그의 『역사서』(Histories, V, 5)에서 다음과 같이 기술하고 있다. "왕 안티오쿠스는 유대인의 광신을 뒤업고 그들에게 그리스의 관습들을 심어주려고 노력하였으나 파르디아인(Parthian)과의 전쟁 때문에 이 가장 논쟁적인 민족의 처지를 변화시키려는 시도를 멈추게 되었다. 라이크(Reike)는 안티오쿠스 4세에 대하여 이렇게 기술하였다.

> 셀류키드 왕조의 전통을 매우 강하게 강화시키기 위하여 그는 자신을 올림푸스의 제우스(Zeus)로 숭배하도록 백성들에게 요구하였고 (마카비 2서 6:2; 역시 당시의 주화에 새긴 그림에서도), 이로 인하여 자신의 제국주의에 어떤 특별한 서양적 강조를 두고자 하였다. 그는 자기 부친과는 달리 로마나 소아시아에 있는 그의 맹방들과 좋은 관계를 유지하기 위하여 항상 주의를 기울였다.[2]

일반적으로 성공을 거두었던 헬라화의 계획이 유대 땅에서는 반대에 부딪혔다. 유대인들 중에는 보수파와 헬라파의 두 부류가 있었다. 팔레스틴에 거주하는 유대인들은 거의 1세기 반 동안 헬레니즘에 순복하였다. 예루살렘의 유대인들은 그리스의 복장을 하고 그리스 관습을 따랐으며 그리스 말을 습득하였다. 그럼에도 불구하고 대부분의 유대인들은 자신들의 유대적 신앙과 관습들을 사랑하였다.

유대땅에 사는 유대인들의 헬라화가 자신이 통치하는 다른 주들에서와 같이 쉽사리 실현되었으면 하는 것이 안티오쿠스 4세의 희망이었다. 이 수리아 왕은 유대적 생활양식을 저버린 그리스 문화예찬자들(Graeco-philes)의 협조를 받기를 기대하였다. 안티오쿠스 4세는 팔레스틴의 대도시들에다 체육관과 신전, 경주용 경기장, 대중 목욕탕들을 세웠다. 예루살렘에서는 (전통주의자들을 경악시키는 일이 벌어졌는데) 요새의 바로 밑에다 그리스의 체육관을 세웠다. 요세푸스에 따르면(XII : V.1) 그리스의 복장이 소개되었고 청년들이 그리스 모자를 쓰고 있는 것이 눈에 띄고 성전의 제사장들은 그들의 제사장직을 소홀히 하고 대신에 운동경기장의 세속적인 쾌락에 탐닉하였다. 경건한 유대인들은 우상숭배와 마찬가지로 곳곳에서 펼쳐진 방종함에 대하여 강한 반발을 보였다. 왜냐하면 많은 헬레니즘의 관습들이 히브리인의 성경이 가르치는 교훈과는 완전히 양립될 수가 없었기 때문이었다.

안티오쿠스 4세가 왕이 되었을 때 오니아스 3세(Onias Ⅲ)가 대제사장의 자리에 있었고 그의 형제인 요수아는 유대적 헬라파의 지도자였다. 오니아스 3세는 수리아 왕의 계획과 칙령에 순응함을 보이기 위하여 자기의 이름을 야손(Jasonn)으로 개명하고 선조로부터 유대인들에게 전해 내려온 관습과 신앙을 포기하였다. 대제사장의 자리를 얻기 위하여 440 달란트의 뇌물이 안티오쿠스 4세에게 보내어졌다. 다른 150 달란트는 유대인의 청년들이 운동경기와 그리스의 놀이들을 훈련할 수 있는 체육관을 예루살렘에 짓는 허가를 얻기 위하여 사용되었다. 야손은 왕으로부터 임명을 받고 유대와 예루살렘을 헬라화시키는 일을 정력적으로 착수하였다.

B.C.172년 야손은 그의 형제인 메넬라우스(Menelaus)가 300달란트란 더 비싼 금액을 제공하여 그에게 자리를 빼앗기게 되었다(마카비 2서 4 : 24). 정통적인 유대인의 관점에서 보면 유대교의 가장 높은 종교적 직임이 뇌물증여에 의하여 얻어 질 수 있었다는 상황은 애처럽기 짝이 없는 타락의 상태였다. 메넬라우스가 대제사장에 임명된 것은 유대인의 율법에 대한 악질적인 위반이었으며, 유대 땅에서 격한 반감이 발생하였다. 메넬라우스는 그의 뇌물을 확보하기 위하여 성전의 곡간에 비축된 상당액수의 돈을 강제로 탈취하였으며, 이 사실은 유대인들을 격노케 하여 그들은 메넬라우스의 행위를 막기 위하여 수리아의 왕에게 대변인을 파송하기까지에 이르렀다. 공격적인 헬라파의 행동이 반대에 부딪혔으며 유대인들 사이에 심각한 소동이 일어났다. 그러나 메넬라우스는 더 많은 뇌물을 공여함으로써 승리하였으며 항변하였던 대변인은 사형에 처해졌다. 마카비 2서 4 : 34~35

에 따르면 메넬라우스와 오니아스는 피살되었다.
 안티오쿠스 4세는 네 차례에 걸쳐 애굽에 선전포고를 하였다. 첫번 전쟁은 프톨레미 6세가 죽은 후인 B.C.173년에 발생하였다. 이 전쟁으로 인하여 셀류키드 왕조는 코엘레-수리아와 팔레스틴, 퍼니키아를 자국의 통치에 예속시켰다. 전쟁 중에 프톨레미 필로메터는 포로로 잡혔고 안티오쿠스 4세는 B.C.169년에 멤피스(Memphis)에서 친히 애굽의 왕으로 선포하였다. 그러나 알렉산드리아가 반란을 일으키고 프톨레미의 동생을 그들의 왕으로 옹립하였다.
 유다에서의 상황은 이전보다 더욱 험악해졌다. 안티오쿠스 4세가 애굽에 대한 제2차의 전쟁을 성공적으로 수행하고 있을 동안 야손은 무력으로 자기의 자리를 되찾기로 결정하였다. 그는 안티오쿠스 4세가 애굽과의 전쟁을 수행하고 있는 동안이 절호의 기회라고 믿었다. 또한 안티오쿠스 4세가 살해되었다는 소문이 파다하게 퍼졌다. 안티오쿠스 4세는 예루살렘에서 벌어지고 있는 일에 대한 보고를 접하자 격노하여 예루살렘으로 진군해 들어갔다. 피로 얼룩진 보복이 거룩한 성읍에서 자행되었다. 요세푸스에 따르면 수리아 군병들은 많은 유대인들을 노예로 잡아 팔아버린 외에도 4만에 이르는 남녀와 어린이들을 대량학살하도록 허락되었다. 매우 잔인한 인간인 필립(Philip)이 예루살렘의 총독이 되었다. 이어서 안티오쿠스 4세는 "세상에서 가장 거룩한 성소"에 감히 들어가 약탈을 자행하였다. 황금제단과 모든 봉헌된 기명들과 기구들이 값으로 따질 수 없는 많은 다른 보물들과 함께 노략당하였다.
 이러한 무례한 행동들 외에도 무거운 세금이 유대인들에게 부과되었다. 안티오쿠스 4세가 누리는 사치스러운 생활수준과 또한 그가 수차에 걸쳐 치른 전쟁 비용 때문에 그는 자금이 필요하였다. 그는 유대인들로부터 재정상의 도움을 얻기로 결정하였다. 인두세(poll tax), 제왕세(crown fax), 성전세와 같은 다양한 세금이 부과되었다. 추수곡식의 삼분의 일과 추수열매의 절반에 달하는 무거운 과세가 사해에서 얻어지는 소금에도 징수되었다. 전쟁을 치르는 동안 수리아군대는 안티오쿠스 4세의 군대를 위하여 필요한 때에는 가축과 곡물창고를 탈취하도록 지시를 받았다. 이러한 세수정책이 얼마나 무지막지하며, 이치에 맞지 않는지는 일반적으로 팔레스틴의 유대인이 가난한 상태였음을 생각해볼 때 분명해진다. 그들 중의 대부분은 원시적인 방법으로 땅을 갈고 추수를 하는 영세 농민들이었다. 이와 같이 다양한 세금들을 징수하는 데에 무력을 동원하였으며 세금을 납부하지 못할 때는 개인이나 마을 전체를 노예로 팔았다.

  B.C. 167년에 안티오쿠스 4세는 그의 마지막이 될 애굽과의 또 다른 전쟁을 시작하였다. 이 전쟁에서 그가 승리할 것 같은 기미가 보이자 애굽은 로마에게 지원을 요청하였으며 로마는 쾌히 승락하였다. 안티오쿠스가 알렉산드리아에 접근하고 있을 때 그는 로마에서 파견한 라에나스(G. Popillius Laenas)와 만났으며, 이 때 그는 수리아군이 즉시 애굽을 떠나도록 요구하였다. 안티오쿠스는 불명예스럽게 퇴진하면서 수리아를 반대하는 유대인들이 남부 국경지대에 거주하고 있기 때문에 수리아에 대한 우려를 하면서 귀환하였다. 헬라파의 반대자들이 공공연히 정치적으로 애굽을 지지한다고 주장하기 시작하였기 때문에 귀환길에 그는 유대인에게 그의 분노를 풀기로 작정하고 그들의 신앙과 사고를 그리스적인 것으로 개조시키고자 하였다.

  그는 22,000명의 군대와 함께 아폴로니우스(Apollonius)를 예루살렘에 파송하였으며 아폴로니우스는 기만술을 써서 예루살렘의 문을 확보하였다. 그는 이 성읍에 들어가자마자 믿기 조차 어려운 악랄한 수단들을 동원하여 수 천명의 시민들을 학살하였다. 여자와 아이들이 노예로 팔렸으며 성은 불탔다. 성곽은 무너지고 그 돌들은 26년간 수리아의 주둔군이 주둔했던 옛 다윗성을 방비하는데 사용되었다.

  그후에 안티오쿠스 4세는 착령을 발표하여 모든 유대인들은 수리아의 법과 관습들, 종교를 추종하게 하였다. 그리스의 신과 여신들에 대한 숭배가 여호와 경배를 대신하게 되었다. 안식일 준수와 할례의식, 부정한 음식의 금지와 같은 특징적인 유대인의 관습들이 사형에 해당하는 죄목으로 금지되었다. 자기 아기들에게 할례를 행한 어머니들은 그들의 목에 아기를 두른 채 십자가에 달려 처형되었다. 매일 드리도록 된 희생제물이 금지되었다. 한떼의 돼지를 성전에 몰아넣고 올림푸스의 제우스에게 헌납된 제단 위에서 돼지고기가 제물로 바쳐졌다. 이 제단은 이렇게 1년 반 동안 이용되었으며, 이 일이 악한 때를 특별히 예시하는 요한계시록에 나오는 "한 때와 반 때", 혹은 42개월의 근원이 되었다고 믿어진다. 성전의 기명들은 그 위에 돼지고기에서 취한 육즙을 뿌림으로 더럽혀졌다.
　보기 흉한 난장판이 성전뜰을 더럽히고 이곳은 술군들의 체류지가 되었다. 야만인의 주신을 섬기는 의식(Bacchic ritual)을 포함한 불경스런 이방종교의 의식들이 유서깊은 성전의 의식을 대신하게 되었다. 이러한 일은 유대인의 종교적인 반감을 불러 일으켰다. 마카비서(the Books of Maccabees)는 유대인들에게 강요된 애닯은 정황을 묘사하고 있다.

> 왕은 또 사신들을 예루살렘과 여러 도시에 보내어 다음과 같이 칙령을 내렸다. 유대인들은 이방인들의 관습을 따를 것. 성소 안에서 번제를 드리거나 희생제물을 드리거나 술을 봉헌하는 따위의 예식을 행하지 말 것. 안식일과 기타 축제일을 지키지 말 것. 성소와 제사장들을 모독할 것. 이교의 제단과 신전과 신당을 세울 것. 돼지와 부정한 동물들을 희생제물로 잡아 바칠 것. 사내아이들에게 할례를 하지 말 것. 온갖 종류의 음란과 모독의 행위로 스스로를 더럽힐 것. 이렇게 하여 율법을 저버리고 모든 규례를 바꿀 것. 이 명령을 따르지 않는 자는 사형에 처한다(마카비 1서 1 : 44~50).

　영웅심이 많은 유대인들을 사로잡았다. 그들은 자신들의 신앙을 배반하고 자신들의 양심을 내팽개치기 보다는 오히려 죽임을 당하는 것, 즉 순교당하는 것을 더 원하였다. 역사가 거듭하여 여실히 보여주고 있듯이 압제와 핍박은 한 민족의 힘과 생동함을 소멸시키기는 커녕 정반대로 완강히 반대와 국민적 자존심을 고양시키고 강화시켜서 국민 각자를 분열시키기 보다 오히려 결속시킨다. 이러한 자명한 이치에 대하여 유대인들은 과거와 현재에 있어서 가장 현명하고 계속적인 증인이 되어 왔다. 거룩한 결단과 불굴의 용기를 가지고 유대인들은 그들의 얼굴을 핍박에 대하여 굴하지 않고 쳐들었다. 왜냐하면 그들에게 있어서는 그들의 종교와 선조들의 하나님을 경배하는 일 이상으로 귀한 것이 없기 때문이다.
　비록 곳곳마다 우상의 제단들이 서 있고 공공연하게 율법책이 불살라지며 반항하는 자들을 사형하였을지라도 많은 유대인들은 여호와의 언약에 충성하기를 택하였다. 마카비 1서는 이렇게 주장한다. "그들은 부정한 음식을 먹어서 몸을 더럽히거나, 거룩한 언약을 모독하느니 차라리 죽음을 달게 받기로 결심하였고 사실 그들은 그렇게 죽어갔다" (마카비 1서 1 : 62~63).

수리아인들에 의하여 유대인에게 계속적으로 가해진 잔혹함과 비인격적인 처사는 설명할 수가 없었다. 젊은이와 늙은이, 남자와 여자를 막론하고 모든 유대인들은 헬라화를 강요하는 교서를 따르지 않는다는 명목으로 학대를 받고 고문을 당하였다. 돼지고기를 먹지 않는다고 해서 죽기까지 채찍을 맞은 고령의 서기관 엘르아살의 경우가 유대인의 영웅심을 잘 말해주고 있는데 마카비 2서에 기록되어 있다.

그 때 뛰어난 율법학자들 중에 엘르아살이라는 사람이 있었는데 그는 이미 나이도 많았고 풍채도 당당한 사람이었다. 박해자들은 강제로 그의 입을 열고 돼지고기를 먹이려 했다. 그러나 그는 자기 생활을 더럽히고 살아가는 것보다 명예롭게 죽는 것이 낫다고 하여 자진하여 형틀로 가면서 그 돼지고기를 뱉아버렸다. 참된 생명을 사랑하는 사람이라면 먹어서는 안될 것을 물리칠 용기를 가져야 하는데 엘르아살이 바로 그런 사람이어서 돼지고기를 뱉아버렸던 것이다. 율법에 어긋나는 이 희생제를 관장하는 사람 중에서 엘르아살과 오랜 친분이 있던 사람들이 그를 따로 불러 그에게 율법에 어긋나지 않은 다른 고기를 준비했다가 그것을 가져오도록 권하면서 왕의 명령대로 희생제에 바쳐진 고기를 먹는 체 하라고 하였다. 이렇게 하기만 하면 엘르아살은 오랜 친분으로 맺어진 사람들의 인정을 이용해서 자기 목숨을 건질 수도 있었다. 그러나 이 노인은 자기의 나이에 따르는 위엄과 백발이 된 머리를 생각하고 어렸을 적부터 나무랄데 없이 살아온 자기 생애를 돌이켜보고 무엇보다도 하나님께서 주신 거룩한 율법에 따라야겠다고 생각하여 고결한 결심을 꺾지 않았다. 그래서 그는 빨리 죽여달라고 하면서 다음과 같이 말하였다… 이 말을 마치고 그는 형틀로 직행하였다. 조금 전까지만 해도 엘르아살에게 호의를 베풀었던 사람들이 엘르아살이 한 말을 듣고 미친 놈의 소리라고 생각하며 돌변하여 그에게 악의를 품게 되었다. 엘르아살은 모진 매에 못이겨 거의 죽어가면서 신음하는 소리로 말하였다. "주님은 거룩한 지식을 가지고 계십니다. 그러니 내가 죽음을 면할 수 있었는 데도 불구하고 육체적으로 매를 맞아 무서운 고통을 당하고 있으나 하나님을 경외하고 있기 때문에 마음으로 이 고통을 달게 받는다는 것을 잘 알고 계십니다." 이렇게 그는 자기의 죽음으로 젊은이에게 뿐만 아니라 대부분의 동포들에게 용기의 모범과 덕행의 본보기를 남기게 되었다(7 : 18~31).

그 때에 일곱 형제를 둔 어머니가 있었는데 그들은 모두 왕에게 고기를 먹으라는 강요를 받았다. 그들 중의 하나가 대변자로 나서서 말하였다. "우리를 심문해서 무엇을 알아내겠다는 것입니까? 우리 조상의 법을 어기느니 차라리 죽고 말겠읍니다." 왕은 이 말을 듣고 화가 나서 솥과 가마를 불에 달구라고 명령하였다. 명령대로 당장에 솥과 가마를 뜨겁게 달구자 남은 형제들과 어머니의 눈 앞에서 왕은 그들의 대변자로 나섰던 사람의 혀를 자르고 머리카락을 밀고 사지를 자르라고 명령하였다. 완전히 폐인이 되었지만 아직도 생명이 붙어 있는 그를 왕은 뜨겁게 달군 솥에 넣어버리라고 명령하였다. 솥에서 연기가 사방으로 멀리 퍼져나갈 때에 나머지 형제들은 어머니와 함께 서로 격려하고 고상하게 죽자고 하면서 이렇게 말하였다…(7 : 1~5).

이러한 순교의 본보기를 그의 남은 여섯 형제들도 따랐고 마침내 그들의 어머니도 똑같은 비인간적인 고문을 당하였다.

안티오쿠스 4세 시대에 있었던 이러한 순교자들에 대하여 히브리서 저자는 이렇게 말하고 있다.

여자들은 자기의 죽은 자를 부활로 받기도 하며 또 어떤 이들은 더 좋은 부활을 얻고자 하여 악형을 받되 구차히 면하지 아니하였으며 또 어떤 이들은 희롱과 채찍질 뿐 아니라 결박과 옥에 갇히는 시험도 받았으며 돌로 치는 것과 톱으로 켜는 것과 시험과 칼에 죽는 것을 당하고 양과 염소의 가죽을 입고 유리하여 궁핍과 환난과 학대를 받았으니 (이런 사람은 세상이 감당치 못하도다) 저희가 광야와 산중과 암혈과 토굴에 유리하였느니라(히 11 : 35~38).

제 5 장 셀류키드 왕조 하의 유대인 45

　유대인들은 환난의 때를 겪게 되었다. 그러나 힘과 잔학한 행위가 그들의 신앙을 꺾지 못하였고 그들은 이교의 헬레니즘이 감행한 맹공격에 끝까지 저항하였다. 이러한 반대 세력은 에스라서에서 그 기원이 기록된 서기관들에 의하여 형성되고 앞장 세워졌다. 이 서기관들은 정통적이고 율법적이며 엄격하였다. 이들이 펼친 반대운동 가운데는 토라와 세대를 거치면서 구전으로 전승되었던 장로들의 전통에 대한 연구를 장려하는 것도 포함되었다. 서기관들은 이방인들의 것은 전부 반대하였다. 예를 들면, 그들은 유리잔의 원료가 이방인이 소유한 영토에서 발견된 재료로 만들어진다고 해서 그 사용을 거절하였다.

　처음에 이 집단은 소규모였으나 전국의 마을과 성읍들로 확산되었으며 예루살렘에 거주하는 것을 의도적으로 회피하였다. 그들은 점진적으로 유대인을 헬라화하려는 움직임에 대한 강력한 반대세력이 되었으며, 반수리아적 활동을 격렬하게 펼쳤다. 하시딤, 즉 경건한 자, 혹은 구별된 자로 알려진 바리새파는 바로 이 집단에서 형성되어 나왔다. 그들은 자신들의 종교를 위하여 기꺼이 핍박과 순교를 감내하였으며 선조들의 신앙의 도리를 고수하는데 충실하였다. 그들의 열광적인 율법주의는 예수님 당시의 바리새인들이 보여준 뚜렷한 특징이었다. 그들은 한 세대 이상을 셀류키드 왕조의 헬라화 정책에 협조하고 부추킨 귀족화된 제사장들의 활동을 반대하였다. 비록 유대인들이 반란을 결정하였을 때 그들이 압제와 독재로부터 종교의 자유를 찾기 위하여 전투에 참여하였을지라도 그들은 엄격한 의미에서 정치적 집단은 아니었다. 따라서 종교적 자유를 획득한 후에 하시딤은 계속하여 정치적 자유를 위하여 투쟁하기를 거절하였다.

제 6 장

마카비가(家) 통치 하의 유대인

헬라화 정책에 대한 유대인의 반대는 마침내 마카비 일가가 주도하는 공공연한 반란으로 발전되었다. 이 반란은 완전한 정치적 독립을 쟁취하기 위한 단호한 투쟁으로 격화되었다. 유대인들과 수리아 군대 사이의 전투의 결정은 안티오쿠스 에피파네스가 보낸 장교가 예루살렘과 욥바 사이의 분지에 위치한 모딘(Modin)이란 마을에 들어갔을 때 발생하였다.

아스모니안 계열의 마타디아스(Mattathias of the Asmonean line)는 이방신을 숭배하기 위하여 세워진 제단 위에서 이방신에게 제사를 드리라는 명령을 받았다. 이 연로한 제사장에게 승복하라는 특별한 요청을 하였는데 그 이유는 그가 본을 보이면 백성들이 영향을 받으리라는 수리아측의 계산 때문이었다. 만일 응락하면 그는 지위와 명예와 부를 얻게 될 것이며 수리아 왕의 측근 중의 하나가 되리라는 설득이었다. 이러한 명령에 대하여 마타디아스는 이렇게 대답하였다. "하나님은 우리가 우리 하나님의 율법과 규례를 깨뜨리는 일을 금하고 계신다. 우리는 좌로나 우로 치우쳐 우리가 드릴 경배를 버리라는 왕의 말을 듣지 않을 것이다." 그는 응락하기를 거절하였다. 다른 지방의 수령이 제사를 드리려고 앞으로 다가오자 마타디아스는 그를 때려 눕혀 죽여버렸다. 그는 또한 아펠레스(Appelles)도 죽이고 그 제단을 훼파시켰다.

그 뒤에 마타디아스는 산으로 도피하면서 유대인의 신앙에 충성하는 자들에게 그를 따르라고 청하였다. 그의 아들들과 율법을 열심히 지키던 자들이 그의 뒤를 따랐다. 처음에는 이 무리의 규모가 작았지만 점점 수효가 늘어갔다. 그리고 마타디아스는 게릴라전을 펼치는 일에 있어서 그들의 대장이 되었다. 마카비 1서는 그들의 활동상을 이렇게 묘사하였다. 그들은 숨어 있던 산에서 갑자기 뛰어나와 인근의 작은 도시와 마을들을 급습하여 우상과 이방의 제단을 훼파하고 변절한 유대인들에게 강제로 할례를 행하였으며 회당을 재건하곤 하였다. 그들의 대열은 하시딤(Chasidim)이라 불리운 율법의 열성분자들에 의하여 늘어갔고 이들 애국자들은 유대의 이곳 저곳을 오르내리면서 보다 큰 도시는 피하고 낮에는 숨고 밤에는 공격하면서 정화를 위한 그들의 전쟁을 수행하였다.

1. 유다 마카비우스(B.C. 165~161)

마타디아스는 요한, 시몬, 유다, 엘르아살, 요나단이란 다섯 명의 아들이 있었다. 한 동안 이 다섯 아들의 아버지가 반란을 영도하였으나 심한 과로로 그는 B.C. 166년에 사망하였다. 그는 임종하기 전에 그의 삼남인 유다를 후계자로 지목하였다(요세푸스는 그가 장자였다고 주장한다). 유다(Judas, B.C.165~161)는 마카비우스(Maccabeeus), 또는 "망치를 든 자"란 별명을 가지고 있었다. 그는 모든 게릴라 부대들을 자기의 지휘 아래로 일원화시켰으며 게릴라 부대의 유능하며 탁월한 대장이 되었다. 그의 활동에 의하여 영광스런 유대인의 역사가 시작되었다. 수리아군은 유다와 그의 추종자들을 굴복시키려고 노력하였으나 침략군들은 유다 마카비우스에 의하여 패주하였다. 사마리아의 총독인 아폴로니우스(Appolonius)는 유다를 굴복시키라는 명령을 받았으나 성공하지 못하였다. 또 다른 적수인 코엘레-수리아의 총독 세론(Seron)은 벳-호론(Beth-horon)의 통로에서 유다에 의하여 참패를 당하였다.

이 기간 동안 안티오쿠스 4세 에피파네스는 본국을 지키게 하려고 리시아스(Lysias)를 남겨두고 페르샤군과 알메니아군을 대적하기 위하여 동부에서 전쟁을 치르고 있었다. 리시아스는 유대의 산지를 공격하기 위하여 니카놀(Nicanor)과 게올기아스(Georgias)를 지휘관으로 세워 일단의 군대를 파송하였다. 니카놀은 아얄론(Ajalon) 평원에 진을 쳤다. 46,000명의 보병과 7천명의 기병으로 이루어진 군대가 유다의 부대를 쓸어버리기 위하여 파송되었다. 게올기아스는 군대의 8분의 1을 야밤에 진군시켜 유다를 급습하려고 하였으나 그를 발견할 수 없었다. 오히려 유다는 단 3천 명의 군대를 이끌고 니카놀을 급습하여 그를 패주시켰다. 수리아군과 동행하였던 노예 상인들은 포로로 잡혀 자신들이 노예로 팔렸다. 이 전투는 B.C. 164년 여름에 일어났다.

또 다른 유대인의 승전은 B.C. 165년에 있었다고 마카비 1서는 전하는데 이 때 유다는 리시아스를 격퇴하였다. 스네이드(Snaith)는 마카비 1서 저자가 이 점에 있어서 실수를 범하였다고 믿고 있다. 리시아스는 6만의 보병과 5천의 기병을 거느렸을 것이라고 추정되는데 1만의 군대를 가진 유다가 5천의 수리아군을 살상하는 결정적인 승리를 하였다고 묘사하고 있다.

B.C. 164년 유다는 예루살렘에 입성하여 성전에 있는 모든 이방적인 것들을 제거하고 하나님의 율법이 제정한 이전의 제사들을 다시 드림으로써 성전을 회복하였다. 하누카(Hanukkah, 혹은 재봉헌) 축제가 B.C. 164년 키스레브(Kislev) 월(月) 약 25일에 열렸다. 종교의 자유가 쟁취되었고 새로운 제사장이 임명되었다. 요한복음 10 : 22에서 우리는 이런 기록을 읽게 된다. "예루살렘에 수전절이 이르니 때는 겨울이라 예수께서 성전 안 솔로몬 행각에서 다니시니." 이 축제는 "빛들의 날"로도 알려졌으며 유다 마카비우스가 치른 전쟁의 첫 단계의 끝을 맺었다.

유다의 승리는 예루살렘과 유대에 사는 유대인의 자유를 쟁취하는데 국한되었다. 그는 또한 네게브(Negeb)에 우거하는 아랍인인 베드윈 족속들과 사소한 싸움을 하게 되어 승리하였고 유대의 통치영역을 필리스티아(Philistia) 지방에까지 넓혔다. 그러나 다른 유대인들은 길르앗과 갈릴리에 사는 이방인들과 분쟁을 겪는 와중이었다. 분쟁 중인 유대인들은 유다 마카비우스에게 도움을 청하였고 이에 따라 일단의 군대의 호위 속에 시몬과 요나단의 부하들이 보내어졌다. 그들은 왕족들을 구출하여서 그들이 유대 땅에 정착하도록 하였다. 이러한 원정의 결과로 유다는 군사적 지도자로서의 위치를 확고히 하게 되었으며 에돔(Edom)과 필리스티아(블레셋, Philistia) 땅에까지 원정을 나갔다.

2. 유다에 대한 리시아스의 공격

유다가 이러한 전투들에서 승리를 거두고 있는 동안 안티오쿠스 4세 에피파네스는 동부전선에서 전사하였다. 그가 전사한 전투에 출전하기 전에 그는 7살난 아들(후에 안티오쿠스 5세 유파터)을 휘하 장수인 필립에게 부탁하였으며 그는 훗날 이 소년의 섭정이자 후견인으로 임명되었다. 일이 이렇게 진행이 되자 리시아스는 강제로 유대인들을 헬라화시키고 싶지가 않았다. 그러나 유다가 수리아 수비대를 성전이 내려다 보이는 성채인 아크라(Akra)에서 몰아내자 리시아스는 행동을 취하게 되었다. 그는 남쪽에서 벳-주르(Beth-zur)를 통과하는 계곡으로 유다를 공격해갔다. 리시아스는 10만의 보병과 2만의 기병, 32마리의 코끼리로 구성된 군대를 지휘하였다. 이 전투의 생생한 묘사가 마카비 1서 6:30 이하에서 발견된다. 마카비 1서의 저자는 이 코끼리들이 포도와 뽕나무의 오디즙으로 만든 피와 같이 보이는 액체를 보고서 난폭하게 되었다고 말하고 있다.

리시아스와 유다 사이의 첫 전투에서 유다의 맏형인 엘르아살은 자기가 살해하려고 추적하던 코끼리에 의하여 죽임을 당하였다. 유다가 승리한다는 것은 거의 불가능하였기 때문에 그와 그의 군대는 예루살렘으로 도피해야만 하였으며 그곳에서 그는 소수의 추종자들과 함께 성전의 요새에 몸을 숨겼다. 그런데 바로 이 때 리시아스의 왕위 경쟁자가 귀국함으로 인해, 리시아스는 셀류키드 왕국의 통치권에 전력으로 도전하기 위하여 유다와 긴급한 협정을 체결하게끔 되었다.

리시아스는 유대인에게 그들 자신의 법률에 따라 생활하며 토라(Torah)에 기록된 규례들을 따라 여호와를 경배하는 권리를 보장하는 협정서에 서명하였다. 유다는 비록 그와 그의 백성이 정치적으로는 수리아의 통치 아래에 남아 있게 되었지만 완전한 사면을 받았다. 성전의 요새는 훼파되고 대제사장 메넬라우스(Menelaus)는 면직당하여 사형에 처해졌다. 그의 계승자는 야킴(Jakim)이란 자였다. 그는 그의 그리스 이름인 알키무스(Alcimus)로 더 잘 알려졌었다. 알키무스는 비록 아론의 진정한 후예이긴 하였지만 그의 동족들이 보기에는 수리아의 앞잡이였다.

3. 하시딤이 유다를 버림

당시에 유다는 종교박해가 유대인에 대하여 기승을 부리는 동안에 마카비 일가를 유일하게 지원하였던 하시딤의 도움과 지원을 상실하였다. 왜냐하면 종교자유를 획득하자 하시딤은 유다의 어떤 정치적 야망을 지원하기를 거절하였던 것이다. 그들의 군대가 철수하자 유다의 군대는 상당한 손실을 입게 되었다. 그가 친 셀류키드파인 야킴 (알키무스)을 예루살렘에서 축출하자 알키무스는 안티오쿠스 4세의 조카이며 셀류키드 4세의 아들인 수리아왕 데메트리우스(Demetrius)에게 구원을 호소하였다. 데메트리우스는 그의 휘하 장수의 하나인 바키데스(Baccides)를 상당규모의 군대와 함께 파송하였다. 유다는 예루살렘에서 쫓겨났고 알키무스는 재집권하게 되었다. 이 때 그가 비록 하시딤에 의하여 용납되고 신뢰를 받았으나 그는 상당수의 하시딤을 학살하였다.

바키데스 휘하의 유대 사령관인 니카놀(Nicanor)이 유다에 대하여 유사한 계략을 시도하였으나 유다는 니카놀의 가장된 회유책을 간파하고 유대분지로 도망하였다(역사가들은 이 두 사람이 실제로 화해하여 친구가 되었는데 알키무스가 그들의 우정을 깨뜨렸다고 믿고 있다). B.C. 161년 아달월 13일에 드디어 니카놀과 유다는 벳-호른 (Beth-Horon) 근처의 아다사(Adasa)에서 벌어진 전투에서 격돌하였다. 이 때 니카놀이 살해 당했으나 이것은 유다에게 있어서 최후의 승리였다. 이로부터 두 달 후에 유다는 예루살렘 근처의 엘라사(Elasa)에서 수리아의 대부대에 의하여 사로잡혔고 사살당하였다.

마카비 1서에 의하면 유다는 로마에 사자를 보내어 수리아군을 격퇴시켜줄 것을 요청하였다. 마카비서의 저자는 로마군대를 이렇게 묘사하고 있다. "그들은 매우 강하고 그들과 동맹을 맺은 모든 나라에 대하여 호의적이어서 그들에게 화친을 요구하는 나라에는 우애를 확약하였다…사람들은 그[유다]에게 고울족(the Gauls)과 싸워서 그들을 격파하고 조공을 바치도록 하였던 그들의 무용담과 전쟁담을 들려주었다"(8:1~3, RSV). 유다는 또한 로마군대가 120마리의 코끼리와 기병과 전차, 수많은 군대로 무장된 안티오쿠스 대제를 격파시켰다는 이야기도 들었었다. 실제로 로마인은 안티오쿠스에게 과중한 조공을 바치게 하였으나 그들과 우방국으로서 화친하였다. "그들은 원근 각처의 열왕을 굴복시켰으며 그들의 명성을 듣는 자마다 그들을 두려워하였다." 유다의 전하는 바에 따르면 그들은 강대하고 탁월한 국가를 형성하였으나 아직까지 왕관을 쓰거나 자주색 옷을 입은 자가 하나도 없었다. 320명으로 구성된 원로원이 로마의 국민을 통치하며 이 무리 가운데서 매년 한 사람이 선출되어 원로원을 지도하였다.

유폴레모스(Eupolemos)와 야손은 유다에 의하여 로마인과 협정을 맺기 위한 전권대사로 파견되었다. 그것은 공·수 양면의 동맹을 맺고자 하는 것이었다. 만일 한편이 공격을 받으면 다른 한편이 파병을 하는 것이었다. 또한 협정국의 어느 한편의 대적에게는 어떠한 식량이나 물자도 공급해서는 안된다는 것이었다. 이 협정은 로마로 하여금 수리아와 근동 아시아의 문제에 간섭할 기회를 갖게 하였다.

유대인의 사자가 귀국하기도 전에 유다는 2만의 보병과 2천의 기병을 갖춘 압도적인 병력과 부딪힌 전투에서 전사하였다. 유다 마카비우스는 이스라엘이 배출한 위대한 군인들 중의 하나로 꼽혀야 한다. 이와 같이 특별한 시기에 유대인은 마카비파와, 하시딤, 헬라파의 세 그룹으로 분할되었다. 유다의 사후 이전에는 강력한 지하운동을 펼쳤던 헬라파가 출현하여 다시금 세력을 확보하고자 하였다. 친 그리스파인 알키무스가 대제사장이 되었고 그는 헬라파 인사들을 요직에 임명하였으며 유대인의 뜰과 이방인의 뜰을 구분하였던 성전의 담을 제거하였다. 마카비 일가가 당한 사정은 참혹하였다. 즉, 굶주림과 그들의 대적에 의한 핍박이 닥쳤고 그들 일파는 괴멸의 지경에 이르렀다. 마카비우스의 생존한 세 형제는 국외로 추방되어 사해 너머의 습지대로 도망하였다가 그들 중의 하나는 살해되었다. 두 명의 생존자인 요나단과 시몬은 예루살렘의 남동부에 위치한 사막지대로 도피하였고, 유다의 자리는 그의 동생인 요나단이 선임되었다.

4. 요나단(B.C. 160~142)

요나단은 게릴라전을 수행하여 예루살렘만 남겨두고 중요한 요새를 수리아군으로부터 하나씩 탈환하였다. 그리하여 7년간 예루살렘은 수리아의 통치와 친 헬라파 유대인의 수중에 있었으며 이 동안 요나단은 사소한 전투만을 수행하였다.

그러나 B.C. 153년에 일어난 수리아에서의 반란은 예루살렘을 탈환하려는 요나단의 목표달성에 도움을 주었다. 이 때 수리아의 왕좌를 위하여 경합한 두 사람이 있었는데 그 하나는 왕위를 획득한 데메트리우스 1세였고 다른 하나는 자기가 정당한 왕위 계승자라고 주장한 안티오쿠스 4세 에피파네스의 아들 알렉산더 발라스(Alexander Balas)였다. 발라스는 갑바도기아(Cappadocia)와 펠가뭄(Pergamum)의 지원뿐 아니라 로마와 애굽의 지원도 받았다. 애굽과 로마를 포함한 이웃 나라의 왕들은 수리아의 국내 문제에 참여하기 위하여 이번 기회를 노렸다.

데메트리우스와 발라스는 서로 요나단의 군사력을 보강하기 위하여 그에게 많은 특권을 제의하였다. 데메트리우스의 제안이 매우 관대하였지만 요나단은 그를 신뢰하지 못하고 알렉산더 발라스의 제안을 받아들였다. 두 경합자의 계속되는 투쟁에서 데메트리우스가 패배하고 살해당하였다. 발라스는 자기를 지원하였던 보답으로 요나단을 대제사장으로 임명하였고 그를 "왕의 친구"로 불렀으며 그에게 자주색 옷과 금관을 보내었다. 이리하여 요나단은 왕과 제사장을 겸하게 되었다.

B.C. 153년 장막절에 요나단은 대제사장의 직무를 제단에서 수행하였다. 마타디아스 일가가 제사장의 반열이기는 했지만 요나단이 집전한 제사는 불법이었다. 그러나 실제로 하시딤은 이 때에도 요나단파에 계속하여 가담하였으며 이제 요나단은 하나의 직위에 두 가지 직책, 즉 제사장과 왕의 직책을 혼합시켰다. 하시딤은 종교적 집단으로 종교와 율법에 주된 관심을 보였다.

알렉산더 발라스는 오랜 동안 왕의 자리를 고수하지 못하였다. 그는 술을 즐기고 여색에 탐닉하는 비도덕적인 인물이 되었고 백성들이 그를 멀리하였다. 데메트리우스 2세는 자기가 수리아의 왕위를 계승할 권리가 있다고 주장하면서 발라스를 공격하였다. 애굽의 프톨레미 6세의 딸인 클레오파트라(Cleopatra)와 결혼하였던 발라스는 그의 장인으로부터 애굽의 왕위를 탈취하려고 갖은 애를 썼다. 그러나 발라스는 전투에서 패배하고 도망하던 중에 살해당하였다. 이로 인하여 데메트리우스 2세 니카톨(Demetrius Ⅱ Nicator)은 수리아 제국의 통치자로 부상하였다.

　수리아가 전쟁을 치르는 동안 요나단은 자신의 지위를 확고히 하였다. 그는 예루살렘 남동쪽에 위치한 여러개의 성들을 공격하여 굴복시켰다. 그는 예루살렘을 위한 항구로 이용되었던 욥바를 비롯한 여러개의 성읍을 획득하였다. 예루살렘에 있는 헬라파 유대인은 이러한 요나단의 활동을 데메트리우스 2세에게 알렸다. 수리아의 통치자는 요나단에게 사자를 보내어 공격을 더 이상 계속하지 않을 것을 요구하였다. 이러한 요청을 받자 요나단은 그의 군대를 남겨두고 데메트리우스에게 나아가 그와 화친할 것과 가능하다면 유대인에게 유리한 협정을 맺고자 하였다. 요나단과 만난 군주는 그에게 설득을 받아 그가 알렉산더 발라스에게서 얻어낸 모든 특권과 데메트리우스 1세가 약속하였던 대부분의 특권들도 확약하였다. 겨우 수년 전에는 도망자에 불과하였던 요나단은 이제 수리아의 왕좌에 복종하는 대리인 중의 하나가 되었고 그를 추종하거나 그렇기를 원하는 자들에 둘러싸여 권세를 누렸다. 요나단은 외교적 수단을 발휘함으로써 그의 지위를 강화시켰고 특별히 예루살렘의 서쪽을 포함하는 괄목할 만한 영토를 획득하였다. 즉, 팔레스틴의 여러 성읍과 갈멜산의 북쪽에 위치한 지역들을 얻었다. 요나단은 유다 마카비우스가 결코 획득하지 못하였던 정도에 이르는 유대의 실권자가 되었다. 유다가 그의 용맹과 무력, 전략, 결단력으로 정복을 이룬 반면에 그의 동생인 요나단은 그의 주무기인 외교술로 정권을 회복하였다. 마타디아스의 다섯 아들 중의 막내인 요나단은 "교활한 자"란 별명을 얻었다.

　수리아에서 일어난 분쟁으로 요나단은 죽음을 당케 되었다. 안티오쿠스 6세로 알려진 꼭둑각시가 수리아군의 장군인 트리포(Trypho)에 의하여 수리아 왕으로 추대되었다. 그는 왕위에 대한 개인적인 야망을 갖고 있었다. 트리포는 자기의 군왕에게 충성을 다하는 요나단이 자기가 왕위를 쟁취하는데 장애가 되리라는 것을 깨달았다. 그는 우정을 가장한 채 협상의 테이블에 요나단을 초청하였다. 요나단이 협상을 위하여 성내로 들어오자 트리포는 요나단의 경호병들을 체포하여 살해하고 얼마 후에 요나단을 처참하게 살해하였다.

5. 요나단을 계승한 시몬(B.C. 142~134)

시몬은 마카비 일가의 지도자였던 마타디아스의 둘째 아들로 마지막까지 살아있던 아들이었으며, 그 집단의 지도자가 되었다. 마카비 1서 13장에 따르면 그는 예루살렘 백성들에게 다음과 같이 연설하였다.

> 나와 나의 형제들과 그리고 우리 가문이 율법과 성소를 수호하기 위해 모든 힘을 다한 사실과 우리가 치른 전쟁과 고통이 어떠하였는가는 여러분 자신이 잘 알고 있읍니다. 나의 형제들은 모두 이스라엘을 위해 죽었고 살아남은 사람은 나 하나 뿐입니다. 나는 지금 어떠한 어려움을 당한다 하더라도 절대로 내 목숨을 아끼지 않을 것입니다. 나는 내 형제에 비해 조금도 나은 점이 없읍니다. 나는 내 민족과 성소를 위하여 그리고 여러분의 처지를 위하여 원수를 갚을 것입니다. 모든 이방인들이 지금 우리를 없애버리려고 증오심에 불타 모여 있읍니다.

이 연설을 들은 백성들은 "우리의 지도자가 되어 싸워주십시오. 당신의 명령이면 무조건 복종하겠읍니다"라고 외쳤다.

시몬이 이룬 위대한 업적 중의 하나는 유대교의 적대적인 세파, 즉 헬라파와 하시딤, 마카비파의 통합이었다. 시몬이 지도자가 되자 곧이어 그는 수리아의 합법적인 왕 데메트리우스 2세와 협정을 체결하였다. 트리포는 데메트리우스 니카톨과의 전투에서 참패하고 이 전투에서 전사하였다. 데메트리우스 니카톨은 유대인들을 모든 조세에서 면제시키고 정치적 독립을 허락하여 독립적 동맹국가로 인정하였다. 마타디아스와 그의 네 아들이 그들의 생명을 바쳐서 추구하였던 목적이 시몬에 의하여 이제 실현되었다. 이 일이 B.C. 142년에 발생하였으며 유대인들은 그들의 독립일을 이 때부터 계산한다. 성대한 감사의 축제가 열렸고 마카비 1서 13 : 43~52에 따르면 상당히 오랫동안 이 축제가 매년 며칠씩 거행되었다.

유대인들은 시몬에게 절대군주의 지위를 제공하고 국가 통치자의

제6장 마카비가(家) 통치하의 유대인

직위를 그의 가문에서 세습하도록 하였다. 시몬은 또한 로마인들과 협정을 체결하라는 지시와 함께 유대왕국의 정치적 독립을 알리기 위하여 로마에 사자를 파견하였다.

시몬은 유대 지방의 영토에 대한 완전한 통치를 확보한 후에 황폐하고 전쟁으로 상한 그의 영토를 회복하는 일에 전력하였다. 성전을 경비하기 위하여 시몬은 세블라 언덕(Shephelah Hills)에 있는 요새의 적군들을 내쫓았고 이로 인하여 욥바에서 예루살렘에 이르는 국도를 장악하였다. B.C. 141년 5월에 아크라 요새의 파견대를 굴복시키고 시몬은 대단한 환호 속에 묻혀 예루살렘에 입성하였다. 그는 기회가 주어질 적마다 유대인 전쟁 포로들을 석방하여 그들을 이전에 살던 땅으로 귀환시켰다. 마카비 1서 14 : 4~15은 시몬에 대하여 다음과 같이 말하고 있다.

> 시몬이 다스리는 동안 유대 땅에는 하루도 평온하지 않은 날이 없었다. 그가 마음 쏜 것은 자기 민족의 행복 뿐이었고 날마다 백성들은 그의 권위와 영광을 환영하고 기뻐하였다. 그는 욥바를 취하여 자기 항구로 만들었고 여러 섬에 이르는 해로를 터놓아 그 영광이 더욱 더 빛났다. 그는 나라의 영토를 넓혔고 온 나라를 안전하게 다스렸다. 많은 포로들을 붙잡아왔으며 가자라(Gazara)와 벧수라(Bethsura)를 지배하였고 그곳에서 불결한 모든 것을 치워버렸다. 아무도 그에 대하여 대항하는 자는 없었다. 백성은 평화롭게 자기 땅을 가꾸었고 땅은 많은 곡식을 내었으며 평지의 나무들도 많은 열매를 맺었다. 노인들은 거리에 나와 앉아 이야기 꽃을 피우며 태평세월을 구가하였고, 젊은이들은 화려한 군복을 입고 있었다. 시몬은 여러 도시에 식량을 공급하고 무기를 공급하여 방위를 튼튼히 했다. 그는 이 나라에 평화를 가져왔고 이스라엘에는 기쁨이 넘쳐 흘렀다. 사람마다 자기의 포도나무와 무화과나무 아래 앉았으며 그들의 마음을 괴롭힐 자는 아무도 없었다. 모든 원수들이 그 땅에서 자취를 감추었고 그 시대의 모든 왕들도 멸망되었다. 시몬은 백성들 가운데 보잘 것 없는 자들에게 힘을 북돋아주었고 스스로는 율법을 엄수하면서 율법을 저버린 자들과 악한들을 모두 없애버렸다. 성전을 아름답게 꾸미고 기물들을 많이 갖추어 놓았다.

그는 로마와 협정을 맺어 모든 적국들에 대한 유대인의 안전과 특권을 확보하였다. 즉, 로마 원로원은 갑바도기아와 펠가뭄(Pergamum), 수리아, 애굽의 왕들에게 공한을 보내어서 동맹국에 대하여 언급하며 유대인에 대한 전쟁 행위를 경고하였다. 시몬은 자국의 주화를 발행하였다. 어떤 통치자가 자신의 주화를 발행할 수 있다는 것은 언제나 절대군주의 상징이 되었었다. 주화들은 B.C. 141~136년 경부터 사용되었다. 주화의 표면에는 "거룩한 성 예루살렘"을, 이면에는 한 세겔 또는 반 세겔의 액면이 부각되었다.

시몬은 훌륭하고 지혜롭게 통치하였다. 그의 사적에서 유일한 오점은 유대인 배교자에 대한 처우였는데 시몬은 그들을 추방시켰다. 술사들은 교수형을 당하였고 이교도들은 추방되었다. 시몬의 성공적인 위업들은 국가주의의 불을 당겼고 그 불꽃을 환하게 태웠다. 이러한 번영과 혁신의 시대에 메시야의 강림에 대한 소망이 신앙심이 깊은 유대인들의 마음에 희미하게 일어났다. 시몬의 통치는 새 시대의 시작이었다. 즉, "위대한 대제사장이며 장군이자 유대인의 영도자인 시몬의 첫 해라고 이스라엘 백성은 자기들의 문서와 계약서에 쓰기 시작하였다."

6. 시몬의 죽음

시몬에게 있어서는 불행하게도 자신의 영웅적인 노력과 계획의 열매들을 즐길 만큼 오랫 동안 살지를 못하였다. 그의 형들과 마찬가지로 그는 비참한 최후를 당하였다. B.C. 135년 시몬이 여리고 평원의 독(Dok)이란 요새를 시찰하면서 그를 환영하는 만찬에 참석하였다가 그와 그의 두 아들이 왕위 계승을 노리던 그의 사위 프톨레미(Ptolemy)에 의하여 살해되었다. 그리고 시몬의 부인은 한동안 인질로 잡혀 있다가 얼마 후에 잔인하게 살해당하였다.

이렇게 고귀한 마타디아스의 막내 아들이 죽음으로써 그의 모든 아들들은 유대인의 유익을 위해서 싸우고 일하다가 포학한 죽음을 당한 셈이 되었다. 유다와 엘르아살은 전쟁터에서 죽음을 맞았고, 다른 세 아들들은 반역자에 의하여 살해되었다. 모두들 유다가 세운 모데인(Modein)의 아름답고 감동적인 무덤에 묻혔다.

마카비의 다섯 형제가 영웅적인 헌신을 경주하였던 30년의 기간은 시몬의 죽음으로 막을 내렸다. 이 30년 동안 위대한 업적이 이루어졌다. 그 결과 적국들에 의하여 공략을 당하고 완전한 존폐의 위협을 받던 조그만 도시 국가 예루살렘이 통일된 왕국으로 성장하였다. 성전은 모든 이교도의 행위로부터 정결해졌다. 유대인은 다시금 한명의 대제사장과 한명의 세습군주를 갖게 되었고 종교적 자유와 거의 완전한 정치적 독립을 구가하였다.

제 7 장

하스모니안 왕조 하의 유대인

비록 프톨레미가 시몬의 후예들을 멸절시키고자 계획하였지만 그의 아들 요한 힐카누스(John Hyrcanus)는 도피하였다. 프톨레미의 살해음모에 대한 경고를 받으면서도 요한 힐카누스는 예루살렘으로 가서 그의 아버지가 담당하였던 대제사장의 직임을 받았다. 그는 왕의 칭호를 갖지는 않았는데 그 이유는 시몬조차도 왕이란 칭호 사용을 허락받지 못하였기 때문이다. 하스모니안 일가의 한 사람이 왕이란 칭호를 스스로 사용하였는데, 백성들이 그를 왕으로 인정하였는지는 의심스럽다.

시몬의 죽음은 유대인에게 환란을 초래하였다. 왜냐하면 수리아인들이 시몬의 살해 소식을 듣자 예루살렘을 공략하기 위하여 진군하였기 때문이다. 오랜 동안 예루살렘이 포위공격을 받은 후에 힐카누스는 수리아 왕 안티오쿠스 7세 시데테스(Antiochus Ⅷ Sidetes)의 제안을 받아들일 것을 강요당하였다. 그 내용은 수리아의 이스라엘 정복을 의미하며 이스라엘의 정치적인 자유를 상실하게 하자는 것이었다. 그러나 이와 같은 상태가 오래가지는 않았다. 그 이유는 수리아의 왕위

쟁탈전이 힐카누스로 하여금 독립을 되찾게 하였고 그의 나라를 통치할 충분한 시간을 그에게 부여하였기 때문이다. 북쪽 나라의 간섭이 없이 힐카누스는 계속적인 군사적 원정을 통하여 그의 영토를 확장해갈 수 있었다. 그의 왕국은 B.C.10세기에 솔로몬이 통치하였던 것과 실제적으로 동일한 영토에 이르기까지 확대되었다. 힐카누스의 주요한 군사적 원정은 사마리아와 이두매 지방이었다. 그는 그리심산의 사마리아인의 성전을 훼파하고 사마리아인들을 굴복시켰다. 힐카누스는 이두매인들에게 유대교를 신봉하도록 강요하였고 할례를 받게 하였다. 헤롯 대왕은 이두매인이었으며 비록 그가 유대인의 후예는 아니었지만 종교적으로는 유대인이 되었다.

힐카누스는 하시딤이 마타디아스에서 시몬에 이르는 마카비 일가의 지원자로서 수행한 그들의 중요한 역할을 잘 깨닫지 못하고서 그들을 푸대접하였다. 바리새인들은 유대국가의 정치적 발전에 관여하는 것보다 율법을 잘 지키는 것에 더 큰 관심을 가졌다. 하시딤에 대한 힐카누스의 적대적 태도는 국내적인 긴장을 초래하였다. 이 때부터 세 종파, 즉 하시딤에서 유래한 바리새파와 사두개파, 에세네파의 존재가 시작된다. 힐카누스는 그가 발행한 주화에 **자기 이름**을 새겨넣은 최초의 유대 군주가 되었다. 요세푸스(*Jewish Antig.* Ⅷ, Ⅹ, 7)는 힐카누스가 "31년간 최선의 방법으로 왕국을 통치하였다"라고 기록하고 있다. 그의 통치는 번영의 것이었으며 오히려 탁월한 것이라고도 말할 수 있었다. 그는 B.C.106년에 죽었다.

1. 아리스토불루스 1세(B.C. 104~103)

아리스토불루스 1세(Aristobulus Ⅰ)는 비록 얼마 뒤에 자기의 아내인 살로메(Salome)를 왕위 계승자로 임명하고 자신은 대제사장이 되긴 하지만 그의 아버지 힐카누스의 왕위를 계승하였다. 그는 왕좌에 앉자 그의 어머니를 투옥하고 굶어 죽게 하였다. 그는 또한 그의 형제인 안티고누스(Antigonus)를 살해하였고 다른 형제인 알렉산더 얀내우스(Alexander Jannaeus)를 구금하였다. 형제들 중에서 유일하게 안티고누스(Antigonus)를 남겨두고 통치권을 나누어주었다. 아리스토불루스 1세는 스스로 "왕"이라 칭하였다. 그는 무자비하고 잔인하였으며

제 7 장 하스모니안 왕조 하의 유대인 59

대단한 야망가였다. 그가 총애하였던 형제인 안티고누스는 왕을 증오하는 사람에 의하여 살해되었으며, 왕은 자신도 모르는 사이에 이러한 음모에 가담한 셈이 되었다. 자기의 형제의 죽음을 멀리하려는 고뇌 속에서 아리스토불루스는 죽었다. 그의 업적을 보면 친헬라적이었고 그리스 문화를 장려하는데 상당한 공헌을 하였다. 그는 마카비 일가가 투쟁했던 이상들과는 대단히 거리가 멀었던 왕이었다. 그는 사마리아와 스키토폴리스(Scithopolis) 너머의 북부로 국경을 확장하고 "이방인의 갈릴리"에 사는 이투리아인들(Itureans)을 정복함으로써 통치의 영역을 확장해나갔다. 터너(Turner)는 힐카누스에 대하여 이렇게 말하고 있다. "보다 정치적 성향을 지닌 귀족적인 당파[사두개파]에로 향한 힐카누스의 전향은 하스모니안 왕조의 미래 발전을 지향하는데에 대단한 의미와 중요성을 가졌다."[1] 요한 힐카누스는 유대인들에게 "헬라적 사업을 계발시키라"는 별다른 지시를 내림으로써 왕가의 이전 통치자들이 추구하였던 이상에서 멀리 떠났다.

2. 알렉산더 얀내우스(B.C. 103~76)

아리스토불루스는 자기의 계승자로 알렉산드라(Alexandra, 그의 부인)를 지명하였었다. 그가 죽자 그녀는 그녀의 시동생이 되는 알렉산더 얀내우스를 해금하고 그를 대제사장에 임명하였다. 얼마 후 그녀는 그와 결혼하였고 그를 왕으로 추대하였다. 아리스토불루스 1세와 마찬가지로 알렉산더 얀내우스도 야심가였다. 그는 자신이 헬라파가 되어 바리새파 대신에 사두개파를 지지하였다. 그는 마카비 형제들이 세운 표준들에서 대단히 멀어진 통치를 하여 동양적 전제군주가 되었다. 알렉산더 얀내우스는 유대의 국경을 갈릴리와 블레셋, 중부 요단에까지 확장시켰다. 알렉산더 얀내우스에 이르러서 하스모니안 왕조는 영토상으로 절정에 이르렀다. 그러나 터너는 이렇게 지적하고 있다. "그렇게 많은 수의 개명된 그리스 성읍들의 병합은 코엘레-수리아의 문명에 비도덕화의 영향을 끼쳤으며 번영이 평야지대와 도시들에 편중되었고 이전에 그가 거의 통치하지 않았던 곳곳마다 전쟁의 흔적이 눈에 역력하였다."[2]

그는 안티오쿠스 에피파네스 통치 기간에 있었던 하시딤, 즉 "경건한 무리"에서 기원한 바리새파와 수 차례의 충돌을 빚었다. 하시딤은 수리아의 세력으로부터 독립하기 위한 투쟁에서 마카비 일가를 도왔었다. 그러나 다른 시기에, 특히 유다 마카비우스가 정치적 야심을 드러낸 후에는 하시딤은 중립을 지켰다. 당시 바리새파가 알렉산더 얀내우스에 대항하여 반란을 일으키자 그는 6천명을 살해하는 광폭한 방법으로 이 반란을 진압하였다. 이스라엘 내의 반대자들이 또 한번 반란을 일으켰을 때 그는 자기의 추종자들과 첩들을 위해 베푼 향연 도중에 주모자들 가운데서 8백명을 십자가에 매달아서 그 반란을 진압하였다. 이 때 십자가에서 죽어가는 반란군들이 보는 앞에서 이 잔인한 왕은 자기의 첩들과 그들의 소생들을 학살하였다. 그가 다스리는 왕국의 많은 백성들이 그를 혐오하게 되었다. 알렉산더 얀내우스는 49세에 세상을 떠났으며 아내인 알렉산드라가 그의 지위에서 통치를 하게 하였다.

3. 알렉산드라(B.C. 76~67)

알렉산더 얀내우스는 죽기 전에 자기 부인에게 바리새인들과 함께 할 것을 충고하였었다. 알렉산드라는 정당하게 유대인을 통치하는 자리를 맡은 최초의 여인이었다. 그녀는 남편의 충고에 유념하여 바리새파와 우호적이었고 이로 인하여 그들의 지지를 획득하였다. 그녀는 유능한 여인이었으며 남편의 치세와는 정반대로 평화와 번영을 촉진시킨 통치자였다. 알렉산드라는 시몬의 통치 중에 누렸던 행복하고 번영하는 시대를 회복할 수 있었다. 이 때 그녀는 시몬 벤 샤타흐(Simon ben Shatach)라는 조언자로부터 대단한 도움을 받았으며, 그는 애굽 출신의 유대교 학자인 타배(Tabbai)의 조력을 받았다.

시몬 벤 샤타흐는 이스라엘에서 몇 가지 중요한 개혁을 시도하였다. 1. 추방된 바리새인들의 귀국을 환영하며 투옥 중인 자들을 석방하고 국내에 있는 바리새인들을 요직에 임명하였다. 2. 무관심하였던 유대교의 예식들을 회복하였다. 3. 모든 이스라엘은 성전유지를 위한 인두세(polltax)를 부담해야 했으며 이방인 개종자와 자유민들에게 조세부담이 부과되었다. 이것은 이전에 있었던 부유한 사두개인들로부터 유지권을 인수받아 관리하기 위한 목적에서 실시되었다. 4. 모든

제 7 장 하스모니안 왕조 하의 유대인 61

유대인 자녀들에게 의무교육을 실시하였다.

 알렉산드라의 통치 동안 산헤드린 공회(the Sanhedrin)의 권세와 특권이 증가되었다. 바리새인들은 이후로부터 결코 포기한 일이 없는 하나의 우위를 이 때 획득하였다. 알렉산드라는 9년간 대단히 성공적으로 통치하면서 신하들의 사랑과 존경을 받았다.

4. 아리스토불루스 2세(B.C. 67~63)

 알렉산드라의 통치 기간에는 대제사장에 임명되었던 힐카누스 2세가 그녀의 계승자로 지명되었다. 그러나 그는 그리 오랜 동안 통치하지 못하였다. 그는 성격상 어떠한 반대자에 대한 저항에 맞설 만한 위인이 못되는 나태하고 병약한 인물이었다. 이와는 대조적인 성격을 지닌 알렉산드라의 아들 아리스토불루스 2세는 왕위를 탈취하고자 결심하였다. 그는 사두개파의 도움을 받아서 성공적인 반란을 일으켰다. 여리고 근처에서의 전투에서 힐카누스 2세는 참패하여 왕이자 대제사장이란 그의 직위를 포기하도록 강요되었다.

 만일 헤롯 대왕의 아버지, 안티파터(Antipater)라 하는 이두매의 왕이 개입되지 않았다면 이러한 줄다리기는 계속되었을 것이다. 안티파터는 아리스토불루스 2세가 자신을 그의 직위에서 쫓아낼까봐 두려워서 힐카누스 2세에게 그의 협정을 파기하고 재차 왕위탈환을 시도해 볼 것을 대단히 강하게 설득하였다. 나바티안의 왕(Nabatean King) 아레타스 2세(Aretas Ⅱ)의 도움을 받아서 안티파터와 힐카누스 2세는 아리스토불루스 2세를 제압하고 예루살렘의 감옥에 감금하였다. 그 후에 한번의 내란이 알렉산드라의 두 아들 사이에서 발생하였으며 이것은 B.C. 63년까지 계속되었다.

 이 투쟁을 종식시키기 위하여 두 형제는 로마에게 호소하였으며 이것을 계기로 하여 팔레스틴에서의 로마의 정치가 개시되었고 이 때부터 로마는 유대 땅에서 신약시대 기간에 계속적인 영향력을 행사하게 되었다.

 폼페이(Pompey)는 지중해의 해적들을 완전히 소탕하고 소아시아 북부의 작은 왕국의 가장 강력한 군주인 미타라다테스(Mitharadates)를 제압하였었다. 미타라다테스를 패배시킴으로 로마는 이제 수리아와 팔레스틴에 관심을 표명하고 있었다. 아리스토불루스 2세와 힐카누스 2세가 제시한 원조요청은 로마인들에게 그들이 찾고 있던 기회, 즉 팔레스틴의 문제에 간섭하게 되었다. 로마인들은 중재를 위하여 팔레스틴에 가는 것을 기뻐하였고 영구히 그곳에서 체류하였다. 그러나 시몬이 로마와 협정을 체결하였던 세기의 초와 비교하여 볼 때 로마의 정책은 변화하였다. 이제 로마는 정복과 무력을 드러내놓고 행사하였다.

폼페이는 팔레스틴의 통치자들의 요청을 받자 그의 장군인 스카우루스(Scaurus)를 남부로 파송하여 상황을 판단케 하였다. 양편에서 장군에게 뇌물을 선사하였으나 아리스토불루스 2세가 더 많은 액수를 제공하였기 때문에 스카우루스는 그를 지지하였다. 스카우루스는 아라비아의 아레타스에게 유대로부터 철수할 것을 명령하였고 그 결과 아리스토불루스 2세는 B.C. 67~63년의 5년 동안 권력을 장악하는 데서 그치게 되었다.

B.C. 63년 폼페이는 양측을 자기에게 출두하도록 소환하여 이 분쟁을 결판내고자 하였다. 폼페이는 힐카누스 2세를 지지하기로 결정하였다. 그러나 아리스토불루스 2세는 항복하지 않고 알렉산드리움(Alexandrium)으로 도망하여 그곳에서 폼페이와 계속하여 협상하고자 노력하였다. 폼페이의 의사는 확고부동하였고 아리스토불루스 2세는 이 요새로부터 쫓겨났다. 그는 예루살렘으로 도피하여 얼마 후에 폼페이에 의하여 체포되었다.

또 다시 아리스토불루스 2세는 상당액수의 돈과 도시를 바치는 것을 조건으로 협상을 하고자 하였다. 폼페이가 보낸 바비누스(Babinus) 장군이 그 성에 도착하자, 그는 성문이 닫힌 것을 발견하고 석달간이나 계속되는 포위공격에 들어갔다. 이 때 전쟁은 예루살렘의 안과 밖에서 수행되었다. 즉, 힐카누스 2세의 추종자들은 항복하고자 하였고 아리스토불루스 2세의 지지자들은 끝까지 싸울 것을 주장하였다. 이 성은 마침내 함락되었고 12,000명의 유대인이 전사하였다. 예루살렘은 불태워졌고 폼페이는 성전의 지성소로 진군하였다. 그러나 그는 성전을 훼파하지 않았고 그가 발견한 창고의 막대한 금을 탈취하는 것을 단념하였다.

힐카누스 2세는 다시금 대제사장과 통수권자가 되었다. 아리스토불루스 2세의 휘하에서 반란을 지휘하였던 자들은 사형을 당하였다. 이 때 이후로 유대 민족은 유대 지방에서 살도록 제한되었다. 시몬과 그의 몇몇 후계자들이 정복하여 마카비와 하스모니안의 왕국에 귀속시켰던 그 외의 모든 영토들은 유대인의 지배에서 벗어나 이제는 독립하게 되었다. 요한 힐카누스에 의하여 파괴되었던 사마리아성이 회복되어 재건되었고 세바스테(Sebaste)란 지명을 받았다. 안티파터는 유대의 총독이 되었고, B.C. 43년 그가 암살당할 때까지 통치하였다.

아리스토불루스 2세와 그의 추종자들은 폼페이의 승리의 대열에 끼어 로마까지 송환되었다. 이로써 이전에는 여러 차례 로마의 우호와 보호를 얻으려고 협상하였던 유대인들이 이제는 그들이 결코 독립국가로 전환할 수 없는 운명에 처하게 만든 로마의 정복의 손길이 저항할 수 없는 압박감을 준다는 것을 느꼈다.

제 8 장

로마 통치 하의 유대인
(B.C.63 ~ A.D.135)

유대의 역사에 있어서 로마의 통치 기간은 B.C. 63년에 시작되며 유대인의 생활의 붕괴를 가져오는 바르—코흐바(Bar-Cochba)의 반란이 하드리안(Hadrian—로마황제)에 의하여 진압이 될 때까지 계속된다 (A.D. 135년에 하드리안은 예루살렘에 로마식 도시인 Aelia Capitolina 를 세움—역자주) 신약을 공부하는 사람에게는 이 기간이 A.D. 70년에 있었던 예루살렘의 멸망과 성전의 파괴에서 끝이 난다. 유대인들이 로마 통치자가 제시한 법률에 굴복하여 순종할 때 그들은 정상이 참작된 대우를 받았다. 유대교는 로마제국 안에서 인정된 종교의 하나로 취급되었다. 유대인들은 그 액수가 작아서 짐이 되지 않을 만큼의 조공을 바치도록 요구되었는데 그들은 그럼에도 불구하고 유감스럽게 생각하였다. 그들은 자신들의 사법과 입법기관인 산헤드린 공회를 가졌으며 국내적인 사소한 사건들을 해결하도록 허용되었다. 페르샤의 지배가 로마의 통치보다 더 나은 대우를 유대인들에게 하였기 때문은 아니지만 열심당(the Zealots)이란 극단주의자들은 이스라엘을 불안상태에 몰아넣고 수 차례에 걸쳐 반란을 일으켜서 유대인들이 동참하기를 선동하였다.

  B.C. 63년에서부터 43년까지, 특히 B.C. 53년부터 43년까지 사이에 근동 세계에 있어서는 힘든 나날이었다. 씨저(Caesar)와 폼페이는 B.C. 49년에 반목하기 시작하여 폼페이가 테살리의 파르살루스(Pharsalus in Thessaly)에서 패배할 때까지(B.C. 48년) 두 사람 사이에는 내전이 있었다. 폼페이는 애굽에서 얼마 후에 살해되었다. 로마의 패권을 위한 두 사람 사이의 투쟁 속에서 아리스토불루스 2세와 그의 아들들은 씨저의 편을 들었다. 아리스토불루스 2세는 씨저가 제공한 군대의 호위를 받으며 유대로 돌아가던 중에 독살되었다. B.C. 44년에 씨저가 살해된 뒤에 브루투스(Brutus)와 카시우스(Cassius)의 연합세력과 마크 안토니(Mark Anthony)와 옥타비안(Octovian)의 세력 사이에 전쟁이 발발하였다.

  로마 치하의 유대교 역사는 다섯 부분, 즉 (1) 이두매 왕조, (2) 첫 지방 총독(Proculator), (3) 아그립바 1세의 통치, (4) 두번째 지방 총독, (5) 유대인의 반란으로 구분될 수 있을 것이다.[1)]

1. 이두매 왕조(B.C. 63~A.D. 6)

  프톨레미의 왕당파에 속하였던 안티파터는 씨저의 동맹국인 버가모(Pergamus)의 미트라다테스가 시내 사막을 횡단하는 것을 도움으로써 지혜롭게 씨저의 호의를 얻는데 성공하였다. 씨저는 힐카누스 2세가 민족의 통치자적 대제사장이란 그의 간판격인 직임을 보류시키는 반면에 안티파터에게 로마 시민권을 제수하고 유대의 총독에 임명하였다. 당시에 유대인은 팔레스틴과 알렉산드리아, 로마에서 많은 특권을 누렸으며 그들 가운데서 종교적 자유를 향유하는 자가 적지 않았다. 안티파터는 자신의 지위를 확고히 한 뒤에 그의 아들인 파사엘(Phasael)과 헤롯에게 고위직을 맡기는데 먼저 파사엘은 유대의 군대

사령관에, 헤롯은 갈릴리의 분봉왕(Tetrarch)으로 삼았다.

안티파터는 로마에 충성을 다하는 동시에 유대의 국내적이며 정치적인 이익을 위하여 헌신하였다. 그러나 그는 이두매인이었기 때문에 백성들이 싫어하였다. 수세기에 걸쳐 유대인과 에돔 사람 사이에는 뿌리깊은 반감이 있어 왔다. 갈릴리의 통치자인 헤롯이 갈릴리에 횡행하는 일단의 도둑들을 분쇄하고 그 두목이 되는 히스기야를 처형하자 산헤드린은 그가 스스로 권력을 남용하여 중앙에서 행할 처형을 행사하였다고 하여 그에게 출두를 명령하였다. 헤롯은 산헤드린에 출두하는 대신에 한때 헤롯을 코엘레-수리아의 통치자로 임명하였던 수리아인 총독 섹스투스 씨저(Sextus Caesar)에게 탄원하였다.

씨저의 암살 이후에 카시우스는 수리아에 가서 자기가 수리아의 총독이라고 주장하며 군대를 모으고 돈을 마련하였다. 안티파터와 그의 두 아들은 카시우스를 위한 조공을 거두어들임으로써 그의 호의를 사는데 성공하였다. 대신 카시우스는 헤롯을 수리아 전역의 총독으로 임명하고 심지어 유대의 왕위까지도 약속하였다. 안티파터는 자신의 정권을 수립하려는 야망적인 계획을 가지고 있었으나 B.C. 43년에 말리쿠스라는 열광적인 유대인에 의하여 독살되었고 이로써 그의 생은 종말을 고하였다. 헤롯은 즉시 그의 대권을 행사하여 말리쿠스를 살해하였다. 안티파터가 죽은 후에 유대는 파사엘의 손에 넘겨졌고 갈릴리는 헤롯의 통치를 받았다. 그러나 로마 공화국의 정치발전으로 인하여 안티파터의 두 아들 앞에는 험난한 날들이 기다리고 있었다.

팔레스틴에서 만사가 혼란한 상태였다. B.C. 42년의 빌립보 전투(the Battle of Philippi)는 옥타비안(아우구스투스)과 안토니에 의하여 카시우스와 브루투스의 참패를 초래하였다. 안토니가 아시아를 통치하려고 오자 곧 헤롯은 그에게 접근하여 뇌물로써 그의 환심을 샀다. 그 결과 안토니는 헤롯과 파사엘을 유대의 협동 분봉왕으로 임명하고 힐카누스 2세는 계속하여 대제사장으로만 봉직하게 하였다.

아리스토불루스 2세의 아들인 안티고누스는 파르디아인(Parthian, 북부 이란에 살던 민족)에게 도움을 청하였고 그들은 즉시 출병하여 예루살렘을 함락시켰다. 파사엘은 체포되자 자결하였다. 헤롯은 대적들의 눈을 피하여 로마로 도망하여 안토니에게 아리스토불루스 2세를 유대의 왕으로 삼도록 청원하였다. 그러나 안토니는 하스모니안 왕조를 신뢰하지 않았고 로마 원로원의 재가를 얻어 헤롯을 유대의 왕으로 삼았다. 이 일은 B.C. 4년에 있었으며 이로부터 3년 후 그는 예루살렘을 재탈환할 수 있었으며 로마에 의하여 그에게 할당된 영토를 차지하였다.

2. 헤롯 대왕

역사기록들은 헤롯이 유대인에게 강하고 유력한 정부를 수립하였음을 보여준다.[2] 그의 신조는 자기 아버지(안티파터)에게 물려받은 그대로, 로마에서 누가 실권을 행사하든지간에 로마에 충성하였다. 안토니의 권세가 동부 지중해 연안에서 절정에 달하는 동안 헤롯은 그에게 충성하였으나, B.C. 31년에 있었던 악티움 해전(the Battle of Actium) 이후 헤롯은 자기의 가치를 인정해준 아우구스투스(옥타비안)에게 충성하였으며, 이에 따라 아우구스투스는 헤롯을 동맹국의 왕(rex socius)에 임명하였으며 실제로 팔레스틴 전역을 그의 왕국으로 편입시켜주었다.

헤롯은 그의 반대자들을 제거하는 철저한 계획을 수행하였다. 안티고누스와 대부분의 산헤드린 공회원들이 제거되었고 어린 아리스토불루스는 헤롯의 심복에 의하여 "우발적으로" 익사하였다. 노령의 힐카누스는 살해되었고, 헤롯의 아름다운 부인이자 많은 사람의 사랑을 받았던 마리암네(Mariamne)는 헤롯의 여동생인 살로메(Salome)에게 충성스럽지 못하다는 이유로 살해되었다.

헤롯은 그리스-로마 문화(Graeco-Roman culture)의 대단한 숭배자였다. 그는 피로 점철된 그의 첫번 계획을 수행한 뒤에 자기 왕국의 개발에 착수하였다. 불필요한 전쟁을 회피함으로써 회피는 그의 왕국이 발전하는 기회를 제공하였다. 그는 유대인들에게 강력하고 유효한 행정으로 도움을 주었다. 많은 새로운 건물들이 건축되었고 다른 건물들은 개축되었다. 헤롯은 그의 건축학적인 계획에서 진정한 관리 능력을 보여주었다. B.C. 20~19년에 그는 스룹바벨의 성전이 주변의 새 건물들에 비하여 퇴락하였기 때문에 성전재건에 착수하였다. 사마리아와 가이사랴에 있는 성읍들은 완전히 재건되었고 웅장한 건물들로 칭송받았다.

제8장 로마 통치 하의 유대인(B.C.63~A.D.135) 67

　11년간 헤롯은 평화를 구가하였으나 그의 치세 중 마지막 10년 (B.C. 14~4)은 또 다시 정권을 위한 가족 내의 암투가 벌어졌다. 그는 통치 기간의 종말을 향하면서 잔학하고 살인광적인 늙은이가 되었다. 그의 통치 중에 그가 자신의 왕위와 이익에 위험하다고 생각되는 인물들을 축출하는데 주저한 적이 한번도 없었다. 그는 많은 부인과 자녀를 거느렸다. 시기와 적대감이 그의 가족 안에서 표출되었다. 아리스토불루스 3세의 여동생이며, 힐카누스 2세의 손녀인 마리암네는 마카비 왕가의 공주였으며 헤롯이 가장 사랑하였던 부인이었다. 헤롯은 그녀를 지극히 사랑하였으며 그녀의 아들들도 총애하였다. 그러나 그의 장모인 키프로스(Kypros)와 그의 여동생이며 이두매인을 대표하는 살로메가 하스모니안 왕조를 대변하는 알렉산드라와 마리암네를 미워하여 흉계를 꾸몄다. 이러한 음모가 진행되는 동안 헤롯이 가담되어 마리암네를 사형시켰다. 얼마 후에 자기의 실수를 깨달은 헤롯은 또다른 피바람을 일으켰고 로마의 황제에게 이런 말이 전해졌다. "헤롯의 자녀가 되기 보다는 그의 돼지가 되는 것이 더 낫다." 그의 아들 가운데서 세명이 처형되었다. 헤롯이 불치의 병으로 고생하게 되자 그는 자주 잔인함과 살인을 자행하였다. 헤롯 통치의 말년에 있었던 잔인한 행동 중에 하나는 아마 B.C. 6년, 혹은 5년으로 추정되는 베들레헴에서의 무죄한 유아들을 학살한 사건이었다. 백성들은 지칠줄 모르는 증오심으로 헤롯을 지겨워했다. 헤롯은 그의 임종시 애도를 확실히 하고자 국가의 고관들을 경기장 안에 감금시켜놓고 그가 죽는 순간에 그의 군대에 의하여 처형시킬 것을 명령하였다. 다행스럽게도 이 명령은 취소되었다. 헤롯은 34년간의 통치를 마치고 B.C. 4년에 죽었다.
　헤롯의 뜻에 따라 그의 왕국은 세 아들에게 분할되었다. 즉, 아르켈라우스는 유대(사마리아와 이두매를 포함한)의 왕으로, 헤롯 안티파스(Herod Antipas)는 갈릴리와 베뢰아의 분봉왕으로, 헤롯 빌립은 트라코니티스와 인근 지역의 분봉왕으로 내정되었다. 이러한 헤롯의 조치는, 특별히 왕위에 있어서는 로마의 인준을 받아야 했다. 왜냐하면 로마는 어느 왕도 그 왕위를 세습시키는 것을 불허하였기 때문이다. 세 형제는 모두 인준을 받으려고 로마에 갔는데 아르켈라우스와 안티파스는 왕국을 구하였고, 아르켈라우스는 빌립의 지지를 받았다.

유대인의 한 사자가 로마에 가서 헤롯의 모든 아들로부터 벗어날 것을 청하면서 대신에 유대를 로마의 직접통치에 둘 것을 구하였다. "가라사대 어떤 귀인이 왕위를 받아가지고 오려고 먼 나라로 갈 때에… 그런데 그 백성이 저를 미워하여 사자를 뒤로 보내어 가로되 우리는 이 사람이 우리의 왕됨을 원치 아니하나이다 하였더라"(눅 19:12~14).

3. 아르켈라우스

아르켈라우스는 유대와 사마리아, 이두매의 분봉왕으로 확정되었다. 처음부터 그는 통치자로서 호평을 받지 못하여서 그가 통치하면 할수록 백성들은 더욱 더 그를 싫어하였다. 심지어 아르켈라우스는 자기 일로 로마에 가기 전에 예루살렘에서 일어난 폭동을 진압하였으며 그의 군대는 유월절에 3천명의 유대인을 살해하였다. 그의 전 통치 기간은 혼란과 피바람으로 특징지워졌다. 아르켈라우스는 헤롯의 죽음이 남기고 간 난제들을 해결할 능력을 소유하지 못하였다. 이혼한 여인과 한 그의 결혼은 그로부터 유대인의 충성심을 갈라놓았으며 헤로디아 일가에 대한 그들의 혐오감을 고조시켰다. 두번에 걸쳐서 그는 대제사장을 해임시키고 자신이 직접 야만적이며 고압적인 태도로 그 직무를 수행하였다. 그의 치리 가운데서 한 가지 칭송받을 만한 모습은 그의 건축계획이었다. 10년간에 걸친 분봉왕으로서의 통치기간에 쌓인 그와 유대인 사이의 알력이 폭발하여 그는 로마인에 의하여 고울(Gaul) 지방으로 추방되었다. 유대는 이어서 코포니우스(Coponius) 출신의 총독을 맞아들였다(A.D. 6~9).

4. 헤롯 안티파스

갈릴리와 베뢰아의 분봉왕으로서 헤롯 안티파스의 통치는 그의 형 아르켈라우스에 비하여 대단히 성공적이었고 참을 만하였다. 헤롯 안티파스는 대규모의 건축을 실시하였고 그의 국방을 견고케 하였다. 그는 신약에서 특별히 세례 요한과 관련하여서 여러번 언급되고 있다. 엄격한 유대인의 관점에서 보면 헤로디아스(Herodias)와 그의 불

제 8 장 로마 통치 하의 유대인(B.C.63~A.D.135) 69

법적인 결혼은 그의 간음죄를 지적하였기 때문에 투옥시킨 세례 요한의 목을 자른 것과 마찬가지로 율법을 범한 것이다. 이 헤롯은 본디오 빌라도(Pontius Pilate)가 성금요일 아침에 예수님을 보낸 헤롯과 동일인이었다(눅 23 : 7~12). 헤롯 안티파스는 헤로디아스(Herodias)의 설득을 받아 그녀와 함께 로마에 가서 칼리굴라(Caliqula)에게 왕의 칭호를 제수할 것을 요청하였다. 그러나 헤롯 안티파스는 그의 청원을 수락받지 못하고 오히려 왕위를 박탈당하고 추방당하였다.

5. 빌 립

헤롯의 세째 아들인 빌립은 갈릴리 호수의 동부와 남동부에 위치한 속주의 분봉왕이었다. 헤롯의 아들 가운데서 그는 단연코 최상의 통치자였다. 빌립은 신약과는 별로 관련이 없다. 복음서 저자들은 바리새인들의 증오심이 예수님의 생명을 위태롭게 할 때 주님은 빌립이 다스리는 지경으로 피신하였다고 적고 있다. 쉬러(Schürer)의 견해를 따르면 빌립의 통치는 "온건하고 공정하며 평화로왔다."

6. 로마의 총독들

처음 세명의 로마인 총독들은 이 나라를 지혜롭게 통치한 듯이 보인다. 유대인이 로마의 통치를 요청하였을 때 그들은 수리아의 지배 아래 있었으며 A.D. 6~40년에 이르는 기간 동안 유대를 통치한 총독들 가운데 첫 사람을 맞아들였다.[3]

유대 지방(혹은 주)은 요단 지역의 동부와 에스다엘론(Esdaelon)의 남부를 포함하는 전 지역을 말하며, 이 지방은 차례로 예루살렘을 수도로 하는 11개의 지구(toparchy)로 분할되었다. 하나의 지구는 하나의 대도시와 수개의 부락을 포함하는 인근 지역으로 구성되었다. 비록 유대력에 의한 중요한 절기 때는 예루살렘에 머물곤 하였을지라도 그의 관저는 가이사랴에 있었다.

총독은 주로 로마를 위한 재정 대리인이었다. 그의 직무는 "로마정부가 부과한 세금의 징수, 그 속주에 주둔한 군대의 통솔, 보다 중요한 사건의 재판"이었다. 유대는 원로원에 속한 주가 아니라 제국의 속주였기 때문에 징수된 세금은 직접 씨저에게 보내졌다(마 22:17).

많은 유대인들이 세금징수에 종사한 것을 볼 수 있다. 그 과정은 이렇다. 한 개인이 어떤 군(district)에 매년 할당된 액수의 세금을 징수하는 권리를 청구하며, 그는 어느 정도 더 징수하여서 만일 배당액을 초과하게 되면 자기가 가져도 되었다. 이 과정에서 부당이득(토색)의 여지가 상당히 있었다. 따라서 세리(라틴어는 publicani)는 외세에 봉사하는 자와 토색하는 자라는 명목으로 유대인의 미움을 받았다. 세리들은 다양한 세금을 징수하였다. 즉, 도시에서 도시로 전입되는 상품의 수출입세, 주에서 주로 가는 선편에 대한 세금, 세금에 부과한 세금, 또한 다리의 통과세, 입항할 때의 세금 등이었다.

사법기능 또한 총독이 관장하였으며 사소한 사건들은 보다 저급한 유대인의 법정이 다루도록 위임된 반면에 중요한 범죄들은 그가 판결하였다. 산헤드린 공회는 사형을 선고할 권세가 없었으며 예수님의 경우에서와 같이 이러한 사건은 총독에게 회부된다. 일상적인 민사소송이나 형사사건은 지방의 공회에 위임되었다.

총독은 또한 군사적 지휘관이기도 하였다. 팔레스틴의 여러 곳에 주둔한 군대들을 보는 것은 특이한 일이 아니었다. 로마 제국의 동부 전선이었던 유대가 반란을 일으키려는 경향이 있었기 때문에 일단의 파견부대가 질서유지를 위하여 팔레스틴에 파견되었다. 유대가 로마의 속주가 되자 즉시 수리아인 총독은 한 가지 세금을 징수하도록 명령하였고, 이것은 유대인에 의한 반란을 조장하였다. 유대인들에게는 종교문제에 있어서 자유가 보장되었지만 총독들은 그들을 만족시키는 일이 쉽지 않음을 발견하였다. 예수께서 활동하시던 시기에 유대를 통치하였던 본디오 빌라도는 10년간 총독의 직임을 수행하였지만 결국 A.D. 36년에는 유대인에 대하여 대단히 잔인하다는 이유로 씨저 티베리우스에 의하여 고울 지방으로 추방되었다.

7. 헤롯 아그립바 1세 (A. D. 41~44)

헤롯 안티파스가 A.D. 39년에 왕위를 박탈당하고 고울로 추방된 뒤에 그의 뒤를 이어 헤롯 아그립바 1세(Herod Agrippa I)가 왕이 되었는데 그는 젊은 시절을 로마에서 대단한 사치와 방종 속에서 성장하였다. 헤롯 아그립바 1세가 중년의 나이에 들어가자 그는 클라우디우스에 의하여 추방되었고 남부 팔레스틴의 구석진 곳에 피신하였다. 빈곤과 파산에 직면한 그는 자살하기로 작정하였으나 그의 신실한 아내가 그를 설득하여 그만두게 하였다. 팔레스틴에서의 수 차에 걸친 절망적인 경험 끝에 그는 로마로 가서 그의 채권자들에게서 몸을 숨기는데 성공하였다.

그는 로마에서 티베리우스(Tiberius) 황제의 양자인 가이우스 칼리굴라(Gaius Caligula)의 친구가 되고자 노력하였다. 만사가 헤롯 아그립바 1세를 위하여 잘되어 갔지만 어느날 가이우스와 함께 마차를 탄 자리에서 만일 황제가 죽는다면 좋을 것이라고 한 마디 하였다. 티베리우스는 이 말을 전해 듣고 헤롯 아그립바 1세를 투옥하였다. A.D. 37년 티베리우스가 죽자 칼리굴라가 계승자가 되고 헤롯 아그립바는 칼리굴라에 의하여 석방되고 그의 총애를 입어 A.D. 39년에 왕으로 임명된다. 아그립바는 클라우디우스로부터 빌립의 분봉국(tetrarchy)을 떼어받았으며 얼마 후에 유대와 이두매, 사마리아도 그의 영토가 되었다. 그러나 그는 "왕"이 되어서도 수 년간을 기다렸다가 그의 나라를 다스리기 위하여 팔레스틴으로 돌아왔다. 헤롯 아그립바 1세는 4년간 괄목할 만큼 성공적으로 통치하였다. 그는 유대인, 특히 바리새인들의 지지를 받았으며 이 사실은 그가 요한을 죽이고 베드로도 죽이려는 계획을 세운 일에서 분명히 증명된다(행 12장). 헤롯 아그립바 1세는 요령이 있어 빈틈이 없는 통치자였다. 예루살렘에서 그는 유대인의 반발을 살만한 일은 피하도록 하였다. 예루살렘의 성전 안에 칼리굴라가 자기의 동상을 세우고자 하였을 때 이것을 저지함으로써 그는 예루살렘에서 평화를 유지하도록 하였다. 비록 헤롯 아그립바 1세가 예루살렘을 흥미있어 하는 것처럼 하였지만 사실상 그는 헬레니즘의 숭배자였고 그리스 로마적 향락에 탐닉하였다. 그는 심각한 질병을 얻어 A.D. 44년에 지겹고 고통스러운 죽음을 맞았다.

8. 헤롯 아그립바 2세

헤롯 아그립바 1세의 뒤를 17살난 아들 헤롯 아그립바 2세는 계승하지 못하고 후에 레바논 지방의 콜키스(Cholchis) 지역을 분배받았다. 그러나 얼마 후 그는 갈릴리 부근과 윗 요단을 포함하는 빌립의 이전 분봉국을 얻었다. 헤롯 아그립바 2세는 네로에 의하여 길릴리의 여러 곳과 베뢰아의 율리아스란 도시를 다스리게 되어 영토가 확장되었다.

비록 헤롯 아그립바 2세가 예루살렘에 저택을 갖고 있었지만 왕국의 수도는 가이사랴 빌립보였다. 유대인들은 그가 명목상의 유대교인임을 알고는 그를 싫어하였다. 유대인의 역사를 돌이켜볼 때 그의 통치는 하찮은 것이었다. 누가는 사도행전 24:13~26:32에서 그가 바울의 재판에 참석하였다고 적고 있다. 그의 통치 기간에 끔찍스런 유대 전쟁(A.D. 66~70)이 발발하였다. 그는 A.D. 100년 경에 죽었다.

9. 제2기의 총독들

A.D. 44~66년 사이에 팔레스틴은 7명의 총독, 즉 파두스(Fadus), 알렉산더(Alexander), 쿠마누스(Cumanus), 벨릭스(Felix), 베스도(Festus), 알비누스(Albinus), 플로루스(Florus)가 다스렸다. 헤롯 아그립바 1세가 죽자 클라우디우스는 팔레스틴을 총독의 통치 아래 두었다. 이들 7명의 총독들이 다스리는 기간은 대단한 고통과 압제의 날들이었다. 파두스(A.D. 44~48)는 자기가 통치하려고 팔레스틴에 도착해보니 불안한 상태인 것을 깨달았다. 유대는 세 부류의 적대적인 당파들로 나뉘어 있었다. 바리새인들은 그들의 율법적인 생활에 광적이었고 열심당은 팔레스틴에서 로마를 축출하고자 하였다. 파두스는 유대에서 강도들의 만연을 해소하였다. 그는 대제사장의 제복을 빼앗아 안토니오 탑에 보관하였다. 그러나 유대인들은 로마에 대변인을 보내어 그 제복의 관리권을 갖게 해줄 것을 호소하였고 클라우디우스는 이 청원을 수락하였다. 처음 두 총독, 즉 파두스와 알렉산더의 행정은 비록 이따금 그들에게 대항하는 폭동이 일어나긴 했지만 온건하고 평화스러웠다. 쿠마누스(A.D. 48~52)의 통치는 심각한 소동으로 점철되었다. 유월절에 한 로마 군병이 성전을 더럽혔다고 해서 폭동을 일으킨 유대인을 무차별 학살하였다. 또한 유대인과 사마리아인 사이에 발발한 전쟁에도 개입하였다.

그가 사마리아인을 징계하는 대신에 그들을 지지하였기 때문에 이 사건은 쿠마누스의 추방을 초래하였다. 세번에 걸쳐 많은 유대인을 살해하고 다른 사람들에게 잔인한 행동을 자행한 책임이 쿠마누스에게 있었다.

벨릭스(A.D. 52~60)는 유대인을 다루는데 있어서 그의 전임자들보다 더욱 거칠었다. 시카리(Sicarii), 즉 "단검을 찬 자"로 알려진 일단의 무리들이 사람을 죽이는 흉포함 때문에 그들로 인한 공포가 나라 안에 퍼졌다. 이 시카리 단원들은 끊임없이 유대인들에게 로마의 통치에 반대하여 반란을 일으킬 것을 종용하였다. 또한 메시야의 출현이 가끔 있었다. 그 중의 하나가 사도행전 21:38에 언급되고 있다. 사도행전 24장에 따르면 사도 바울은 벨릭스에게 이송되었다고 기록되어 있다. 베스도의 통치 기간은 상황이 괄목할 만하게 호전되었으나 그는 유대인에 대처할 능력이 없었기 때문에 소환되었다. A.D. 44~66년 사이에 유대인의 격분과 광란의 상태가 계속되었으며 로마와의 대대적이며 피어린 전투를 스스로 준비하고 있었다.

10. 유대인의 반란 (A.D. 66~70)

열심당의 혁명적인 활동의 결과로서 유대인들은 로마와 로마적인 모든 것에 반대하는 억누를 수 없는 증오심으로 가득차게 되었다. 로마에 대항하는 반란을 지지하지 않는 많은 유대인들이 열심당에 의하여 살해되었다.

로마에 대한 혁명은 플로루스의 통치 때(A.D. 66년)에 발발하였다. 플로루스가 성전의 보물창고에서 얼마를 탈취하자 유대인들은 이것을 모욕으로 생각하였고 로마의 멍에를 벗어버리려는 시도를 낳게 하였다. 아그립바 왕은 유대인의 격분을 가라앉히려고 시도하였지만 실패하였다. 수리아의 총독인 케스티우스 갈루스(Cestius Gallus)가 유대인의 반란을 진압하고자 쓸데 없는 시도를 하였지만 패배하고 극히 소수의 생존자들과 함께 안디옥으로 도피하였다.

이러한 승리는 로마의 굴레를 벗어버리려고 시도하는 유대의 혁명주의자들을 대단히 고무시켰다. 그리고 비록 동족들의 행동이 무익한 것을 알고 있던 평화주의자들도 굴복하고 말았다. 요세푸스는 갈릴리 지방을 책임맡았으나 유대인의 반란이 실패하리란 것을 확신하였다.

팔레스틴의 여러 지방에 군사적 지도자들이 전쟁터를 준비하고자 분담받았다.

그러자 로마제국은 유대에서 일어난 반란을 진압하기 위하여 그들의 뛰어난 장군인 베스파시안(Vespasian)을 파견하였다. 일년 사이에 팔레스틴의 대부분의 요새들이 함락되었고 베스파시안은 예루살렘의 성문을 두드리고 있었다. 그런데 바로 그 때에 네로가 죽었고 베스파시안은 로마로 돌아가서 황제에 즉위하여야만 하였다. 이와 같이 자기들의 전력을 보강할 절호의 기회에 유대인들은 내란을 겪었다. 베스파시안의 아들인 티투스(Titus)는 자기 아버지의 직위에 임명되고 4개 군단을 지휘하여 예루살렘의 탈환을 위하여 다시 출정하였다. 5개월만에 예루살렘은 함락되었고 성전과 도시는 훼파되었으며 수 십만의 유대인들이 살해되거나 포로가 되었다.

예루살렘의 멸망은 유대교의 동질성의 상실을 의미하였다. 성전 제사는 멈추어졌고 유대교의 영향력있는 계급인 제사장직이 따라서 소멸되었다. 또 다른 영향력있는 기관이었던 산헤드린도 역사 속으로 숨어들어가 다시는 나타나지 않았다. 예루살렘의 몰락 이후에 유대교의 중심지는 예루살렘 멸망 이전에 다수의 지도적 랍비들이 피신하였던 얌니아(Jamnia)가 되었다.

이후에도 유대의 독립을 위한 두번의 시도가 있었지만 실패하였다. A.D. 115~117년에 구레네(Cyrene), 애굽, 구브로(Cyprus), 메소포타미아(Mesopotamia)에 살던 유대인들에 의하여 로마에 대한 반란이 일어났으나 트라얀 황제는 상당한 살륙을 감행하여 이것을 진압하였다 다른 하나는 A.D. 132~135년에 바르 코흐바(Bar Kochba), 또는 바르 코지바(Bar Koziba)가 유대인에게 엄격한 제한을 가하는 로마의 통치를 벗어보려는 시도가 있었다. 하드리안 황제는 이 반란을 철저하게 분쇄하여 실제로 팔레스틴에 있는 분산된 유대인의 남은 자들을 궤멸하였고 로마제국 전역에 사는 유대인들에게 혹독한 제한조치를 취하였다. 이 때부터 팔레스틴에는 이교도가 번성하였고 팔레스틴의 유대교는 1948년 이스라엘의 주권국가가 선포되기 전까지는 종식되었다.

제 二 부

종교적 배경

제 9 장

유대교의 종교적 분파들

　유대인들이 B.C. 538년에 있었던 바벨론 포로에서 귀환한 뒤에 두 가지 경향이 현저히 나타났다. 그 중의 하나는 성전제사와 의식들을 계속하는 것과 관계가 있었다. 포로기 이후에는 대제사장이 유대 국가의 생활에 있어서 중요한 위치를 차지하게 되었으며 심지어 정치적인 관심도 갖게 되었다. 이것은 제사장과 왕의 직책이 한 사람에게 부여되었던 마카비의 반란 이후에 더욱 그러하였다.

　포로기 이후 유대교의 또 다른 경향은 율법에 대한 서기관의 새로운 관심, 즉 율법의 전수와 해석이었다. 처음에 이 두 관심은 일치하였으나 얼마 후에 그들 사이에 균열이 일어났다. 따라서 원래는 동일한 직책을 맡은 사람의 공통적인 책임이었을 성전의 일과 율법의 일이 서로 구분이 되어 한편은 정치적 문제에 관여하고 다른 한편은 종교적 문제에 관여하게 되었다. 그렇다고 해서 서기관들은 율법의 보존과 계발에 더욱 헌신하는 반면에 제사장들은 율법에 대한 관심이 전적으로 결여된 채 율법에는 정통하지 못하고 하나의 계급으로서 주로 정치적인 문제들에 그들의 노력을 경주한다는 것을 의미하지는 않는다.

1. 바리새파

　그리스도의 탄생 전후 세기들에 살았던 유대인들 가운데서 발견되는 모든 파당 사이에서 바리새파는 가장 커다랗고 가장 영향력이 있는 종파였다. 신약성경(주로 복음서들과 사도행전)에서는 유대교의 어떤 다른 종파보다도 더 많이 언급되고 있다. 이것은 엄격한 집단이었다(행 26:5).

학자들은 일반적으로 바리새파와 또한 다른 종파들의 기원이 모호함으로 가려져 있음을 인정한다. 스네이드(Snaith)는 이렇게 주장한다. "비록 그들이 갖는 어떤 차이점들은 초기의 포로기에서 기원한다 할지라도 이 모든 종파들은 주로 구약의 결집과 신약시대의 시작이 가져다 준 산물이었다."[1)

『고대사』(Antiquities)에서 요세푸스는 B.C. 166/159~141년에 활약한 대제사장 요나단의 시대에 바리새파, 사두개파, 에세네파의 세 종파를 언급하고 있다(요세푸스의 책에서 발견된 유대의 종파에 대한 참고구절들은 Antig, ⅩⅢ, 5:9;10 : 6; ⅩⅤⅡ, 2:4; ⅩⅤⅢ, 1, 3~4; ⅩⅩ, 9:1; Wars, Ⅱ, 8~14 들이다).

어떤 학자에 따르면 바리새(Pharisee)란 명칭은 "구별되다", 혹은 "~로부터 분리되다"란 의미의 히브리어 페루쉬(perush)에서 유래하였다. 바리새란 명칭의 최초의 사용은 요한 힐카누스가 통치하였던 B.C. 135년으로 거슬러 올라간다. A.D. 70년 이후 비록 바리새인의 정신은 계속되었지만 그 명칭은 유대교의 연보(annal)에서 보이지 않게 되었다.

바리새주의(Phariseeism)의 발전에 기여하였던 여러 가지 요인들이 있었다. 그 중의 하나는 율법주의, 즉 바벨론 포로 시대에 시작된 토라 종교(the religion of the Torah)였다. 바벨론에서의 귀환 이후 성전제사의 확장으로 회당에서의 율법공부가 강조되었다. 에스라와 느헤미야의 지도 하에 전통적인 율법해석이 연구되었고 생활에 적용되었다. 아마도 이 시기가 바리새인이 가장 잘 표출된 때였던 것 같다.

두번째 요인은 국가주의(nationalism)의 정신이었다. 박해와 고립이 이 정신의 발달을 조장시켰는데, 유대인들이 소수였던 바벨론 포로 시기에 발전하였고, 또한 귀환 후에도 정세들이 그들로 하여금 다시 그들의 동질성과 국가의 구현을 강조하게 하였다. 유대인들이 일련의 대대적인 군사행동으로써 근동 아시아를 헬라화하려는 수리아군과 투쟁해야 했을 때 그들은 특별한 민족임을 주장할 필요가 있었다.

바리새주의의 발전에 기여한 세번째 요인은 하시딤의 발현이었다. 이 집단은 유대인들 사이에서 종교가 세속화되어 가는 것을 보고 경악하였고 그들의 생활을 지배하는 이교적인 정신에 놀랐다. 그리고 문화와 이상들은 팔레스틴의 유대인 공동체에는 대단한 위험이었다. 팔레스틴의 주요 도시들에 상당수의 그리스인들이 살았다. 요단의 동북부 지역에 위치한 데가볼리(Decapolis)는 그리스어를 사용하는 주민들이 살았다. 그리스의 찬란한 문화는 많은 유대인들을 유혹하였고, 그들 중의 일부는 영향을 받아 그것에 사로잡혔다. 그리스의 생활방식과 예절, 어투를 사용한다는 것은 사회적이며 정치적 성공의 길이었다. 그리하여 이교의 철학과 문학, 종교에 의하여 유대교의 신앙은 도전을 받았다.

유대 나라에서는 타협적인 입장을 지지하는 이들이 있었으며 이러한 태도 때문에 그들은 친헬라파, 혹은 헬라주의자(Philhellenes, Hellenists)로 불리웠다. 하시딤은 모든 가능한 수단을 동원하여 헬라화시키려는 자들의 노력을 배격하는 특수한 계급이 되었다. 이들은 기꺼이 지고한 제물이 되기를 원하면서 율법과 야웨 경외, 조상의 종교를 고수하였기 때문에 마카비의 반란 때에 탁월한 활동을 수행하였다. 하시딤은 그들이 셀류키드 왕조에 대항할 때 마카비 일가를 계속하여 지원하였으며 이 관계는 그들과 힐카누스 사이에 공개적인 결렬이 있을 때까지 계속되었다. 그들에 대한 박해 때문에 하시딤은 그들의 활동에 자부심을 가졌으며 결과적으로 역시 유대의 다른 사람들보다 우월감을 가졌다. 하시딤은 이름을 밝히지 않은 바리새파의 선구자였다. 즉, 그들의 교리는 정통 유대교의 교리가 되었다. 알렉산드라(B.C. 76~67) 치하에서 바리새인들은 그들의 세력을 되찾았으며, 그녀는 그들에게 유대인과 관계된 고위직을 제공하였다. 유대인 역사가 요세푸스는 알렉산드라의 통치에 대하여 "그녀는 명목상의 통치자였으며 바리새인들이 실권을 장악하였다"(Antiq., XIII, 16, 21)라고 기술하고 있다.

B.C. 135년 경 바리새파는 유대의 다른 사람들과 구별을 이루었다. 요한 힐카누스(B.C. 134~104)는 그들의 제자였었는데 그들을 떠나 사두개파에 가담하였다(Antiq., XIII. 10, 5와 6). 이 때까지는 바리새파가 **하베림**(chaberim), 즉 동료와 형제들로 불리웠었다. 당시부터 그들은 밀접한 관계를 유지하는 집단이 되었다. 그들은 율법이 완전히 준수될 때 메시야가 강림하시며 유대인들이 적국의 통치로부터 해방될

것이라고 가르쳤다. 바리새인들은 자기들의 전 재산의 십일조를 준행하였다. 그들은 또한 죽은 짐승의 시체를 만진 사람이나 어떤 경로로든 불결하게 된 사람과의 접촉을 피하였다. 그들은 이방인이나 다른 파에 속한 평민들과 어울리기를 거절하였으며 이방인과의 통혼은 엄격히 금지되었다.

바리새파는 자신들의 복장으로 다른 파와 구별하였다. 마태복음 23 : 5은 그들이 차는 경문(phylactery)을 넓게 하며 옷술(the borders of garments)을 크게 하였다고 말한다. 송아지 가죽으로 만든 경문은 신명기 6 : 6~8, 11과 출애굽기 13 : 1~16에서처럼 이마를 두르고 손목에 매어졌다. 경문의 가죽 주머니에서는 쉐마(Shema, "이스라엘아 들으라"는 문구—역자주)와 하나님의 축복의 약속이 적혀 있었으며 이것은 바리새인을 손쉽게 식별하는 표지 역할을 하였다. 요세푸스에 따르면 6천명에 달하는 바리새인이 있었다.

이 종파는 유대인의 세계에 있어서 모든 계급에서 그 구성원을 취하였다. 그러나 바리새파 중에서 극히 소수만이 제사장들이었고 대다수는 평신도였다. 경건한 바리새인 집단은 부자와 가난한 자가 모두 포함되었다. 트리코트(Tricot)는 말하기를 이 종파에 가입하려면 "계명과 전통에 대한 정확한 지식을 소유하며 그 종파의 박사들의 가르침을 신봉하며 안식일의 휴식이나 의식상의 정결, 레위기에 적힌 십일조에 관한 모든 교훈들을 정확히 준행함으로써 자신을 구별하는 것이 필요하였다"[2]라고 한다. 바리새파에서 중요한 역할을 하는 이는 서기관이었으며 이들은 신약에서 바리새파와 밀접한 관계로 항상 나타난다. 서기관들의 대다수가 바리새파에 속하였으며 이 종파가 민중과 산헤드린에서 강력한 영향력을 행사하였던 것은 바로 서기관들을 통해서였다.

바리새인들은 예루살렘에만이 아니라 팔레스틴의 전역에 분포되어 있었다. 그들의 율법에 대한 헌신과 종교적 열심 때문에 그들은 하층 계급의 사랑을 받았으며, 그들이 지닌 민중에 대한 영향력 때문에 상류계급은 그들을 두려워하였다. 그런데 사두개파는 그들의 대단한 적수였다. 바리새파에서 떠나 사두개파에 가담한 요한 힐카누스는 그의 임종시에 부인에게 바리새인들이 이전에 누렸던 권세의 자리를 그들에게 회복시켜주도록 충고하였다. 그리스도의 생존시에 본디오 빌라

제 9 장 유대교의 종교적 분파들 81

도는 바리새인들을 두려워하였는데 72명으로 구성된 산헤드린 공회는 많은 바리새인들이 포함되어 있었다.

그리스도께서 마태복음 23 : 15에서 말씀하셨듯이 그들은 이방인에 대한 진정한 선교열을 보여주는 반면에 또한 그들의 엄격한 율법의 준수가 알려져 있었다. 그들은 전통주의에 몰두하였다. 모울드 (Mould)는 바리새인의 이러한 태도에 대하여 이렇게 쓰고 있다.

> 그러나 불행하게도 그들은 내적인 정신을 무시하는 경배의 외적 형식을 강조하는 경향을 보였으며, 따라서 그들은 편협하고 비판적이며 자기가 주장하는 의인이었으며 자부심이 대단하였다. 반면에 십일조와 수업료에 대한 그들의 주장은 보다 가난한 백성들에게는 하나의 무거운 짐이 되었다.[3]

바리새파의 서기관들은 세대를 계승하면서 그들이 계발하고 전승시켜온 규례들이 준수되어야 한다는 극단적인 주장을 하기에 이르렀다. 그들은 마치 자신들은 그것이 우발적으로도 범하지 않아야 한다는 듯이 "율법에다가 울타리를 치고자" 시도하였다. 요세푸스(Antig, XIII, X, 6)는 말하기를 그들은 "모세의 율법책에는 기록되지 않은 조상으로부터 전승되어진 대단히 많은 율례들을 백성에게 가르친다. 그리고 이러한 이유 때문에 사두개인들은 그들을 배척하였고, 말하기를 우리는 기록된 말씀 안에 있는 것을 준행하는 것이 의무라고 생각하지만 우리 조상들로부터 전해진 것들을 준수해서는 안된다고 한다." 사두개파와는 반대로, 바리새파는 구전(the oral tradition)의 옹호자였다.

바리새인들은 구약성경을 하나님의 영감된 말씀으로 받아들였다. 그들은 풍유적인(allegorical) 해석법을 사용하였기 때문에 그들의 전승을 구약과 동등하게 취급하였다. 그들은 죽은 자의 부활 교리를 강조하면서 하나님께서 의인에게 하늘의 상급을 주실 것이며 악인을 멸하실 것이라고 가르쳤다. 그들의 하나님의 섭리에 대한 견해는 이렇다 [요세푸스]. "말하자면 그들은 모든 섭리를 하나님께 돌린다. 그러나 비록 운명, 혹은 섭리가 모든 행위에 있어서 협력하지만 옳은 일을 행하거나 그 반대로 악한 일을 행하는 것은 사람에게 달려 있다고 생각한다." 게만(Gehman)은 바리새파에 대하여 이런 말을 한다. "이러한 교리들은 그들을 사두개파와 구별시키지만 바리새주의의 본질을 이루는 것은 아니다. 종교란 율법의 준수이며 율법을 준행하는 자에게만 하나님의 은혜를 약속한다는 종교의 개념에서의 최종적이며 필연적인 귀결이 바로 바리새주의다. 종교는 외부적인 것이 되었다."[4]

공관복음과 사도행전은 이따금 바리새인에 대하여 말하면서 율법의 해석에 있어서 그들이 예수님과 빚는 충돌을 전하고 있다. 이러한 구절들은 율법과 바리새인들의 극히 사소한 생활모습을 규정하고 있는 장로들의 유전에 대하여 그들이 대단히 열심인 것을 보여준다. 그들은 안식일을 준수하며, 길게 기도하고, 불필요한 십일조를 바치며, 자주 금식하고, 그들의 경문을 넓히며, 여러 가지 많은 의식상의 결례(Washings)를 행하였다. 그들은 자만하여, 탐욕스럽고, 시장에서 인사받으며 랍비라 불리우는 것을 좋아하며, 회당과 연회에서 스스로 상석에 앉으며, 자기네처럼 엄격하지 않은 모든 사람을 경멸하였다. 그들은 요한의 세례를 거절하였고 니고데모나 바울, 사도행전 15장에 언급된 사람들 정도의 극히 적은 수효만이 예수님의 제자가 되었다.

예수께서 그들의 유전과 일치하지 않고, 세리와 죄인들과 어울리시며, 그들의 표준에 따라 안식일을 지키시지 않았기 때문에 그들과 예수님 사이에 극렬한 적개심이 타올랐다. 예수님은 마태복음 23장에서 바리새인들을 위선자라고 힐난하셨다. 그들의 예수님에 대한 적개심의 주된 원인은 그 분이 구약에서 예언된 메시야로 자처하셨다는 것이었다.

2. 사두개파

이들은 유대인 가운데서 두번째로 중요한 종교적 종파였으며, 신약에서도 언급되고 있다. 그들은 구전 율법(Oral Law)을 주장하는 반면에 서기관과 바리새파의 유전은 용납하지 않았다. 그들은 육체부활에 있어서 바리새파와 동의하지 않으며(눅 20 : 27~40, 행 23 : 8) 미래의 심판을 부정하였다. 그들은 천사와 영들의 존재를 반박하였으며 바리새파 가운데서는 강렬하였던 메시야의 대망과 예견이 사두개파에 의하여 촉진되지는 않았다. 사실상 바리새파가 귀하게 여긴 모든 교리들을 사두개파는 무관심하게 대하거나 철저하게 배격하였다. 게만

(Gehman)은 사두개파에 대하여 이렇게 기술하였다.

> 장로의 유전을 대단히 강조하는 바리새파와는 반대로 사두개파는 그들이 성경 안에서만 발견하였던 교리들로 그들의 신조를 국한시켰다. 그들은 기록된 율법만이 준수되어야 한다고 주장하였다(Joseph. *Antig.*, XIII, 10, 6).[5]

"사두개"(Sadducee)란 명칭의 기원에 대하여 여러 가지 견해가 주장되어 오고 있다. 헬라어 Sadukaioi 는 "의로운"이란 뜻을 지닌 히브리어 Zaddik을 근간으로 만들어진 히브리어 Zadukim에서 파생되었다. 외스텔리(Oesterley)는 이러한 유래가 언어학상 불가능하다고 하여 배격한다. 코울리(Cowley)는 "사두개"가 "이교도"(infidel)란 뜻의 페르샤어 *Zinkik* (아랍어 *Zindikun*, 복수는 *Zanadiku*)의 와전이란 설을 발전시켰다.[6] 이 단어는 B.C. 220년 경에 "조로아스터교인"(Zoroastrian)이란 의미로 사용되었으며, 따라서 외국의 사상을 좋아하고 일반적으로 유대인에 의하여 지켜지는 신앙을 받아들이지 않았던 자들을 지적하는데 사용되었으리라고 주장한다.

다른 학자들은 솔로몬의 치세 때 대제사장에 있던 아비아달을 밀어내고 대신 그 자리에 올랐던 사독(Zadok)의 이름에서 그 유래를 찾는다.[7] 사독의 자손들은 포로 시기에 세습적으로 제사장직을 맡았으며 (대하 31:10, 겔 40:46; 48:11), 이 이름은 제사장 가문에 속한 자들을 이르는 명칭으로 사용되었다. 그들은 수자에 있어서는 상대적으로 극히 소수였으나 학식을 겸비한 자들로서 특히 그 나라의 계급 사회에 영향력을 행사하였다. 그들의 운세는 시시때때로 다변적이었다. 요한 힐카누스의 말년에는 — 또한 알렉산더 얀내우스(B.C. 103~76) 때도 — 영향력이 있었다. 아리스토불루스 2세(B.C. 67~63)가 통치하는 동안에 다시 막강한 세력을 장악하였으나 헤롯에 의하여 박해를 받고 그 수효가 감소되었다. 로마가 유대를 합병시켰을 때 대제사장은 유대인의 공식적 대표자로서 간주되었기 때문에 사두개인들은 지배계급에 머물게 되었다. A.D. 60년과 70년 사이의 대제사장은 항상 사두개인이었으며, 이것은 그가 공공의 문제에 상당한 영향력을 행사하였다는 것을 의미하였다.

그들의 본거지는 성전이었으며, 바리새인들은 회당에서 그들의 지지자를 발견하였다. 사두개인의 수효는 바리새인과 비교하여 그다지 열세에 있지도 않았다. 요세푸스는 당시 그리스에서 유사한 종교관과 저급한 도덕생활을 하였던 에피쿠로스학파(Epicureans, 철학적으로 쾌락주의를 표방한 Epicurus의 추종자들―역자주)와 사두개인들을 비교하였다. 사두개파는 그리스도에 대한 반대를 드러내고 조직화시키는데 있어서 바리새파와 또한 헤롯당과 합세하였다.

3. 에세네파

만일 쿰란 공동체(Qumran community)의 종파들과 에세네파를 동일시한다면 많은 학자들은 그들의 영향이 자명하다고 믿고 있는 반면에 신약은 에세네파(the Essenes)에 대하여 언급하지 않고 있다.

그들의 기원이 모호하게 베일에 가려져 있는 것과 마찬가지로 이 종교 집단에 대하여는 거의 알려진 것이 없다. 그들이 바리새파보다 더욱 극단적인 원래적 종파에 속하고 동양과 그리스의 철학의 영향으로 그 성격이 완만해졌다고 하는 마카비 시대에 보다 엄격했던 하시딤의 후예라는 말은 거의 있을 수 없는 말이다. 에세네파에 대한 정보의 주된 근원지는 필로 유대우스(Philo Judaeus)와 요세푸스(둘 다 A.D. 1세기 인물)이다. 프리취(Charles Fritsch)는 『쿰란 공동체』(*The Qumran Community*)에서 에세네파에 대한 필로와 요세푸스의 책에 수록된 진술들을 전하고 있다.[8] 이 외에도 플리니(Pliny)의 『자연사』(*Natural History*)에서 에세네파에 대한 재미있는 구절이 남아 있다. 수네시우스(Synesius)는 1세기의 이교도 작가인 디오 크리소스톰(Dio Chrysostom)이 에세네파를 찬양하는 "소돔에서 그리 멀지 않은 팔레스틴의 심장부에 있는 사해 근처에 위치한 그들의 완벽한 성의 번영"을 말하고 있다고 전한다.

요세푸스에 의하면 에세네파는 마카비가의 요나단 때(B.C. 15년 경)에 활동적이었다고 묘사되며 에세네파의 하나인 어떤 유다라는 인물에 대하여 특별히 기술하고 있다. 요세푸스의 『고대사』 XIII, 5, 9는 에세네파를 바리새파와 사두개파와 더불어 철학자들로 구분하였다. 고대의 저술가들은 에세네파가 금욕주의를 실천하고 성격상 은둔적인 종교집단이었다고 전한다. 그리스도 당시에는 그들의 수효가 약 4천명에 달하였다. 그들은 예루살렘과 유대의 몇 마을, 사해의 서쪽 해안에 있는 엔게디(Engedi)에서 볼 수 있었다. 사해의 황야가 특별히 그들의 거처였다. 에세네파는 세상과 분리되어 인간사회와 극히 제한된 교류가 있었다. 각 그룹(colony)은 자체의 회당과 식사와 회집을 위한 공동의 홀, 공중목욕탕을 보유하였다.

에세네파에 입단하길 원하는 자는 세개의 상징, 즉 곡괭이와 앞치마, 흰 옷을 받았다. 그리고 1년간의 견습 기간이 지나면 지원자는 목욕을 할 수 있는 허락을 받았다. 이어서 2년간의 견습이 있고 이 기간이 끝나면 지원자는 공동의 식사에 참여하도록 허락을 받았다. 정규회원이 되기 전에 그는 내부의 규정을 발설하지 않겠다고 약속하는 서약을 하였다. 아이들은 정규회원이 될 수 없었으나 교육을 받았다(회원들은 사유재산을 갖지 않고 모든 것은 공동 소유였다). 대부분의 에세네인들은 특별한 의복을 짜면서 농업에 종사하였다. 그들은 바리새인들과 더불어 하나님 외에는 어떠한 왕에 대한 충성도 거절하였다. B.C. 21년 헤롯 대왕은 에세네파에게 자기에 대한 충성의 서약을 면제해 주었다.

대부분의 에세네인들은 독신생활을 하였으며 양자로 받아들여진 아이들에게 에세네파의 생활양식을 훈련시켰다. 어떤 그룹은 3년간의 시험적인 결혼을 허락하였다. 결혼한 한 쌍이 이 시험 기간에 아이를 낳으면 그 결혼을 인정하였다. 그들은 공동체 안에서 물건을 사거나 팔지 않았으며 한 사람의 청지기가 관리하는 공동기금을 조성하였다. 많은 도시에 에세네파는 여행자를 위한 숙박소를 설치하였으며, 무엇인가 필요로 하는 모든 사람에게 도움을 베풀었다.

에세네파에는 노예가 없었다. 기름붓는 일이 금지되었다. 매 식사 때마다 식전에 찬물로 목욕하도록 되어 있었다. 그들은 죽은 동물로 더럽혀지는 것을 피하기 위하여 식물성 옷감인 아마포로 만든 옷을 입었다. 그들은 예루살렘의 성전에 예물을 보내었지만 성전의 종교적 의식에는 참예하지 않았다. 쿰란에서의 고고학적인 증거는 그들이 희생제사를 드렸다는 것을 보여주어서 한 때 그들은 제사를 드리지 않았다는 주장을 논박하였다.[9] 그들의 공동식사는 제사음식의 성격을 지녔다.

그들의 신학적 신앙에 대하여 요세푸스는 『유대전쟁사』(The Jewish War) 2권에서 이렇게 말하고 있다.

> 그들에게는 몸은 썩어질 것이며, 신체를 구성하는 물질들은 일시적이고, 반면에 영혼은 불멸하며 썩어지지 않는다는 확고한 신앙이 있었다. 최선의 정기(ether)에서 발산되어진 이 영혼들은 일종의 자연적인 마력에 이끌려 신체라는 감옥에 갇히게 된다. 그러나 언젠가 그들은 마치 오랜 노예의 생활에서 해방이 되듯이 신체의 구속으로부터 벗어나질 때 기쁨 가운데 위로 올라간다. 그들은 그리스인의 신앙의 영향을 받아 선한 영혼은 바다 건너의 처소가 예비되어 있는데 그곳은 비나 눈이나 열로 어려움을 겪지 않으며 바다에서 불어오는 서풍의 부드러운 바람으로 신선해지는 곳이라고 믿었다. 반면에 악한 영혼은 음침하고 격렬한 소용돌이의 지옥으로 추방되어 결코 끝이 없는 극심한 형벌을 받게 된다.[10]

일부 에세네파의 신학적인 신앙의 기원에 대하여 테니(Tenney)는 이렇게 말하고 있다. "그들의 교리 중의 어떤 것들은 그들의 태도에 있어서 스토아 철학과 유사한 점으로 보아 이방의 사상과 접촉한 데서 유래한 듯이 보인다."[11] 흥미롭게도 그들은 복음서들에서 한번도 언급되지 않고 있다.

4. 쿰란 종파

그리스 문화가 접목되는 시기에 유대인의 독특한 공동체가 사해의 북단 서쪽에 위치한 불모의 분지에 거주하였다. 이 종파는 여기서 B.C. 2세기부터 A.D. 70년 경까지 번영하였다. 고고학적 증거는 이 종교적 공동체가 그 유물이 발굴된 수도원에 일부가 살았고 일부는 근처의 동굴에 살았음을 보여준다. 이 동굴들에서 발견된 항아리 속에 보관된 문헌들은 매우 가치있는 것이었으며, 이전에 발견된 것 중 가장 놀랄 만한 고고학적 발견중의 하나가 되었다. 전체로 보존된 문헌들이나 단편으로 보존된 문헌들이 11개의 각기 다른 동굴에서 발견되었다. 이 문헌들은 그 내용들과 함께 본서의 다른 장에서 살펴질

제 9 장 유대교의 종교적 분파들 87

것이다. 이 종파에 대한 더 자세한 논의를 찾으려면 12장의 "사해동굴에서 발견된 문헌들"을 보라.

쿰란에서 발견된 이 수도원적 집단이 에세네파와 동일한지에 대한 학자간의 의견이 지금은 두 가지로 나누어져 있다. 그들의 본거지를 요단 계곡의 사해 근방에 두고 있는 메시야 대망과 세례를 지키는 집단들에 대한 언급이 고대 저술들에 많이 나타나기 때문에 브루스(Bruce)는 쿰란에서 새롭게 발견된 문서의 주인들을 에세네파와 동일시하는데 주의를 기울여야 한다고 믿고 있다.[12] 프리취(Fritsch)는 넓은 의미의 에세네파란 명칭 아래 쿰란의 언약 공동체를 포함시킨 것 같다.

5. 열심당

요세푸스는 열심당(Zealots)의 시작을 갈릴리인 유다가 로마에 대항하는 반란을 일으켰던 A.D. 6년으로 잡는다. 열심당은 공물을 바치는 것이 그들의 참된 왕이신 하나님에 대한 반역이란 이유에서 로마 황제에게 조공을 바치는 것을 반대하였다. 요세푸스는 그들을 유대인의 "제4 철학"으로 묘사하였다(*Wars*, II, 8. 1; *Antiq*, XVIII 1, 6). 파이터(Robert Pfeiffer)는 열심당의 시작을 로마 통치 이전으로 잡으면서 "바리새파가 하시딤의 후예인 것처럼 열심당은 마카비 일파의 후예이다"라고 주장한다.[13] 유대인 역사가들은 그들을 도적과 산적떼로 묘사하지만 그들이 기치를 들었던 사상들을 생각해볼 때 그들이 애국자들이었음은 가능한 일이다.

안티오쿠스 에피파네스가 유대인의 헬라인화를 추구하고 유대교의 신앙과 관습에 대한 노력을 금지하였을 때 하나님의 율법에 대하여 열심을 내었던 마타디아스와 그의 아들들과 그 추종자들의 본을 그들이 따랐기 때문에 그들은 열심당이라고 불리웠다. 그들은 또한 이스라엘이 하나님을 떠났을 때 하나님에 대한 열심을 보여준 성경상의 비느하스(민 25 : 11, 시 106 : 30 이하)의 본을 그들이 좇는다고 믿었다. 열심당은 요세푸스에 의하여 "궤변론자"로 불리웠는데, 이 용어는 열심당의 교육계획이 성격상 단순히 정치적이 아니었음을 보여주는 계획된 교육과정이 그들 가운데 있었음을 암시한다.

A.D. 6년의 반란이 로마군에 의하여 진압되었을 때 유다 일가의 식구들은 그 정신을 잃지 않았다. 유다의 두 아들은 행정관 알렉산더에 의하여 A.D. 46년 경에 십자가형을 당하였고(Jos. Antiq, XX, 5.2). 세째 아들인 메나헴(Menahem)은 로마에 대항한 A.D. 66년의 반란에서 지도권을 장악하고자 노력하였다(Jos. Wars, Ⅱ, 17, 8 이하). A.D. 66~73년에 있었던 전쟁에 열심당은 매우 활동적이었다. 이 반란은 A.D. 73년 5월에 마사다의 마지막 요새를 함락당하는 것과 함께 끝이 나지만 열심당의 정신은 계속되어 완전히 근절되지는 않았다.

제 10 장
신구약 중간사 시대의 신학적 교훈들

1. 신 론

비록 구약의 신학적 교리들이 정경에 기술된 본질적인 것들 그대로 가르쳐졌을지라도 구약종교의 어떤 면들은 그 외에 수식이 가미되었다. 이러한 양상은 신론에 있어서 그러하다. 당시에는 하나님을 세계에서 멀리 떨어져 계신 초월하신 분으로 생각하는 경향이 있었다. 또한 하나님의 성호를 직접 사용하기를 주저하여 대신에 완곡어를 사용하였다. 마카비 1서에서 저자는 성실하게 하나님의 이름을 생각하고 하나의 원칙으로서 하나님을 "하늘"로 말하고 있다. 따라서 우리는 이렇게 읽는다. "전쟁의 승리는 군사의 많음에 있지 아니하고 힘은 하늘로부터 온다." 이 시기에는 랍비들이 하나님을 "거룩하신 이, 찬송을 받으실 분"으로 시사한다. 예를 들면, "너는 왕 중의 왕, 거룩하신 이, 곧 찬송을 받으실 분 앞에 아뢰어 심판을 받으라"(Pir. Ab. Ⅳ, 29). 유대인 랍비들은 야웨라는 하나님의 이름을 사용하기 보다는 "하늘", "쉐키나"(Shekinah), 또는 "그 이름"이란 용어 사용을 더욱 좋아하는 것 같이 보인다.

2. 천사론

신론의 발전과 밀접히 관련되어 하나님과 세상의 일들 사이에 천사를 둔 교리가 있다. 하나님과 인간 사이의 중재자로서 천사를 사용한 것은 중간사 기간의 특징적인 모습이라고 주장된다. 구약에서 여호와는 가끔 이스라엘의 전쟁에 참전하시는 "전사"(man of war)로 묘사된다. 마카비 2서에서 천사는 이스라엘 자손을 위하여 싸운다. 마카비 1서에서 저자는 하나님이나 천사를 유대인을 위하여 싸우는 이로 묘사하지 않고 오히려 유다 마카비우스의 훌륭한 지도력에 의하여 승리가 쟁취된다. 하나님께서 피조물과 직접적인 접촉을 가지신다는 묘사 대신에, 외경들은 번개와 눈, 비, 구름, 흑암, 추위, 더위, 안개 등에 대한 책임을 천사들에게 지우고 있다.

잘 발달된 천사론은 마카비 2서와 토비트, 에스드라 2서와 같은 책들에서 발견된다. 마귀의 악한 활동에 대한 신앙이 토비트에서 분명히 서술되고 있다. 에녹 1서 9:1에서 네가지 천사의 이름이 마치 잘 알려진 것처럼 언급되고 있다. 에녹 1서 20:1 이하에서 우리엘(Uriel), 라파엘(Raphael), 라구엘(Raguel), 미카엘(Michael), 사라카엘(Saraqael), 레미엘(Remiel)과 같은 이름이 B.C. 2, 3세기의 독자들에게는 잘 알려진 것처럼 언급되어 있다. 천사의 이름들에 대한 인위성이 에녹 1서 8:3을 읽을 때 명확해진다. 거의 모든 경우에 있어서 천사들의 이름은 엘(-el)과 합성이 되어 하나님에게 예속되어 있음을 나타내준다.

구약의 "만군, 혹은 천군"이란 명칭은 에녹 1서 61:10, 므낫세의 기도서 15장, 그 밖의 다른 곳과 같은 성경시대 이후의 문헌들에 자주 나타난다. 천사의 이름으로 "하나님의 아들"이 에녹 1서에 자주 나타난다. 성경 이후 시대의 문헌들에 가끔 나타난 또 하나의 이름은 집회서 42:17, 토비트 11:14; 12:15, 에녹 1서 1:9; 12:2~3, 유딧 31:14, 지혜서 5:9; 10:10에서와 같이 "거룩한 천사"이다. "파수군"(Watchers)이란 이름이 에녹 1서에 가끔 언급된다(12:2~3; 20

: 1; 61 : 12).

천사론의 재미있는 발전은 천사들의 계급 구분이 일어나는 것이다. 가장 높은 천사계급은 토비트 12 : 15에 언급된 일곱 천사이다. "나는 영광스런 주님을 시중드는 일곱 천사 중의 하나인 라파엘입니다." 또한 에녹 1서 20 : 1~8에는 그들의 이름이 우리엘, 라파엘, 라구엘, 미카엘, 사라카엘, 가브리엘, 레미엘이라고 전한다. 일곱 천사의 원형은 바벨론의 신을 가리키는 일곱 별이라고 믿어진다. 일곱 천사 가운데서 미카엘은 특별히 이스라엘의 "왕자", 또는 수호 천사로 설명되며, 에녹 1서 20 : 5에서 그는 "인류의 가장 좋은 곳과 카오스(티아맛)를 감독하는 천사"로서 언급되고 있다. 에녹 1서 61 : 10에서는 그 밖의 천사계급이 나오는데 케루빔(Cherubim), 스라빔(Seraphim), 오판님(Ophannim), 권세의 천사, 주권의 천사, 또다른 땅의 권세들로 구분된다.

위경문학에서는 천사의 모습을 묘사하는 구절들이 있다. 에녹 1서 106 : 2, 5~6에서 천사를 이렇게 묘사하고 있다. "그의 성품은 인간의 것과 같지 않으며, 몸의 색은 눈보다 더 희고, 장미의 꽃송이 보다 더 붉으며, 머리카락은 양털보다 더 희고, 그의 눈은 태양의 광선과 같다." 에녹 2서 1 : 4~5에는 이렇게 묘사되고 있다. "나에게 두 명의 매우 큰 사람들이 나타났는데 내가 결코 땅에서 보지 못한 모습이었다. 그리고 그들의 얼굴은 태양처럼 빛나고 그들의 두 눈은 불타는 등과 같았으며 화염이 그들의 입에서 뻗어나왔다. 그들의 옷은 깃털의 모양을 띄었으며 그들의 발은 자주빛이었고 고리는 황금보다 더 빛났으며 양손은 눈보다 더 희었다." 천사의 체격이 크다는 생각은 역시 초대교회의 문헌에도 나타난다(『베드로복음』 40, 『헬마의 목자서』, Tim. ix. 6, 1과 *Corpus Hermeticum*, 1 : 1 [Poimandres] 참조).

천사의 기능 가운데 최고의 것은 하나님을 찬양하는 것이었다. 따라서 에녹 1서 39 : 12~13은 이렇게 말하고 있다. "잠을 자지 않는 자들[즉, 파수군들]이 당신을 찬양하나이다. 그들은 당신의 명령 앞에 서서 거룩 거룩 거룩하신 영의 주시며 … 당신은 찬양을 받으시며 영원토록 주의 성호를 찬양하리이다라고 찬양하며 찬미하고 찬송하나이다." 토비트 12 : 12에서 천사가 말하기를 "당신 토비트가 기도할 때와 며느리 사라가 기도할 때 그 기도를 듣고 영광스런 주님께 그

제 10 장 신구약 시대의 신학적 교훈들 *91*

기도를 전해드린 것이 바로 나였읍니다"라고 하였다. 그리고 15절에서 일곱 천사들이 성도의 기도를 가지고 거룩하신 분의 영광 앞에 나아간다고 진술하고 있다.

외경들은 가끔 하나님의 말씀을 인간에게 전해주는 자로서 천사를 말한다. 예를 들면, 『벨과 용』(*Bel and the Dragon*) 33절 이하에서 천사가 하박국에게, 마카비 2서 5 : 1~3에서 말탄 천사가, 토비트에서는 라파엘이 이 기능을 수행하였다. 이와 같이 외경들은 스데반이 그의 변증에서(행 7 : 38) 천사가 야웨와 모세 사이의 중개자였다고 말하여 신약이 확증하는 중개자란 진리를 유효하게 한다.

유대인의 성경시대 이후의 문헌들에서는 천사들이 수호천사로 언급되고 있다. 집회서 17 : 17에서 "모든 나라를 위하여 그는 통치자로 임명되었으나 이스라엘은 주님의 분깃이라"고 말하고 있다. 창세기 11 : 7을 번역한 가칭 요나단의 탈굼(Targum, 구약을 아람어로 번역한 책 — 역자주)에서 저자는 모든 나라가 각자 자기 나라를 수호하는 천사들을 갖고 있으며 이들은 그 나라를 위하여 하나님 앞에 나아가 변호를 맡는다고 한다. 희년서(Jubilees) 35 : 7에서 미가엘은 이스라엘의 수호천사로 언급되고 있다. 성경시대 이후 문헌들은 또한 각 개인의 수호자로서 천사를 말하기도 한다. 『12족장의 유언서』(*Testament* XII *Patriarchs*, Jos. 6 : 6)에서 천사가 보디발의 아내의 사악함을 요셉에게 알려주며, 토비트에서 라파엘은 토비트를 보호하며 지켜주고, 마카비 2서 11 : 6 이하에서 저자는 유다 마카비우스를 돕기 위하여 찾아와 군대의 선두에서 달리는 자를 "선한 천사"로 묘사하고 있다.

천사들은 종말론적 사건과 관련하여 중요한 역할을 수행한다. 외스텔리는 이 점에 대하여 말하기를 "이것은 외경문학에 있어서 매우 명백하여 특별한 인용을 필요로 하지 않는다"[1]고 한다. 죽음의 천사에 대하여는 수리아어로 된 『바룩의 묵시록』(*Apoc. of Bar.*) 21 : 23, 『12족장의 유언서』, 아셀편, 6 : 4과 같은 여러 곳의 위경들이 말하고 있다.

3. 마귀론

성경시대 이후 문헌들은 악한 영들, 혹은 마귀에 대하여 많이 언급한다. 악한 영의 기원에 대하여 에녹 1서 15 : 8은 이렇게 말하고 있다. "영들과 육체의 결합으로 낳아진 거인[창 6:4, 민 13:33의 네 피림과 같다]들은 땅에서 악한 영들이라 불리우며 땅 위에서 거할 것이다. 악한 영들은 그들의 몸에서 발생하였으니 그것은 그들이 인간에게서 태어났으며, 그들의 시작과 원초적인 기원이 거룩한 파수군들에서 되었기 때문이다. 그들은 땅의 악한 영이 될 것이며 악한 영이라 불리울 것이다." 중간사 기간의 문헌들은 악한 영들이 땅에 가져온 악에 대한 언급을 상당히 내포하고 있다. 마귀들이 타락한 천사의 후예라는 것이 이 기간의 문헌들에 폭넓게 담겨 있다. 예를 들면, 희년서 5:2, 에녹 2서 18:3~5가 이와 유사한 신앙을 말하고 있다. 랍비 문헌에서 마귀는 사단과 이브 사이의 소생으로 믿어지고 있다 (*Midrash Dereshith*, 창 5:1에 대한 Rabba).

타락한 천사들은 여러 이름으로 알려진 그들의 우두머리인 한 영을 모신다. 희년서 10:8에서는 그를 사단과 동일하다고 하는 마스테바 (Masteba)라고 부르는데 그는 구약의 여러 곳에서 말하는 사단의 활동과 일치하는 활동을 한다. 외경 문헌에서 마스테마는 마귀의 우두머리가 된다. 그리스어로 된 『바룩의 묵시록』 4:8과 『이사야 순교사』 (*Martyrdom of Isaiah*) 2:1에서는 이와 동일한 인물을 지칭하는 삼마엘 (Sammael)이란 이름이 몇번 나타난다.

악한 영들의 우두머리에게 붙여진 또다른 이름은 벨리알(Beliar, 또는 Belial)이었다. 이 이름은 사무엘상 2:12에서 발견되며 처음에는 삼마엘과 마찬가지로 "죽음의 천사"를 가리켰다. 벨리알은 『다메섹의 사독의 문서』(*Zadokite Fragment from Damascus*)의 상당한 구절들에서와 또한 『이사야 순교사』와 그밖의 곳에서도 발견된다. 『12족장의 유언서』에서 악한 자(Evil One)가 벨리알의 이름 밑에서 언급되며 악의 조성자로 간주된다.

악령들, 혹은 마귀들의 군대와 함께 악령들의 군주는 인류를 둘러싼 악한 환경의 한 부분이며 그는 선한 영들의 우두머리인 "영들의 주"(Lord of Spirits)에 반대된다(에녹 1서에 가끔 언급된다).

에녹 1서 15:9은 몸과 피를 갖지 않는 존재들인 악한 영들의 활동에 대하여 말하고 있다. 토비트 3:8과 8:3에 따르면 그들은 인간의 정욕과 굶주림과 목마름(에녹 1서 15:11)을 관장하며 그들의 성은 남성이나 혹은 자손을 생산하지 못하는 여성 중의 하나일 것이다. 악한 영들은 신체적인 해를 야기시킬 책임을 맡고 있을 뿐 아니라 사람에게 죄를 교사(선동)하는 자로 묘사되고 있다. 희년서 7 : 27은 "내가 아노니 보라, 마귀들이 너와 네 자손을 대적하여 유혹하노라"고 말한다(10 : 1 이하; 15 : 31). 희년서 11 : 4~5은 이렇게 말한다. "악한 영들은 그들을 돕고 유혹하여 불의와 부정을 저지르게 하도다. 그리고 왕인 마스테마는 이 모든 일에 친히 힘을 다하며 다른 영들을 보내어… 악과 죄의 모든 수단을 발휘하고, 행악의 모든 수단을 자행하며, 부패시키고 파괴하며, 땅 위에 피를 뿌리게 하는도다." 악한 생각들 역시 마귀의 짓이다(희년서 12 : 20). "인간의 마음에 담긴 생각을 지배하는 악한 영들의 손에서 나를 구하시며, 그들이 나로 하여금 나의 하나님으로부터 멀리 떠나게 하지 마소서."

몇 가지 방도가 마귀의 악한 궤계에 대응하여 사용될 수 있다고 하는 것이 이 기간에 살던 유대인들의 신앙이었다. 가장 효과적인 방법 중의 하나는 주문(magic formula)을 외우는 것이었다. 희년서에서 우리는 노아가 이에 대한 지시를 받아 "우리가 그에게 가르친대로 모든 종류의 악에 대하여 한 권의 책에 모든 것을 기록하였으며 이로 인하여 악한 영들이 노아의 아들들을 해하려는 데서 벗어났도다"라는 진술을 보게 된다. 많은 방법들이 마귀의 영향의 희생에서 벗어나기 위하여 사용되었다. 토비트 8 : 2~4에 .보면 물고기의 심장과 간을 향의 재 위에 놓아두면 마귀가 그 냄새를 맡고 도망간다고 한다. 토비트에 나오는 마귀는 아스모데우스(Asmodeus)란 적당한 이름을 가지고 있었다.

4. 율법관

이 시기에 율법은 영구적이며 특별히 중요한 것으로 간주되기에 이르렀다. 서기관과 바리새인의 율법적인 종교의 극적인 발전이 이루어진 것은 바로 중간사 시대였다. 희년서에서는 노인은 마치 하늘의 천사가 한 것과 같이 율법을 준수하였다고 주장되고 있다. 집회서와 바룩의 묵시록에서 율법은 인간들에게 가능한 모든 지혜의 총화로 묘사되고 있다. 모세가 시내산에서 율법을 계시하였을 때 그것은 단순히 율법의 재선포에 지나지 않았다. 대부분의 유대인들에게 있어서 율법이란 단어는 모세 때부터 선지자들과 대회당(the Great Synagogue)의 소생들을 통하여 전해진 구전(the oral tradition)도 포함하였다. 비슬리 —머레이(Beasley-Murray)는 "이 구전은 모든 가능한 상황들에 대한 율법의 복잡한 적용들[미쉬나(Mishnah)]과 이 해석들에 대한 보다 깊이 있는 설명들[게마라(Gemara)]을 포함하며, 이 두 가지는 『탈무드』(*Talmud*)를 이루고 이 탈무드에는 예루살렘과 바벨론에서 이루어진 두 가지 결집이 있다"라고 주장한다.[2)]

랍비들은 율법의 준수를 충실히 하는 것이 이 후 세상에서 생명을 얻는 유일한 길이라고 가르쳤다. 그러나 에스드라 2서에서 율법은 구원을 얻는데 있어서 극히 중요한 것이라고 하지 않는다. "살라티엘 묵시록"(Salathiel Apocalypse)의 일부에서 율법 아래서 사는 자들을 고려하지 않는 인간 본성에 대한 염세적인 사고가 발견된다(에스드라 2서 8 : 35 참조). 에스드라 2서의 이 부분을 쓴 저자는 특별히 율법을 가졌다는 것에 의하여 고무되지 않고 있으며 오히려 인간의 악한 상태로부터의 구원은 오직 하나님에 의하여만 영향받을 수 있다고 믿는다. 덴톤(Denton)은 사도 바울 이외에도 율법주의적 유대교에 불만을 품은 자들이 있었을 수 있음을 지적하여 이 사실을 과소평가한다.[3)]

5. 지 혜

잠언 8장에서 보는 대로 지혜의 속성은 유대교의 헬라화적 시기에 있어서 논쟁과 해석의 주제였다. 따라서 솔로몬의 지혜서에서(7 : 25~26 참조) 지혜는 "하나님의 능력의 입김이며 전능하신 이의 분명한 영향이라 … 왜냐하면 지혜는 영원한 빛에서 발해진 광채이며, 하나님의 역사하심의 흠없는 거울이고, 그의 선하심의 형상이기 때문이다"고 진술되어 있다.

중간사 기간 동안에 "하나님의 말씀"이란 개념이 성찰의 주제가 되었던 것 같이 보인다. 『솔로몬의 지혜서』*The Wisdom of Solomon*)18:15~16은 이렇게 말한다. "당신의 권세있는 말씀이 보좌를 떠나 어두운 땅 가운데로 임하시어 예리한 검과 같은 성실하신 명령으로 무장하고 만물에 죽음을 채우고 선 전사와 같나이다. 그리고 그것이 하늘을 건드릴 때 그것은 땅을 내려치나이다." 같은 책 9 : 1~2에는 "오 열조의 하나님이시여 … 당신의 말씀으로 만물을 지으신 이시여, 당신은 그 지혜로써 인간을 조성하시나이다"라고 하여 말씀을 지혜와 동의어로 취급하고 있다.

집회서[시락]와 『피르케 아봇』(Pirke Aboth)에서 율법과 지혜는 동일시되고 있다. 즉, 예수 벤 시락(Jesus ben Sirach)은 그의 책 24장에서 지혜에 대하여 길게 묘사하는데 이렇게 주장한다. "이 모든 것이 지극히 높으신 하나님의 언약의 책이며 나아가 모세가 우리에게 명한 율법이기도 하다 …"(집회서 24 : 23). 『피르케 아봇』에서 율법과 말씀은 동일한 것이다. "세상이 창조되었을 때 함께 하셨던 도구가 주어진 이스라엘에게 복이 있도다 … " 어떤 학자들은 이 구절들이 요한복음의 서론이 이해될 수 있는 사상에 반대되는 배경의 자료가 되기 때문에 중요하다고 믿는다.

6. 죄

중간사 시대에 죄론(the doctrine of hamartiology)은 가끔 토론의 제목이 되었다. 죄의 기원에 대하여 많은 외경문헌들에는 각기 다른 대답들이 제시되었다.[4] 솔로몬의 지혜서 2 : 24은 그것을 마귀에게 돌리며 집회서 25 : 24은 이브를 집중적으로 비난한다. 에녹 1서 10 : 7~8은 죄가 들어온 원인이 악한 천사에게 있다고 하는 반면에 에스드라 2서 7 : 48은 아담을 비난한다. 에스드라 2서 3 : 21~22 ; 7 : 48은 세상을 아담에게서 물려받은 무거운 죄책을 짊어지고 가는 악한 곳으로 묘사하고 있다. 멘톤은 에스드라 2서가 원죄의 교리를 말하는 최초의 외경문헌이라고 주장한다. 바룩 2서의 저자는 죄에 대한 비난을 선조에게 돌리는 견해를 반대하였다. "비록 아담이 최초로 범죄하여서 결국 모든 사람에게 사망이 주어졌을지라도 그에게서 태어난 모든 인간들은 각자가 자기 자신의 영혼을 위하여 장래의 고통을 예비하였으며, 또한 각자가 자신을 위하여 장래의 영광을 택하였다 … 따라서 아담은 자기 자신의 영혼 이외에는 동기가 되지 않으며 우리들 각자는 자기 자신의 영혼에 있어서 아담이 되었도다"(54 : 15, 19). 당시에도 제사는 속죄를 위한 주된 수단이었다. 선행도 역시 동일한 목적을 성취하는데 고려해볼 만한 도움이었다. 집회서는 "그의 조상을 영화롭게 하는 자는 자기의 죄를 속함받으리라"(3 : 3)고 말하며, 토비트 12 : 9은 "구제는 죽음으로부터 구해주며 모든 죄를 도말할 것이라"고 진술한다. 에스드라 2서 8 : 28~29에서 저자는 "하나님은 경외함을 받으실 이로 기꺼이 알고 있는" 자의 공로를 변호하며 마카비서에서는 신실한 신앙고백자의 순교는 죄의 대가를 만족하게 하기에 충분한 것으로 제시되어 있다(마카비 4서 6 : 28~29).

7. 윤리관

『피르케 아봇』에서 한 랍비는 "만일 당신이 토라를 상당히 지켜나간다면 당신을 위한 어떠한 보증을 구하지 말라. 왜냐하면 당신은 그로부터 창조되었기 때문이다"(2 : 9)라고 말한다. 결과적으로 삶의 주된 목적은 율법이 가르치는 바를 이해하고 그 교훈을 따라 사는 것이 되어버렸다. 율법은 하나님의 계시의 총화로 여겨졌기 때문에 중간사 문헌을 연구하는 어떤 학자들은 외경에 나타난 윤리적 교훈은 이 시기의 유대교가 이룬 최선의 업적들 가운데 들어간다고 믿고 있다. 『12족장의 유언서』의 독자들은 자주 "주와 네 이웃을 사랑하라"(잇사갈의 유언, 2절)는 권면이나 갓의 유언 6 : 3~7에서와 같이 사죄에 관한 이와 같은 교훈을 발견하게 된다. "너는 마음으로부터 타인을 사랑하라. 그리고 만일 어떤 이가 너에 대하여 죄를 범하거든 그에게 화목하게 이야기하며 네 영혼이 음험한 가운데 빠지지 말라. 만일 그가 회개하고 죄를 자백하면 그를 용서하라. 만일 그가 부인하거든 그와 더불어 다투지 말지니 만일 그가 너에게 대한 독을 제거하지 않으면 그가 맹세하여 너는 이중의 죄에 빠지게 되거나 만일 그가 부인할지라도 경책을 받을 때 부끄러워 하거든 꾸짖지 말라. 부인하던 자가 회개하여 다시는 너를 그릇 대하지 않을 수 있으므로 그는 너를 영화롭게 하며 너와 화목하게 될 수 있느니라. 만일 그가 그의 잘못을 견지하면 그를 마음으로부터 용서하고 보복을 하나님께 맡기라." 집회서와 토비트의 구절들은 산상수훈의 윤리적 교훈들과 흡사하게 보인다. 우리는 토비트에서 "내 아들아 네가 행하는 범사에서 네 자신을 돌아보고 너의 행동을 규제하라. 그리고 네가 싫어하는 일을 어느 누구에게도 행하지 말라"(4 : 14b~15a)는 교훈을 읽는다. 이것은 황금

률(the Golden Rule)을 말하는 신약과 구약의 중간지점이다. 그러나 집회서와 토비트에서는 또한 종교의 가장 중요한 행위로서 자선(구제행위)을 강조하는 종교 사상의 어떤 우월성도 발견된다. 기독교의 1세기에는 "의(義)"란 단어가 "자선"과 동의어가 되었으며, 이것은 마태복음 6:2~4에 나타난 그리스도의 경고를 신약학도가 이해하도록 도움을 주는 사실이 된다.

8. 기도생활

이 기간에 하나님의 초월하심에 대한 강조가 증가함에도 불구하고 경건생활에 있어서 경건과 종교적 열도가 증가해간다는 역설적인 발전이 나타난다. 멘톤은 이렇게 주장한다. "개인적인 경건의 발전은 외경의 가장 큰 특징 중의 하나이며, 개인의 기도가 언급된 빈도에 있어서 특별히 현저하고, 실제적인 기도들이 에스더의 부록 세 자녀의 노래, 유딧, 토비트에 수록되어 있다."5)

9. 종말론

중간사 시대에 종말론은 대단한 발전을 이루었다. 학자들이 유대인의 종교에 있어서 가장 큰 변화가 일어났다고 주장하는 때가 바로 이 기간이다. 이후로는 구약에 있는 교훈들이 제한적이 된다. 이사야 26:17~19은 부활을 예언하며 욥기 19:25~27에서 욥은 그가 다시 살아날 것이라는 확신을 말하고 있다. 다니엘 12:1~3은 마지막 날에 의인과 악인의 부활이 있을 것을 분명하게 주장한다. 시편 73편에서 저자는 하나님의 교제를 계속하심을 기대하고 있다.

구약의 내세에 대한 교리적 교훈을 후기 유대교와 비교하면서 부셋(Boussuet)은 말한다. "모세의 율법은 단지 영혼과 이 영혼의 지복의 성질에 대한 초보적인 개념만을 인간에게 제시하였다. … 이 교리의 결과와 내세의 경이가 당시에는 충분히 발전되지 않았으며 위대한 빛이 찬연한 광채를 띠고 나타나는 때는 바로 메시야의 때 뿐이었다…새로운 시대의 유대인들의 특징 중의 하나는 내세에 대한 신앙을 종교의 근본으로 삼는 것이었으며 이것은 메시야의 도래의 산물이 될 것이었다."6)

　죽음 이후의 생에 대한 교훈의 발전이 외경과 위경문헌, 기독교 시대의 이전 기간에 속한 랍비문헌에서 발견되고 있다. 예수 벤 시락은 집회서 41：4에서 이렇게 썼다. "네가 사는 연한이 십년, 혹은 백년, 아니면 천년이든 스올에서의 생활에 대하여는 탐구의 여지가 없다." 이것은 죽음 후의 보상을 부인하는 사두개파의 교훈을 대변한다. 에녹서(이 책의 일부는 B.C. 160~63년의 것으로 추정된다)는 죽은 자들의 집결지로서 스올을 말하며, 하나님의 공의가 그곳에서 작용하여 선인에게 보상하고 악인을 징벌한다는 것을 말한다. 스올에서의 영혼의 여행하는 장소는 네가지의 지역으로 구분된다. 즉, 최초의 지역은 순교자들의 표상인 아벨이 있는 곳이며, 제2 지역은 의인이 있고, 제3 지역은 지상에서 자선을 베풀며 심판의 때를 기다리던 죄인들이 있고, 제4 지역에는 지상에서 사형에 처해진 악인들이 있을 것이다. 이 책은 악인들은 이미 형벌을 받았기 때문에 부활에 참여하지 않을 것이라고 말한다. 이 책의 다른 곳에서는 죄인들이 마지막 날에 정죄를 받으며 의인은 그들이 죽자마자 곧 그들의 상급이 되는 곳으로 들어간다고 한다.

　희년서의 종말론적 교훈은 모든 죽은 자들은 스올로 내려가며, 메시야가 임하시면 정직한 자의 영혼들이 큰 기쁨을 맛보리라는 사상에 영향을 받았다. 솔로몬의 시편(the Psalms of Solomon)에 따르면 선인들은 불경한 자들에게 임하는 파멸로부터 보호된다고 한다. 불경한 자들이 죽으면 스올에 들어가 심판날에는 형벌을 받기 위하여 그곳에서 나오고 반면에 의인들은 영생에 들어갈 것이다.

　바리새인들과 하시딤이 심판과 보상의 교리를 발전시켰다고 믿어진다. 마카비 4서 7：18~19에 이렇게 기록되어 있다. "많은 사람들이 전심으로 그들의 처음 생각을 의롭게 가질 때 이 사람들만이 육신이 나약함을 극복하고 우리의 조상인 아브라함과 이삭과 야곱이 하였던 것과 마찬가지로 하나님에 대하여 그들이 죽지 않으면 오히려 하나님에 대하여 산다는 것을 믿게 된다."

　중간사의 문헌들은 우리가 기독교의 첫 세기에 가까이 가면 갈수록 보상과 형벌에 대한 신앙이 더욱 더 보편적이 되어 의인은 죽은 직후에 그들의 상급을 즐기기 시작하고 반면에 죄인은 즉시 스올에서 고통을 겪는다는 것을 가리키는 듯하다.
 기독교의 첫 세기에 살던 유대인들은 인생의 마지막에서 개인적인 보상을 받는다는 사상을 가졌다는 것이 『피르케 아봇』에 있는 다음의 진술에는 발견될 수 있다. "임종시 사람은 금이나 은, 보석이나 진주, 그 어느 것도 가져가지 않으며 오직 토라와 그의 모든 선행만을 가져간다"(6 : 10).

10. 하나님의 나라

 비슬리-머레이는 유대인의 외경과 위경문헌에 담긴 하나님 나라의 개념이 3개의 구별된 단계들로 추적될 수 있다고 한다.[7] 이사야 11 : 1~9의 잘 알려진 구절이 유대인에 의하여 이 세상의 세속적이며 영원한 존재로서 해석되었다. 이것과 다른 유사한 구절들에 근거하여 유대인 저자들은 하나님 나라를 고도의 감각적인 그림으로 묘사하고 있다. 에녹 1서에서 저자는 이렇게 말한다. "그 때가 오면 모든 의인들은 피할 것이며, 그들이 수 천의 자녀를 낳을 때까지 살 것이며, 그들의 젊은 시절과 노년 시절 모두를 평화스럽게 온전히 살 것이다. 그리고 그 때가 오면 온 땅이 의롭게 경작되며, 나무가 심기워질 것이며, 축복이 충만해질 것이다. 그리고 모든 원하는 나무들이 땅 위에 심기우며, 포도나무도 심기울 것이고, 그들이 심는 포도나무는 풍성한 포도주를 생산할 것이며, 땅 위에 심은 모든 씨는 각기 1천배의 결실을 거두고 감람나무들은 10통의 기름을 거둘 것이다"(10 : 17~19). 어떤 학자들은 파피아스가 바로 이 구절들에서 그의 천년왕국의 묘사를 생각해냈다고 믿고 있다.
 그리스도의 탄생 이전과 이후 세기들의 외경의 저자들에게 영향을 끼친 이사야의 또 다른 구절은 65 : 17~22(새 하늘과 새 땅)이다. 묵시문학의 저자들에 따르면 메시야 왕국은 단지 짧은 기간에 통치되며 그 후에는 영원한 왕국으로 대치될 것이라 한다. 에녹 2서 저자는 세상이 7천년간 계속되며 마지막 천년은 천년왕국의 때가 될 것이며 그 후에 새 창조가 뒤따라 있을 것이라고 주장한다(에녹 2서 32 : 2~33 : 2). 에녹 2서의 저자에게 임시적인 왕국은 대단히 중요하였다. 그러나 에스드라 2서와 같은 다른 외경에서 임시적 왕국은 약간 중요할 뿐이었는데 그 이유는 저자가 염세적인 세계관을 주장하기 때문이다. 세상적인 왕국은 4백년간 계속될 것이며 그 후에 메시야와 모든 산 자들은 죽을 것이다(에스드라 2서 7:26 이하).

비슬리-머레이는 후기 묵시문학가들 가운데서 임시적 왕국의 개념이 완전히 유기되었다고 주장한다.[8] 대신에 이 저자들은 오직 영원한 왕국, 즉 하늘에 있는 새 왕국만을 소망하고 있다. 바룩 2서의 저자에 의하여 대변된 유전은 왕국의 임시적인 면을 말하는 것은 무가치한 개념이라는 취지였다. "현재의 것은 어느 것이나 아무 것도 아니며 장래의 것이 매우 중대한 것이다. 썩어질 모든 것은 지나갈 것이며, 죽는 모든 것은 사라질 것이고, 모든 현재는 잊혀질 것이고, 악으로 오염된 현재의 어떠한 기억도 있지 않을 것이다"(바룩 2서 44: 8~9).

하나님 나라의 도래가 갖는 성질에 대하여는 중간사 시대의 저자들에 의하여 다양한 견해들이 주장되었다. 어떤 문헌들에서는 다니엘 2장의 느부갓네살의 꿈에서 묘사되듯이 그 도래가 격동적일 것이라고 한다. 『무녀의 신탁』(Sibylline Oracles) 3권, 669~697은 다음에서 인용되고 있듯이 그 도래 이전에 나타날 표적에 대하여 긴 설명을 하는 구절들이 있다. "하늘에서 화염검들이 땅으로 쏟아져 내릴 것이며…우주의 어머니인 땅은 이 날에 영원하신 분의 손으로 흔들릴 것이며…높이 솟은 산봉우리와 거대한 언덕들을 그가 깨뜨리시며, 어두운 심연이 모두에게 보여질 것이며…바위에서 피가 흐를 것이며, 모든 하수의 격랑이 평야 위를 홍수가 되어 흐를 것이다… 그리고 하나님은 만민을 전쟁과 칼로, 불과 비의 홍수로 심판할 것이며, 그 때에 하늘에서 유황이 바로 끊임없고 고통스러운 돌과 회오리가 하늘에서 내려올 것이다…땅이 이 끝에서 저 끝까지 사방에서 울며 애곡함이 인간의 멸망과 함께 찾아올 것이며 모든 수치스러운 자들이 피로 씻기울 것이다."[9] 이와 유사한 표현들이 담긴 다른 중간사 문헌들은 에녹 1서 99:10~11; 100:1~6;11(iv), 에스라 4서 5:5~13; 6:13~28; 9:1~6;13:16이하, 수리아역 바룩의 묵시록 25~27장; 47:30~38; 70장, 모세의 승천서 10:3~7이다. 그러나 희년서 33과 바룩 2서 73~74 장같은 다른 문헌들에는 왕국의 도래가 점진적인 것으로 묘사되어 있다. 희년서는 율법이 더욱 충분히 연구되고 알려질 때 하나님의 나라가 실현된다고 가르친다.

하나님 나라에 대한 다양한 개념들이 불멸에 대한 견해들에 영향을 주었다. 왕국의 설립이 종말에 살고 있는 사람들의 운명에 관한 것을 다루기 때문에 그들이 살고 있던 시대와 무관하게 의인의 운명에 관한 견해가 점차적으로 발달하였다. 이것은 육체의 부활에 관한 분명한 믿음을 야기시켰다. 죽은 자의 부활이 이사야 26：19과 다니엘 12：3에 분명히 기술되어 있다. 그러나 기독교의 1세기 전에 이 교리에 대한 변조가 일어났다. 『무녀의 신탁』 4권 179~182에서 부활체의 성질에 대한 묘사가 다음과 같이 기술되어 있다. "하나님은 다시금 인간의 뼈와 재를 조합시켜서 이전과 같이 한번 더 육체를 부활시킬 것이다." 이런 종류의 육체는 하나님 나라가 지상의 지복을 이루었던 곳에서 기대되어졌다. 임시적인 왕국이 영원한 나라에 선행될 때 부활은 지상의 나라가 존재하는 최종의 시점에서 발생될 것이다.

11. 메시야 신앙

중간사 시기에는 메시야에 대한 신앙이 특출하게 대두되었다. 죽은 자의 육체적 부활에 대한 신앙과 더불어 메시야의 도래에 대한 신앙도 나타났으며 그는 왕국을 세우도록 하나님이 기름을 부으신 이였다. 이러한 교리가 기독교 이전 세기들에서 특출하였다고 일반적으로 주장되는 반면에 이것은 외경 가운데서 단 한번, 즉 에스드라 2서에서 언급될 뿐이다. 11~13장에서 이 교리는 마치 일반적으로 이해되고 신앙되었다는 듯이 완전히 발전된 형태로 나타난다.

위경문헌에서는 메시야에 대한 이러한 신앙이 보다 많이 언급되어 있다. 묵시록들에서 메시야는 다윗의 씨에서 나온 자로 묘사되어 있다. 그러나 12족장의 유언서에서 독자는 구원이 레위와 유다 양자에게서 나온다는 혼란스런 사상을 만나게 된다. 르우벤의 유언 6：7~12에서 메시야는 레위에게서만 오시는 이로 묘사되고 있는 반면에, 유다의 유언 22장과 24장에서 메시야는 유다로부터 맞이하게 되리라고 한다. 일반적으로 유언들의 주장은 메시야가 꼭 한 지파에서 일어나지 않는다는 것이다. 물론 이것은 메시야의 인적 기원에 대한 구약의 교훈에서 벗어난 것이다.

구약에서의 또 다른 커다란 차이점은 에녹의 유사서(the Similitudes of Enoch, 에녹 1서 37~71장)에 나타난다. 이 문헌에서 메시야는 더 이상 인간이 아니라 요한의 로고스(말씀)처럼 모든 인간보다 먼저 계시고 보다 뛰어나셨던 초월적인 존재로 묘사되어 있다. 이 메시야는 종말에 나타나실 것이며, 하나님을 위하여 통치하실 뿐만 아니라 왕국을 세우시기도 할 것이다. 신약에서 의인, 선택된 자와 같은 칭호와 더불어 그리스도에 의하여 사용되어진 "인자"란 칭호가 에녹 1서 (52:4; 45:1~6 참조)에서 그 기원을 갖는다는 것이 찰스(Charles)의 주장이다. 따라서 어떤 학자들은 이들 묵시문헌들 가운데 많은 책이 때가 차면 나타나실 그리스도를 위하여 유대 백성들을 준비시켰다고 주장한다. 중간사 시기에 있었던 메시야 교리의 발전에 대한 더 이상의 토론을 원한다면 독자들은 외스텔리의 『그리스 시대의 유대인과 유대교 : 기독교의 배경』(The Jews and Judaism during the Greek Period:The Background of Christianity)의 메시야에 관한 장들(10~11장, pp. 137~164) 을 참고하는 것이 좋겠다.

요세푸스가 살았던 독특한 시대는 신약성경이라 일컬어진 27권의 책에 필사되어 증거되고 있다. 이 책들의 저자들 가운데서 오직 한 사람 누가만을 제외한 모든 이들은 유대인이었다. 신약의 종교적 교훈의 주인공이며 핵심인물은 한 유대인, 즉 베들레헴에서 태어나 나사렛에서 자랐고 그의 제자와 선교사로서 12명의 유대인을 선택하였던 예수님이셨다. 1세기 말엽에 가서 유대교와 기독교의 분리가 완전하였을 것이다. 기독교의 신앙을 위한 중요한 자료는 39권의 구약과 27권의 신약이었다. 반면에 유대교의 신학과 신앙은 히브리어 구약과 탈무드로 알려진 저술집에 기초하여 형성되었다. 랍비적 유대교는 에스라와 그의 동시대인들과 함께 시작되고 바리새인들에 의하여 계승되어 그리스도와 사도 시대에는 이 종교의 중요하고 공식적인 형태를 지니게 되었다고 말해질 수 있을 것이다.

탈무드는 A.D. 100년과 A.D. 500년 사이에 발달되었고 두 개의 주된 부분, 즉 미쉬나와 게마라로 구성된다. 미쉬나("암송")는 약 A.D. 200년 경에 완결되었다. 그 자료의 대부분이 기독교 이전 시기와 A.D. 1세기에 기원한 것이다. 신약의 학도들의 특별한 관심을 모으는 것은 "18개의 축도"(Eighteen Benediction)와 "피르케 아봇"(Pirke

Aboth), 혹은 "조상의 교훈집"(Sayings of the Fathers)일 것이다. 유대교와 기독교의 학자들은 똑같이 탈무드와 미쉬나의 연구가 신약의 이해에 대단한 도움을 제공할 수 있었다고 확신한다. 지면의 제한을 받아서 랍비문헌에 대한 것은 한 장도 포함시키지 않았다. 그러나 중간사의 문헌을 완전히 이해하려면 독자는 각주에 제시된 표준 서적들 가운데서 "미드라쉬 문헌"과 "탈무드" 항목을 참고해야 할 것이다. 신약학도들은 1922년과 1928년 사이에 간행된 5권의 주석서를 참고하길 바랄 것이다. 이 책들은 탈무드와 미드라쉬에서 뽑은 자료들을 정리한 것으로 저자인 두 명의 독일 학자 쉬트락(Strack)과 빌레르벡(Billerbeck)은 신약성경의 유대적 배경과 특성을 보다 잘 이해하게 하기 위하여 많은 도해와 유익한 자료들을 제공하고 있다.

제 三 부

중간사시대의 유대문헌

제 11 장

히브리어 구약성경의 헬라어역

예레미야 시대 이후부터 유대인의 한 식민지가 애굽에서 정착하였음이 항상 발견되어 왔었다. B.C. 587년 예레미야를 강제 동반하여 애굽으로 도피한 자들은 옙(Jeb), 혹은 엘레판틴에 세워진 군사적 식민지를 이끌어간 후예들의 조상들이었을 것이다. 그들은 B.C. 525년 보다 얼마 전에 신전을 건축하였다. 알렉산더 대제가 알렉산드리아를 건설하였던 B.C. 332년은 애굽의 그리스의 식민지 작업에 있어서 가장 중요한 시기였다. 이 때부터 유대인들은 이 거대한 상업과 문화의 중심지에서 중요한 역할을 수행하였다. A.D. 1세기 경 애굽에는 거의 1백만의 유대인이 거주하였으며, 알렉산드리아의 5개 구 가운데서 2개가 유대인의 구역으로 알려졌다.

유대인들은 이곳에서 헬라어를 사용하였는데 그들은 곧 팔레스틴에서 사용하던 아람어를 잊어버리고 대부분이 헬라어를 사용하였다. 유대인들이 구약을 사용하게 될 경우에는 번역본이 필요하게 되었다. 히브리어가 상용어로 살아있지 못하자 팔레스틴과 바벨론에서 아람어 탈굼이 필요하였던 것과 마찬가지로 애굽의 유대인들에게도 성경의 헬라어 번역본이 필요하게 되었다. 히브리어 구약의 헬라어 번역본인 70인경(Septuagint, LXX)은 헬라화된 유대인 문학의 뛰어난 산물이라고 말해질 수 있을 것이다. 70인경은 한 개인의 번역활동의 산물이 아니었다. 그것은 히브리어 구약의 24권을 코이네 헬라어(Koine Greek)로 번역하는데 1백년 이상을 종사한 많은 사람들의 각기 다른 노력의 산물이었다. 이 번역본의 내용이 유명한 알렉산드리아 도서관에 히브리 성경의 사본을 추가하기 위한 것보다는 유대인 민중의 요구를 이루기 위하여 70인경이 번역되었음을 보여주는 것 같다.

구약이 외국어로 번역된 가장 오래되고 완전한 번역본이 나오게 된 상황은 잘 알려져 있지는 않다. 다만 B.C. 3세기에 알렉산드리아에서 이루어졌다는데 여러 고대의 기록들이 일치하고 있을 뿐이다. 번역에 사용된 언어는, 번역자들이 애굽에 살던 유대인들이었으며, 창세기와 출애굽기의 70인경 본문의 인용이 B.C. 200년 이전의 그리스 문헌에서 발견된다는 것을 증거해준다.

70인경의 기원에 대한 가장 오래되고 가장 낭만적인 이야기가 어떤 필로크라테스(Philocrates)에게 보내진 『아리스테아스의 편지』(Letter of Aristeas)에 묘사되고 있다.[1] 이 편지에 따르면 왕 프톨레미 2세 필라델푸스(B.C. 285~246)가 그의 도서관장인 데메트리우스 팔레루스(Demetrius Phalerus)의 제언에 따라 알렉산드리아 왕립도서관에 유대인의 토라, 혹은 율법책을 비치시키라는 명령을 내렸다. 애굽 왕의 요청에 따라 각 지파에서 6명의 장로들을 선발하여 보냈으며 그들은 매일 각자에게 할당된 부분을 번역하여 72일만에 완성시켰다. 이들은 매일 저녁마다 모여서 각자가 한 번역을 비교하여 모두의 번역이 일치하도록 하였다. 후에 기독교 작가들은 이 이야기를 미화하였다. 그리하여 보다 후에 출간된 이 이야기는 72명의 서기관이 각자의 독방에서 번역하여 동일한 번역에 도달하였다고 주장한다. 이미 필로(Philo)의 시대에 이렇게 수정된 전설이 널리 전해졌다.

현대의 70인경 학자들은 『아리스테아스의 편지』에 실린 구약의 헬라어 번역에 대한 이야기를 받아들이지 않는다. 1세기의 역사가인 요세푸스는 그의 『유대고대사』(XII, 2, 1~13)와 『아피오넴에 반대하여』(Contra Apionem)에 이와 유사한 이야기를 수록하고 있는데 이것은 아마도 그가 『아리스테아스의 편지』에서 따온 것 같다. B.C. 125년 경에 쓰여진 『아리스테아스의 편지』는 비역사적인 내용에도 불구하고 유용한 면이 있다. 아리스테아스 이야기는 그 번역본이 필라델푸스의 때에 이루려는 것이 불가능하였을 것이라는 불확실성을 말하고 있다. 팔레롬의 데메트리우스는 프톨레미 2세 필라델푸스의 치세 때는 도서관장이 아니었다. 필라델푸스는 왕위에 오르자 데메트리우스가 애굽 왕에 다른 사람을 지지하였다는 이유로 추방하였다. 또 다른 오류는 왕을 방문한 유대인 사신을 위한 왕의 연회에 에레트리아의 메네데무스(Menedemus)가 참석하였다고 묘사하고 있는데 실제로 메네데무스는 프톨레미 1세의 통치가 끝나기 2년 전에 사망하였었다.

모세오경(Pentateuch)은 의심할 바 없이 번역된 히브리어 구약의 앞부분에 있었는데 그 이유는 유대인이 보기에 모세오경은 구약의 가장 중요한 부분이라고 여겨졌기 때문이었다.[2] 회당의 예배에서 다른 어려운 책들은 단지 부분적으로 낭독된 반면에 그 책은 3년 동안 계속 낭송하도록 된 계획(triennial lectionary plan)에 따라 안식일마다 계속하여 읽혀졌다. 아마도 처음에는 각각 다른 모세오경의 번역본이 여러개 있었을 것이다.

히브리어 구약을 헬라어로 새롭게 번역하는 것이 유대인을 위하여 필요하였으며 아킬라(Aquila)가 이것을 위하여 착수하였다. 원래는 그리스도인이었다가 유대교로 개종한 그는 A.D. 2세기 초반에 살았다. 그의 번역은 새롭게 정리된 히브리어 사본을 따랐을 뿐 아니라 히브리어를 독창성이 없는 문자 그대로 번역하였기 때문에 거의 헬라어라고 부를 수가 없었다. 각개의 단어들은 헬라어이면서도 헬라어 구문법과 작문법에 따라 배열되지가 않았다. 그의 번역 가운데 흥미있는 한 가지는 이사야 7 : 14인데 그곳에서 그는 히브리어 "알마"(almah)를 헬라어 "파르테노스"(partenos, '처녀') 대신에 "네아니스"(Neanis, '젊은 여인')로 번역하였다. 70인경은 파르테노스로 번역하며 마태복음 1 : 23에 나타난대로 기독교적 해석과 조화를 이루었다.[3]

A.D. 2세기 말엽 또 다른 유대교 개종자인 테오도티온(Theodotion)은 또 다른 구약의 헬라어 역본을 내어놓았다. 테오도티온은 새로운 번역을 시도하지 않고 기독교 이전 시대에 나왔던 헬라어 역본을 A.D. 100년의 새 표준 히브리어 사본에 따라 개역한 것으로 믿어진다. 테오도티온의 다니엘서 역본은 Greek Bible의 다니엘서를 위한 표준문서로 채용된 역본이기도 하다. 다니엘서의 70인 역본 중에서 지금까지 남아 있는 필사본은 오직 두개 뿐으로 초서체 87(A.D. 9~11세기, 로마의 Chigi 도서관에 소장)과 체스터 비티 파피루스(Chester Beatty Papyri, A.D. 3세기)가 있다.

테오도티온 이후의 또 다른 히브리 구약성경의 헬라어 역본은 에비온파(Ebionites)라는 유대인의 기독교 종파에 속한 심마쿠스(Symmacus)에 의하여 번역되어졌다. 아킬라의 번역방식과는 대조적으로 심마쿠스는 숙어적(idiomatic) 헬라어 역본을 만들고자 노력하였다.

　70인경은 히브리 구약성경의 본문연구를 위하여 가치있는 번역으로 간주된다. 파이퍼(Pfeiffer)는 많은 경우에서 70인경은 히브리어 사본들보다 더 믿을 만하고 더욱 오래되었다고 주장한다. 그러나 70인경을 사용하는 본문비평주의 학자들은 70인경의 본문을 담고 있는 초기의 필사본이 존재하지 않는다는 사실을 하등 문제삼는다.[4] 70인경의 모든 현존하는 필사본들은 그리스도인들에 의하여 필사되었으며 기독교회 내에서의 사용을 위하여 준비되었다. 파이퍼는 엄격히 말하면 기독교 이전 시대와 초대 기독교 시대의 70인경은 그 실체가 알려져 있지 않다고 말한다. "일반적으로 이런 일이 받아들여지고 있을지라도 헬라어 성경의 인쇄본이나 심지어 필사본으로 보존된 헬라어 사본을 70인경으로 말하는 것은 무비판적인 행동이다."[5] 로버츠(Roberts)는 기독교 시대 이전에 70인경의 한 사본이 표준화되었고, 이것은 그리스도인들에 의하여 그들의 교육적이며 선교적 프로그램 가운데 사용되고 필사되었다는 이론을 제시한다. 따라서 이러한 일의 결과로 다른 다양한 번역본들이 사라졌다는 것이다.

　70인경에 대하여 말할 때면 주의할 사항이 있다. 어떤 현대학자들은 70인경을 단일한 작품으로 주장하거나 언급하는 것은 하나의 허구(fiction)라고 주장한다. 그들은 그것이 많은 사람들에 의하여 독립적으로 번역된 많은 책들의 다양한 번역본들의 결집(collection)이며, 지금도 보존되어 있지 않은 독립적인 번역본들이 있었다고 주장한다. 혹자가 이러한 주장을 채용하거나, 혹은 그렇지 않더라도 70인경이 한 번역자의 작품이 아니라는 것은 확실하다. 따라서 맥켄지(McKenzie)는 이렇게 쓰고 있다.

　　분명히 번역이 단일한 지도 아래서 실시되었다고 주장할 불가피한
　　이유는 없다. 유대인들이 가장 귀하게 여기는 구약의 일부로서 모세
　　오경이 제일 먼저 번역되었으며 이것이 의식에서 사용되기 위하여
　　되었으리라는 추정은 매우 타당한 것이다. 적어도 다른 책들 가운데
　　서 몇 책이 사적인 번역으로 나타났을 것이다.[7]

　박카리(A. Vaccari)는 히브리 원본의 한 번역으로서 70인경의 여러

제11장 히브리어 구약성경의 헬라어역 *111*

책들을 분석하여 다음과 같은 결론에 도달하였다. 아가서와 전도서는 히브리어 성경에 대한 모방이 대단하며, 시편과 선지서(다니엘 제외)는 문자적이고, 모세오경과 역사서는 충실하며, 욥기와 잠언, 다니엘, 에스더는 의역이거나 제멋대로이다. 헬라어 어법의 관점에서 평가해보면 잠언이 최상이고 모세오경과 여호수아, 이사야는 평범하며, 다른 책들은 열등하다. 히브리어 본문에 대한 이해도를 평가해보면 모세오경이 최상이고, 이사야와 소선지서, 잠언은 최하이다. 박카리의 분석에 따르면 전체 70인경의 번역은 하나의 번역으로서는 잘 되어진 것이 아니며 어떤 관점에서 보면 불충분하다.[8] 이 번역 사업은 현대의 번역가들이 사용하는 현대적인 도구들, 즉 사전류, 문법서, 성구사전류, 그리고 학자들이 쓴 주석들을 갖지 못한 개인들에 의하여 된 것이며, 따라서 그들은 히브리어에 대하여 매우 정통하다거나 헬라어에 대한 그들의 지식이 풍부하지 못하였다.

열왕기는 "5명의 각기 독특한 특징을 지닌 다른 번역자들의 작품임을 반영하며 여기에는 사무엘상과 사무엘하 1:1~11:1; 11:1~열왕기상 2:11; 2:12~12:43; 22:11~11; 22:1~열왕기하를 포함하고 있다." 독자들은 쉽게 차이점들을 발견할 수 있다. "헬라어 성경의 욥기는 맛소라 사본보다 6분의 1이 더 짧아 누락될 구성들이 있는데 이것들은 70인경의 최신판인 테오도티안 번역에서 보충을 받는다." 잠언의 헬라어 성경은 히브리어 성경과 비교해볼 때 상당한 변질이 있다. 이 사실은 "잠언은 …… 자유스런 번역이 문자적으로 충분하지 않다고 느낀 개역자를 통하여 상당히 확대되어졌으며 … 이 중어적(doublet) 번역들이 첨가되었다"라는 것을 말한다. 전도서의 본문은 대단히 문자적이며 무미건조하고 아킬라 번역의 영향을 받은 것처럼 보인다.[9] 70인경의 에스겔은 매우 문자적이며 히브리어가 충분히 이해되지 않았고 이따금 왜곡되었음을 보여준다.

헬라어 성경의 예레미야는 키텔(Kittel)의 『비블리아 헤브라이카』(*Biblia Hebraica*)에 실린 현재의 히브리 본문과 현저하게 차이가 나는 사본에 기초하여 번역되었다. 70인경의 본문에는 2,700개가 못되는 단어들이 사용되었는데 장의 배열도 차이가 난다. 70인경의 다니엘은 지금은 두개의 사본만이 쓸만하다. 때문에 초대 그리스도인들은 "2세기 초까지, 기록연대가 고대 것이 아니면 다니엘서의 테오도티안 이

전 사본(Ur-Theodotian text)을 대신 사용하였음에 틀림없다."어떤 학자들은 헬라어로 된 다니엘의 각기 다른 두 사본이 나란히 존재하였으며 테오도티안에 수록된 것은 11세기의 Chigi 필사본과 967/968년의 Chester Beatty에서 발견되는 어느 한 사본을 편애하여 필사된 것이다. 헬라어의 이사야는 그것이 신약에 인용되었고 유대교와 기독교의 변증론에 중요한 역할을 수행하였기 때문에 학자들에 의하여 특별히 연구되어온 주제였다. "이 번역은 매우 자유스러우며" 맛소라 사본의 본문 비평을 위한 목적에는 쓸데가 없다.[10]

맥켄지는 "70인경이 유일한 번역은 아니며 구약의 최초의 해석일 뿐이라"고 주장한다. 그리스도 탄생 전 수세기 동안 구약의 초기 책들에서 발견되는 신인동형동설(anthropomorphisms)와 신인동정동설(anthropopathisms)을 제거하는 경향이 있었다. 따라서 "손"은 "권세"로 되었고 "반석"은 "도움"으로 되었다.[11]

대부분의 70인경 학자들은 70인경을 번역시에 사용하였던 히브리어 사본은 오늘날 알려진 맛소라 사본이 아니었다고 주장한다. 70인경과 맛소라 사본 사이의 차이점들은 번역상의 오류나 필사자의 실수에서 기인된 것이 아니라고 주장한다. 게만이 주장하기를 "70인경은 맛소라 이전의 히브리어 사본을 대변하고 있으며 따라서 이 역본은 본문과 해석의 연구에 중요한 것이다"라고 한다.[12] 따라서 70인경은 맛소라 사본을 교정하기 위한 기계적 방법으로 사용되어서는 안된다.

70인경이 사용한 히브리어 사본의 성격은 쿰란에서 발견된 약간의 필사본으로부터 찾아볼 수 있을 것이다. 이 필사본들은 70인경에는 있으나 맛소라 사본에는 없는 약간의 히브리어 사본의 단편들을 포함하고 있다. 학자들은 일반적으로 쿰란의 필사본에 근거하여 기독교 이전의 수세기 동안에 히브리어 사본의 상이한 몇 개의 형태가 팔레스틴에 있었다고 주장한다. 그리고 이것이 70인경이 기초한 것과 유사하다고 믿고 있다. 나아가 쿰란에서 발견된 필사본을 원 맛소라 사본(proto-Massoretic), 즉 키텔의 『비블리아 헤브라이카』로 인쇄된 현재의 히브리어 성경의 선구자로 분류되어야 한다고 한다.[13] 70인경의 본문을 담고 있는 쿰란의 맛소라 사본은 히브리어로 된 사무엘서의 부분을 담고 있는 약간의 단편들이다.

제11장 히브리어 구약성경의 헬라어역

로마 가톨릭 학자인 프레인(Fraine)은 본문비평에 있어서 70인경을 사용하는데 대하여 다음과 같이 경고한다.

> 물론 70인경의 배후에 담겨진 히브리어 사본을 재구성함에 있어서는 대단한 주의가 기울어져야 한다. 이 헬라어 번역본이 조잡할수록 이 목적을 위하여는 70인경이 더욱 유용하게 될 것이다. 그러나 이것이 이러한 목적을 위하여 안심하고 사용될 수 있다는 것은 **쿰란**에서 발굴된 성경 사본 가운데서 히브리어의 유사한 유형들이 발견될 때에만 쉽사리 정당화된다. 물론 단순히 70인경이 기독교 시대의 2세기 전에 번역되었다는 이유 때문에 그것이 기독교 시대의 초기에 공식적으로 표준 사본이 된 맛소라 사본(MT)보다 더 오래되고 따라서 더욱 좋은 사본을 간직한다고 의미하지는 않는다.[14]

프레인은 일반적인 맛소라 사본이 70인경이 근거한 필사본에 보다 더 원문에 가깝다고 설득된 셈이다. 쿰란의 필사본이 발견되기 이전에 케년(Kenyon)은 히브리어 사본과 70인경의 관계에 대하여 이렇게 기술하였다.

> 어떤 학자들은 결과적으로 유대인들에게 받아들여진 것과 또 다른 히브리어 사본을 70인경이 말한다고 주장한다. 70인경의 현존하는 필사본들이 가장 오래된 히브리어 필사본보다 몇 세기 앞선 것이라고 해서 70인경이 원 히브리어 성경을 위한 우리가 가진 최선의 증거라고 주장된다.[15]

그러나 다른 학자들은 70인경의 번역자들이 당시에 사본을 소유한 자유를 지녔던 훌륭한 히브리 학자들이 아니었다고 주장한다. 맛소라 사본의 70인경이 히브리어의 정경적 사본을 가장 잘 대변해주는가란 질문에 정확하게 대답하는데 있어서 이 두 가지 주장 가운데서 어느 것이 옳은지를 판별하는 것은 지금은 어렵다. 70인경의 맛소라 사본이 구약의 원본을 대변하는지 아닌지에 대하여 오를린스키(Orlinsky)는 이렇게 말한다.

70인경이 현재 사용되는 히브리어 성경이 보여주는 읽기와 다른 히브리어 읽기를 보여주거나 혹은 보여주는 것 같을 때, 오직 하나만이 원래의 읽기일 수 있다는 두 가지의 선택적인 사본이 있는 것이 아니라 70인경은 단순히 해석이듯이 하나의 읽기가 있다고 가정하는 것이 타당할 것이다.[16]

헬라어의 구약은 히브리어의 구약 정경과 그 내용과 배열에 있어서 차이가 있다. 히브리어 성경은 세 가지 구분으로 되어 있다. 즉, 1) 율법서(모세오경), 2)선지서, 이를 세분하면 a) 전선지서로서 여호수아, 사사기, 사무엘, 열왕기로 이루어졌고, b) 후선지서로는 이사야, 예레미야, 에스겔, 그리고 12 소선지서, 3) 케투빔(Kethubim), 혹은 성문서(Hagiographa)로서 시편, 욥기, 잠언, 에스더, 전도서, 애가, 룻기, 역대기, 에스라-느헤미야, 다니엘로 모두 24권으로 구분된다. 헬라어 구약성경은 알렉산드리아에서 읽혀졌고 히브리 성경의 24권과 함께 출판된 것이 분명한 소위 외경을 여러권 포함하고 있다. 이 외경들은 에스드라 1서(얼마의 구절이 첨가된 역대기와 에스라-느헤미야의 또 다른 번역), 에스드라 2서(정경상의 에스라-느헤미야임), 지혜서, 집회서, 유딧, 토비트, 바룩, (어떤 필사본에만 있는) 마카비의 4권의 책들이다. 이 외경들은 히브리어 정경을 수납한 제롬(Jerome)에 의하여 헬라어에서 라틴어로 번역되었다. 그러나 그는 이 외경들을 그가 발행한 벌게이트 번역본(the Vulgate translation)의 기초로서 인정하지는 않았다.

루터(Luther)는 히브리어 정경을 좇았으며, 영어성경의 번역자들은 루터를 따랐고, 그 결과 히브리어 정경과 일치하는 영어성경은 외경을 배격하였다.

어떤 헬라어 성경들은 알렉산드리아 사본(Codex Alexandrinus)의 말미에서 발견되는 솔로몬의 시편과, 신약의 유다에서 인용된 에녹서, 그리고 에스드라 4서와 같은 책들을 포함하고 있다. 그러나 이러한 책들은 일반적으로 히브리어 성경의 한 부분으로 생각되지는 않는다. 헬라어 성경에서는 율법과, 선지서, 성문서라고 하는 세 가지 구분이 발견되지 않는다. 초기의 필사본들 가운데는 세부적인 면에서 차이점들이 있기는 하지만 항상 역대기와 에스라, 느헤미야는 4권의 이스라엘 역사서에 첨가되며, 예레미야와 다니엘(역시 수산나와 '벨과 용'을 포함하는) 뒤에 나오는 애가와 바룩은 세개의 대선지서와 함께 한 그룹을 형성한다. 성문서(집회서와 지혜서, 유딧, 토비트를 포함하는)는 벌게이트와 영어성경들에서와 마찬가지로 항상 선지서들 앞에 배열된다.

70인경은 알렉산드리아의 성경이라고 생각될 수 있으며 이것이 결과적으로는 헬라어를 사용하는 세계에 배포되었고 따라서 헬라어를 사용하는 기독교회에 의하여 채택되었다. 유대인들은 계속하여 팔레스틴과 바벨론에서 확정된 보다 작은 정경을 사용하였다. A.D. 1세기의 역사가인 요세푸스는 헬라어 신약의 저자들이 하였던 것과 마찬가지로 24권으로 된 정경을 따랐다. 그 이유는 비록 유다서에서 에녹서를 언급하는 것처럼(유 14~15절) 신약성경이 외경이나 정경상의 성경에서 발견되지 않는 말씀들에 대한 언급을 성경으로서 포함할지라도 외경의 어떠한 책에 대한 인용이 신약에서 전혀 발견되지 않기 때문이다.

시간이 경과됨에 따라 70인경은 많은 변화를 가져오는 수난을 당하였고 그 결과 A.D. 3세기에 오리겐(Origen)은 70인경의 본문에 대한 방대한 비평작업을 수행하기도 하였다. 원래의 히브리어 성경과 헬라어 번역본의 정확한 관계를 강조하기 위하여 그는 『헥사플라』(Hexapla)라는 두 본문을 병행시킨 성경을 발행하였다. 이것은 다음과 같은 6개 성경을 병행시킨 6개 칼럼(column)으로 되어 있다. 즉, 1. 히브리어의 성격을 나타내는 히브리어 사본, 2. 헬라어의 성격을 나타내는 히브리어 필사본, 3. 아킬라의 번역본, 4. 심마쿠스의 번역본, 5. 70인경 본문, 6. 테오도티온의 번역본. 오리겐은 70인경의 최초의 순전성을 회복시키고 그것이 히브리어 성경과의 관계를 규명하기 위하여 70인경을 개역하고자 시도하였다. 그는 알렉산드리아의 학자들이 세속문헌들에 사용하였던 비평상의 부호를 채용하였다. 그는 히브리어 성경에 나타나지 않는 구절에는 오벨루스(obelus, ― 혹은 ÷)를, 그리고 70인경에는 없지만 히브리어 성경에는 있는 구절에는 아스테리스크(asterisk, ✱)를 붙여서 표시하였다. 메토벨루스(metobelus)는 오벨루스나 아스테리스크가 붙여진 구절들의 길이를 지적하기 위하여 구절의 끝에 붙여졌다.

오리겐의 『헥사플라』는 6,500페이지에 달하는 것으로 추정되고 있다. 이 책의 원본은 팔레스틴의 가이사랴 도서관에 보관되었다. 제롬은 그것을 소유하고자 타협하였으나 A.D. 6세기까지는 접근이 가능하였던 듯이 보이지만 A.D. 7세기에 사라센족이 이 성읍을 점령하였을 때 분실되었다. 오리겐의 성경은 일반적으로 육주식 고정본(六株式 固定本, Hexaplaric Recension)이라 불리우며 상당히 많은 필사본들이 비록 전체가 아니라 최소한 일부분이긴 하지만 그것을 보존하고 있다.

또 다른 두 명의 고대학자들이 70인경의 비평판을 발간하였다. 4세기에 알렉산드리아 학자 헤시키우스(Hesychius)가 70인경을 개역하였으며 그의 고정본은 애굽에서 널리 유포되었다. 동일한 시대에 안디옥의 루시안(Lucian)도 헬라어를 원래의 히브리어 성경에 보다 가깝게 하려는 노력 가운데 유사한 고정본을 발행하였다. 루시안 고정본은 안디옥과 콘스탄티노플에서 채용되었다.

70인경의 전체나 혹은 부분을 담고 있는 많은 필사본들이 현존하고 있다. 1827년 홀메스(Holmes)와 파슨스(Parsons)는 그들이 출판하기 위하여 타협한 300개 이상의 필사본의 목록을 제시하였다. 그리고 그 이후로 많은 새로운 필사본들이 발견되었다. 이 가운데서 가장 잘 알려진 것은 A.D. 4~5세기의 알렉산드리아 사본(Codex Alexandricus; A)과 A.D. 4세기의 바티칸 사본(Vaticanus; B), 1844년부터 1859년 사이에 티쉔도르프(Tischendorf)가 발견한 A.D. 4세기의 시내 사본(Sinaiticus)이 있다.

이 필사본들 외에도 애굽의 모래밭이 보존을 가능하게 하였던 파피루스를 추가시키는 것이 필요하다. 대부분의 파피루스는 단편적이지만 상당히 긴 것들도 있다. 릴란드 파피루스 458(Rylands Papyrus 458)은 신명기의 단편들을 수록하고 있는데, A.D. 2세기 중엽의 것으로 연대가 추정된다. 체스터 비티 파피루스는 모든 11개의 파피루스 사본으로 된 하나의 결집인데 이 가운데 두개의 창세기 필사본의 단편들과, 민수기와 신명기의 하나, 이사야의 하나, 예레미야의 하나, 에스겔과 다니엘, 에스더를 수록한 하나, 집회서의 하나가 있다. 체스터 비티 파피루스 961과 962(A.D. 3세기 후반)와 베를린 파피루스 911(A.D. 3세기 후반)은 바티칸 사본이나 시내 사본 보다 더 완전한 창세기의 본문을 보존하고 있다.

사해 두루마리 가운데서 소선지서의 헬라어 역본의 나머지는 가죽에 기록된 채 발견되었다. 이것은 1952년 키르벳 쿰란(Khirbet Qumran)에서 발견되었는데 미가와 요나, 나훔, 하박국, 스바냐, 스가랴의 내용들을 담고 있다. 로버츠(C.H.Roberts)는 그것들을 B.C. 50년에서 A.D. 50년 사이로 연대를 추정한다.[17] 바델미(D. Barthelmy)는 1세기 말의 연대를 주장하면서 발견된 번역본은 독립된 사본이기 보다는 고정본이라고 결론짓는다.[18]

1. 70인경의 중요성

70인경은 여러 가지 이유로 중요하다. 만일 70인경이 히브리어 성경의 원본에 대한 또 다른 번역이 사실이라면 70인경 사본의 회복은 구약의 본문비평에 중요한 일이다. 『표준개정역』(Revised Standard Version)과 『신영어성경』(New English Bible)은 이 두 번역성경의 저자들이 흠정역자들(King James translators)이 결코 받아들이려 하지 않았던 읽기들을 선택함에 있어서 얼마나 크게 70인경 사본에 의존하였는지를 보여준다.

70인경의 중요성에 대한 또 다른 이유를 베버스(Webers)는 이렇게 진술하였다.

> 그러나 70인경은 그 자체로서 중요하다. 그것은 하나의 번역문서로서 대부분이 원본에 기초되어 있지만 특별히 이러한 책들에 있어서는 그 해석이 원문에 구속을 받지 않는 점들도 있다. 따라서 그것은 알렉산드리아의 유대인들의 신학적이며 윤리적인 개관을 이해하는데 가치있는 자료가 된다. 아리스테아스 서사시(Aristeas legend)의 저자에 의하여 배격된 많은 모습들이 70인경의 일부 역자들, 그 중에서도 특히 이사야서를 헬라어로 번역한 저자와 분명히 일치된다.[19]

또 하나 강조해야 할 점은 70인경이 신약을 해석하는데 크게 기여하고 있는 점이다. 헬라어로 구약성경은 신약의 저자들에 의하여 채용된 사상의 세계와 어휘들을 제공해준다. 신약의 종교적인 용어들은 궁극적으로 헬라어 세계에서 유래된 것이 아니라 70인경의 헬라어를 통하여 전달된 구약의 히브리어에 유래된 것이다. 키텔(Kittle)의 『신약신학사전』(*Theologisches Wörterbuch zum Neuen Testament*)의 이용자는 신약연구를 위한 70인경의 중요성과 가치를 곧 발견할 것이다.

제 12 장

사해동굴에서 발견된 문헌들

1947년부터 지금(1975년)까지의 28년은 중간사 문헌에 대한 괄목할 만큼 새로운 자료들을 추가시켜주었다. 유대교와 기독교에 있어서 커다란 중요성을 지닌 놀랄 만한 고고학적 발견이 사해의 서안을 들어가는 계곡의 동굴들에서 있었다. 각기 다른 다섯 곳에서 발견된 필사본들은 쿰란의 공동체 자체에 환한 빛을 던져줄 뿐 아니라, 당시의 사고와 성경본문의 특성, 예수 그리스도께서 전파하셨고 기독교회가 형성되었던 성경해석의 발생배경, 당시 역사의 다양한 면모들에 대한 가치있는 정보를 제공해준다.[1] 어떤 것은 팔레스틴의 역사상 페르샤 왕의 통치 기간에 대한 새로운 빛을 던져준다. 사해 동굴들의 발견은 팔레스틴과 근동의 고고학 가운데서 중추적인 발견을 이룬다.

"사해 두루마리"란 용어는 1947년 이래로 사해의 몇 계곡에 위치한 동굴들에서 발견된 많은 문헌들을 말하는 포괄적인 명칭이다.[2] 1952년에 한 무더기의 파편들이 비잔틴 왕조의 폐허가 있던 키르벳 미르드(Khirbet Mird)에서 발견되었다. 이 자료들에 수록된 언어는 헬라어와 히브리어, 팔레스틴의 아람어, 아랍어이며 그것들의 기원은 기독교 시대의 5세기와 8세기 사이로 연대가 추정된다.

사해에서 발견된 두번째 자료의 무더기는 1951년 헤브론 동편의 사해로 들어가는 와디 다라야(Wadi Darajah) 지방의 한 곳인 무라바아트(Murabba'at)의 두개의 동굴에서 발견되었다. 그것들의 연대는 로마의

제 12 장 사해동굴에서 발견된 문헌들 *119*

통치 기간으로 올라가며, 대부분의 문서들은 바르 코흐바(Bar Kochba)에 의하여 A.D. 131~135년에 일어났던 제2의 유대인 반란과 관계있는 것들이다. 상당한 문서들이 거짓 메시야인 바르 코흐바의 군대로부터 피신한 유대인들에 의하여 남겨졌다. 무라바아트 제1 동굴과 제2 동굴은 A.D. 1세기와 2세기에 기록된 단편적인 성경 구절의 다수를 보존하였는데 그것은 히브리어와 아람어로 된 약간의 법적 문서들과 바르 코흐바가 발송한 두개의 편지, 약간의 기타 문서들이었다. 1955년 무라바아트 근처의 조그만 바위 틈에서, 쿰란에서 발견된 소선지서의 사본과는 달리 잘 보존된 소선지서의 사본이 발견되었다. 그것은 전통적인 사본과 실제적으로 일치하는 것이다.

1962년 이른 봄 예루살렘 구도시에 아랍인들이 여리고 북쪽으로 잘 못 전해진 요단강의 절벽에 있는 한 동굴에서 문서들을 발견하였다는 소문이 전해졌다. 미국동양연구학회(American Schools of Oriental Research)는 여리고 북쪽 8마일 떨어진 무가렛 아부 쉬녜(Mugharet Abu Shinjeh)를 향한 이 동굴을 탐사하였다. 두번의 원정(1963년 1월과 1964년 2월)에 의하여 40개의 문서가 타아미레족으로부터 양도되었다.[3)] 그것들은 B.C. 331년에 알렉산더 대제의 로마군인들이 진주하기 전에 도피한 사마리아의 한 귀족이 운반해온 것이었다. 그 동굴로 피신하였던 무리들은 그곳에서 학살당하였다. 이들 아람어 파피루스들의 연대는 B.C. 375~335년으로 추정된다. 그것들은 아람어로 쓰여졌으며 그 중 두개는 옛 히브리어(Paleo-Hebrew)로 쓰여졌다.

팔레스틴에서 가장 먼저 발견된 이 파피루스들은 금석문학연구가(epigraphist)와 팔레스틴의 역사를 연구하는 역사학자들에게 매우 흥미있는 것이었다. 그것들은 성문화된 자료가 없던 시기에 대하여 빛을 비춰주었다.

또 다른 그룹의 문서들이 1960년과 1961년 엔 게디(En Gedi)의 남쪽 유대 광야에 있는 나할 헤버(Nahal Hever, Wadi Khabrah)와 나할 세엘림(Nahal Se'elim, Wadi Seiyal)에서 탐사 중이던 히브리 대학의 고고학자들에 의하여 발견되었다. 1960년 "두루마리의 동굴"이라 불리운 하나의 동굴이 나할 세엘림에서 발견되었는데, 이곳은 바르 코흐바의 시대에 누군가가 그곳에 거주하였다는 증거가 되었다. "편지의 동굴"이라 불리운 나할 헤버의 다른 동굴은 바르 코흐바 자신이 쓴 시편의 단편들과 15개의 파피루스를 보존하고 있었다. 그 이듬 해인 1961년 50 또는 60통의 편지들이 더 발견되었다.

와디 쿰란의 한 동굴에서 발견된 다섯번째 그룹의 자료들은 이따금 "사해 두루마리"(The Dead Sea Scrolls)로 불리워진다. 이 두루마리들은 앞에서 열거한 발견들과는 전혀 관계가 없는 것들이다. 4천개 이상의 단편들이 1947년부터 지금까지 조사되었던 259개 중의 각기 다른 11개 동굴에서 발견되었다. 학자들은 그것들의 연대를 B.C. 200년 부터 A.D. 70년까지로 추정하고 있다. 쿰란의 필사본과 자료들은 가죽과 파피루스, 동판들로 되어진 것이다.

크로스(Frank Cross)는 쿰란에서 발견된 필사본들의 연대를 다음과 같이 크게 셋으로 분류한다. 즉, (1) 고대의 기간, 약 B.C. 200~150년, (2) 하스모니안 왕조 기간, 약 B.C. 150~130년, (3) 헤로디안 왕조기간, 약 B.C. 30~A.D. 70년. 크로스에 따르면 필사본의 대부분이 하스모니안과 헤로디안 왕조 기간에 필사된 것이라고 한다. 어떤 동굴에서는 대부분의 사해 두루마리를 기록하기 위하여 고용된 사람이 아닌 다른 어떤 서기관이 복사한 단편들을 보존하였는데 이것들은 양피지나 파피루스의 단편 위에 되어진 것이며, 고문서학자들은 B.C. 3세기나 4세기에 기록된 것으로 연대를 추정한다.

유대교와 기독교의 학자들에게 유용한 필사본들은 성격에 있어서 부분적으로 구약성경 시대적인 것과 중간사 시대적인 것이 있다. 현재 유용한 성문화된 자료의 상당수는 특별히 제1, 제4, 제11 동굴에서 발견된 것들이다.5)

제1 동굴은 최초의 두루마리들을 전해주었다. 제1 동굴은 주거하기에는 너무 좁았으며 아마포로 싸고 토기(terracotta jar)에 넣은 두루마리들을 보관하는 저장고로 사용되었다. 이 동굴에서 일곱 개의 원어 사본과 70개의 번역본의 단편들이 발견되었다. 타아미레족의 두 목동이 우연히 잃어버린 염소들을 찾아 이 동굴에 들어갔었다. 제1 동굴에서 발견된 중요한 필사본들은 하나는 전체를 담고 있고, 하나는 부분을 담고 있는 두개의 이사야 번역본과 『하박국 주석』, 『공동체 규칙』(Rule of the Community)이 있다. 완전한 이사야 두루마리와 함께 뒤의 두 필사본들은 예루살렘에 있는 수리아계 수도원의 대주교의 소유가 되었다. 그에 의하여 이 필사본들을 책으로 간행한 미국동양연구학회에 넘겨졌다. 이 동굴에서 발견된 다른 필사본은 예루살렘에 있는 히브리 대학의 수케닉 박사(Dr. Sukenik)에 의하여 입수된 것으로서 이사야의 단편적 사본과, 어떤 종파가 결집한 감사의 시편(히브리어로는 **호다옷**—hodayoth), 역시 『전쟁 두루마리』(*War Scroll*)로 알려진 소위 『빛의 자녀와 어두움의 자녀 사이의 전쟁사』(*Order of the War between the Children of Light and the Children of Darkness*)라는 문헌이다. 제1 동굴에서 발굴된 첫번째 필사본은 처음에는 『라멕의 묵시록』(*Apocalypse of Lamech*)으로 잘못 명명된 『외경 창세기』(*Genesis Apocryphon*)란 책이다. 이것은 나쁜 상태로 보존된 두루마리의 파편으로 창세기에 대한 아람어 탈굼으로 예비판명된 것에 근거한 명명으로 셈계 학자들에게 팔레스틴의 아람어 연구에 보다 유익한 도움을 주고 있다. 이 일곱 편의 두루마리는 현재 이스라엘의 예루살렘에 보관되어 있다. 같은 동굴에서 성경과 외경, 제의적이며 묵시적인 주제들을 다루는 70개의 단편들이 나왔다. 제1 동굴의 단편들 가운데 구약에 관한 것으로는 미가, 스바냐, 시편에 대한 주석들과, 외경에 관한 것으로는 희년서와 레위의 유언, 노아서의 부분들이 포함된다. 쿰란에서 발견된 사본들은 『유대 사막에서의 발견』(*Discoveries in the Judean Desert*, Oxford University Press)이란 제목의 총서로 간행되었다.

쿰란의 동굴은 성경적 자료들(창세기, 시편, 애가)과 성경이 아닌 히브리어와 아람어 사본들 274개의 단편들을 전해주었다. 이 동굴은 1952년 2월에 베두윈족(Bedouins)에 의하여 발견되었다. 이러한 비밀스런 아랍인의 발견에 대한 소식을 세개의 예루살렘 고고학협회들로 하여금 쿰란 지역을 수색하는 조사단을 파송케 하였고 그들은 그 절벽에서 267개의 동굴, 혹은 구멍들을 조사하였다. 그 가운데 37개에서 공예품이 발견되었으나 단지 25개만이 쿰란의 공동체의 수도원과 관계있는 자료들을 제공하였다. 분명히 이 공동체의 일원들은 개인의 방이 아닌 공동으로 방을 소유하면서 수도원 주위의 동굴들 속에서 (또한 아마도 움막에서) 은둔자와 같이 생활하였을 것이다.

1952년 3월 14일 제3 동굴에서 소위 "동판 두루마리"(Copper Scroll)란 가장 괄목할 만한 보물이 발견되었다. 이 두개의 부분으로 되어진 두루마리는 영국 맨체스타의 공예학교(College of Technology)에서 한 줄씩 절단되었다. 여기에 수록된 사본은 A.D. 100년 경으로 추정된 원형 미쉬나 히브리어(proto-Mishnaic Hebrew)로 기록되었다. 그것은 예루살렘과 여리고 성내와 그 주변에 있는 여러 장소에 묻힌 보물들을 말하고 있었다. 따라서 이 두루마리와 쿰란 공동체와는 전혀 관계가 없는 것이었다.

쿰란 공동체의 중심부에서 200 야드 남짓 떨어진 곳의 제4 동굴에서 결과적으로 많은 양의 문헌들을 발견하였는데, 약 3분의 1이 되는 400개 이상의 필사본들은 에스더를 제외한 현재의 모든 정경상의 책들이었으며, 이사야와 신명기, 시편의 많은 사본들이 있었다. 제4 동굴에서 발견된 상당량이 외경과 위경에 속한 히브리어, 혹은 아람어로 된 문헌들이었다. 이 가운데는 토비트와 희년서, 여호수아의 시편, 위경 예레미야, 레위와 납달리의 유언, 열 두 족장의 유언의 후편 자료들, 에녹, 외경 다니엘이 있다.

제4 동굴에서 발견된 필사본 가운데서 쿰란종파에 의하여 제작된 것들이 있는데, 제1 동굴에서 발견된 것 중에 가장 많이 알려진 것 중의 하나인 『공동체 규칙』과 1947년 이전에는 오직 카이로의 옛 카라이트 회당(Old Karaite synagogue)에서만 발견된 『다메섹 문서』(*Damascus Document*), 그리고 법률과 제의, 미담, 축복서, 찬송, 쿰란(아마 에세네파)의 지혜를 포함하는 다양한 책들이다. 제4 동굴에서 발견된 문헌 가운데는 또한 미가, 시편, 호세아, 나훔과 같은 많은 구약책에 대한 "주석들"이 있었다. 제1 동굴 역시 미가와 스바냐, 시편, 하박국에 대한 주석들이 발견되었다.

성경과 비성경적인 사본들의 작고 중요하지 않은 단편들이 쿰란의 제2, 제5, 제10 동굴에서 발견되었다. 제2 동굴에서는 히브리어로 된 집회서의 조각들을 발견하였다. 새 예루살렘의 묘사(Description of New Jerusalem)의 단편 하나가 제2 동굴과 제5 동굴에서 발견되었다.

제11 동굴에서는 지금은 팔레스틴 고고학 박물관에 소장된 많은 단편과 약간의 두루마리를 발견하였다. 이 동굴에서 발견된 것 중에서 150개의 시편 중 많은 것을 포함한 시편 두루마리 한 장도 있다. 또 다른 특출한 사본인 레위기는 원 히브리 문자로 기록되었으며 그 책의 약 6분의 1이 수록되어 있다.

1. 훈련 규범

『훈련 규범』(The Manual of Discipline, 히브리어로 Serek Hay—yahad), 혹은 『공동체 규칙』은 학자들에게 쿰란 공동체의 기본 이상, 조직, 실제에 대한 아주 명확한 설명을 제공한다.[6] 『공동체 규칙』의 사본에 대하여 반 데르 플로에그(van der Ploeg)와 뷰로우스(Burrows)는 오히려 그것이 여러개의 원본에서 따온 부분들이라고 생각하였으나 다른 학자들은 하나로 보았다. 그것은 한 기둥(column)에 26줄로 이루어진 11개의 기둥으로 되어 있으며 거의 완전한 형태로 보존되었다. 이 책에 대하여 엉거(Unger)는 이렇게 말한다.

> 1947년 필사본들의 원저장소에서 발견된 소위 『훈련 규범』은 이 방면의 연구에 있어서 중요한 의미를 갖는 것이다. 에세네파로 알려진 유대인의 종파가 실시한 규칙들을 포함하고 있는 지극히 중요한 이 문헌은 신약의 비평에 있어서 중요한 역할을 수행하리라고 기대된다.

상당수의 학자들은 『훈련 규범』이 에세네파의 작품이라고 믿고 있다. 이 그룹은 그들은 진정한 이스라엘의 회중이라고 생각하였으며, 다른 유대인들이 혼란과 배교의 죄를 범하였을 당시에 그들은 율법과 하나님의 언약을 주장하였을 것이라고 확신하였다. 최후의 심판이 임하기 전에 사람들을 참된 길로 되돌아오게 하는 것이 그들의 사명이었다. 이러한 그들의 사명을 실현하기 위하여 에세네파는 그들 스스로 "일종의 교회"와 같은 조직을 만들었다. 하나의 조직체로서 그들은 확정된 원칙들과 제도가 필요하였으며 이것들은 『훈련 규범』과 『사독의 단편』과 같은 형태로 보존되었다고 학자들은 주장한다. 『훈련 규범』의 히브리어 명칭은 **세렉 하—야하드**("공동체의 질서"—The order of the Community)이다. 에세네의 공동체에 가입한 자들은 악에서 떠나 의인의 길을 걷도록 가르쳐졌다. 초보자의 입단식(Initiation)에 읽히는 『훈련규범』에는 의인에 대한 축복과 행악자에 대한 저주가 적혀 있다. 그것들은 다음과 같은 모세오경의 구절들, 즉 민수기 6：22 이하와 신명기 37：13 이하; 29：17~19와 다른 책들의 일부에서 뽑아낸 것이다. 『훈련규범』에 따르면 1년에 한번씩 쿰란의 모든 형제들 앞에서 한 차례의 시험이 치러지고 따라서 각자는 그 조직체 안에 서의 그의 위치를 파악할 수 있게 된다. 이 연례회집시에 구성원들은 작정된 진도에 근거하여 계급이 상향되는데 공동체의 규칙들을 계속하여 위반하는 자들은 마침내 축출된다.

『훈련 규범』을 읽어보면 쿰란의 형제단은 고도로 조직화된 엄격한 생활방식을 채택하였음이 분명하게 드러나며 그 자세한 내용이 묘사되어 있다. 이 공동체에는 제사장들과 레위인, 평회원들이 있었다. 공동체의 모든 활동에 제사장 계급이 선행하였다. 공동체의 지도권은 3명의 제사장과 12명의 평회원이 장악하였으며, 이들은 모두 율법과 그 적용에 정통한 사람들이어야만 하였다. 10명이 한 그룹을 이루며 그 중에 한 사람은 꼭 제사장이어야 했고 평회원들은 그들의 서열에 따라 그 앞에 앉았다.

『훈련규범』에 보면 여인들과 아이들은 형제단 생활의 한 부분을 차지하였음을 알 수 있다. 『훈련 규범』에 이러한 진술이 나타난다. "그들이 오면 그들은 모든 도착자들, 여인들과 아이들에게(그들의 귀에) 언약의 규례들을 낭송할 것이다."[8] 소년은 옳고 그른 것을 판단할 수 있다고 믿어지는 20살이 될때까지는 결혼의 허락을 받지 못한다.

형제단의 행정상의 책임자는 또한 작업을 할당하고, 회계를 보며, 특별한 공동회합에서는 사회자가 되는 감독도 있었다. 공동체에 가입을 희망하는 개인들은 검열관(파키드—paqid)에 의하여 시험을 받았다. 형제단의 판정관으로 선임된 사람들은 4명의 제사장과 6명의 평회원이었으며 이들은 모두 하기서(the Book of Hagi 또는 Hagy)와 모세의 율법에 능통한 사람들이었다.

『훈련 규범』에 따르면 이 사회의 정식회원이 되기 전에 초보자는 세 계급으로 구분되었다. 초보자는 맨 먼저 검열관 앞에서 왜 그가 다수의 공동체(Community of Many)에 가입하기를 원하는지에 대하여 시험을 받는다. 특별히 언급되지 않은 기간이 경과된 후에 다수의 회원들은 그에 대하여 토의하고 그를 가입시키거나 거절하는 일을 한다. 만일 그가 용납되었다면 그는 공동체의 회원(Party of Community)으로 한 단계 높아지지만 아직 다수의 순결(Purity of the Many)의 단계에 가세하지는 못한다. 만일 형제단의 정회원들이 반대하지 않는다면 초보자는 1년 후에 더 높이 올라간다. 1년간 계속되는 마지막 단계에서 초보자는 이제까지 공동의 소유가 아닌 자기의 것으로 인정된 모든 세속적인 소유와 재물을 감독에게 양도한다. 이 단계에서 그는 메시야 대망의 연회(Messianic banquet)에 참석하는 것이 허락되지 않지만 다수의 순결에 참여하는 것이 허용된다. 만일 이 단계의 마지막에서 그가 정회원의 자격이 있다고 판정되면 그는 형제들 가운데서 하나의 계급에 임명되고 그의 재물은 공동기금에 추가된다. 만일 그가 청원하면 그는 조언을 하는 일도 허락받는다. 이 때 그는 하나님 앞에서 언약을 세우는데 "그가 명하신 모든 것을 준행하고 벨리알이 통치 동안 겪게 될 역경과 공포, 시련 앞에서 계속하여 그를 좇을 것"을 서약한다.[9]

언약을 세우는 자들은 다음과 같이 공통적인 고백을 한다. "우리는 진리를 좇는다 하면서 패역하였으며 악한 일들을 행하였나이다. 그러나 [하나님은] 의로우시오니 우리와 우리의 열조에게 그의 심판을 [행하셨나이다]. 그리고 영원에서 영원에 이르기까지 우리에게 그의 자비를 베푸시나이다."[10]

2. 다메섹의 사독문서

1897년 옛 카이로(Old Cairo)에 게니자(genizah, 회당의 창고)에서 『훈련 규범』과 관계있는 한 문헌이 발견되었다. 뉴욕의 유대인 신학교(Jewish Theological Seminary)의 교장인 쉐흐터(Solomon Schechter)는 카이로 게니자에서 발견된 어떤 단편들이 성격과 내용에 있어서 유사하다고 판정하고 그것들을 『사독의 작품의 단편들』(*Fragments of a Zadokite Work*, Cambridge, 1910)이란 제목으로 출판하였다. 『훈련 규범』과 마찬가지로 『다메섹 문서』(*Damascus Document*)는 일종의 결집형태를 취한 것이다. 밀릭(Milik)은 이렇게 말한다. "이 책의 결집의 연대와 역사적 배경에 대하여 상당히 다양한 가정들이 제시되었으며 그 연대는 마카비 이전 시대부터 중세에 흥하였던 카라이트 종파(Quraites 또는 Karaites)의 시대에 이르기까지 다양하게 추측되고 있다."[11] 『훈련 규범』이 출판되었을 때 즉시 학자들은 이 책과 『다메섹 문서』로도 알려진 『사독의 단편』(사독의 작품에 묘사된 집단이 다메섹으로 이주했었기 때문에) 사이의 유사성을 간파하였다. 브라운리(Brownlee)

교수는 "기독교 이전의 종파들과 언약자들의 사해 두루마리 비교"(A Comparison of the Covenanters' Dead Sea Scrolls with Pro-Christian Sects)에서 두 문헌에 담긴 언어와 사상들의 유사성이 어떠한지를 보여주었다.[12] 두 문헌들에는 "의의 선생," "거짓의 사람", "새 언약", "공동체", "사독의 아들들", "공동체의 사람들"이란 용어들이 함께 사용되고 있다. 유대인이 쓴 문헌들 가운데서는 어느 곳에서도 알려져 있지 않은 "하구의 책"(The Book of Hagu)이 "규칙" 또는 "질서" 란 혼치 않은 의미로 사용된 "세렉"이란 단어와 함께 『다메섹 문서』와 『훈련 규범』에 모두 언급되어 있다.

쿰란 동굴들에서 발견된 단편들이 『다메섹 문서』의 일부임이 판명되자 이러한 동일시한 견해가 확실해졌다. 제6 동굴에서 『다메섹 문서』 5 : 18~6 : 2과 일치되는 단편들이 발견되었고 제3 동굴에서 『다메섹 문서』의 A 사본의 7 문서에 속하는 단편들(fragments of seven documents of Text A)이 발굴되었다. 동일한 동굴에서 발견된 두루마리 가운데서 빠져있는 『훈련 규범』의 제1부에 속한 상당한 부분이 이 단편들 가운데 있었다. 4쿰란의 견본이 제공하는 본문은 약간의 가치 있는 첨가내용이 있는 카이로에서 발견된 교정본 A와 본질적으로 동일한 것이다."[13] 어떤 학자들은 쿰란의 제4 동굴에서 다메섹 두루마리의 일부가 발견된 것은 이 책의 교훈들이 쿰란 공동체에서 기원된 것을 말해준다고 믿고 있다.

3. 빛과 어두움의 아들들의 전쟁

앞의 두 문헌과 밀접한 관계를 갖는 두루마리는 『빛의 아들들과 어두움의 아들들의 전쟁』(War of the Sons of Light and the Sons of Darkness), 혹은 『마지막 전쟁의 규칙』(Rule for the Final War)이다. 이 필사본은 19개의 기둥과 상당수의 작은 단편들로 이루어졌는데 포로에서 예루살렘으로 귀환하는 도중의 레위, 유다, 베냐민의 세 지파의 연합세력과, 에돔과 모압의 군대, 그리고 암몬 족속, 블레셋 족속, 앗수르의 "키팀"(Kittim) 사이에 벌어진 전쟁을 서술하고 있다. 계속하여 빛의 아들들은 야벳의 후손들(그리스인)에 대적하였던 것과 마찬가지로 애굽의 "키팀"과 전쟁을 벌인다. 이 종말론적인 전쟁에서 처음에는 이편이, 나중에는 저편이 승리하는 것으로 묘사되어 있다. 즉, 빛의 아들들이 벨리알의 아들들과 싸울 것이며 세번은 전자가 후자를 이길 것이다. 그러나 일곱번째 여호와는 어두움의 아들들이 패배하고 불복하게 하신다. 전쟁의 규칙은 환상과 실제가 뒤섞인 저작의 하나이다. 이것은 묵시록이 아닌데 그 이유는 이것이 은밀한 계시의 형태로 역사를 상술하지 않기 때문이다.

전쟁의 묘사가 현대 독자들에게는 허황되고 비실제적으로 보여진다. 쿰란의 언약자들 자신들이 마지막 세대에 살고 있으며 언젠가 『빛의 아들들과 어두움의 아들들의 전쟁』에 묘사된 것과 같은 전쟁을 수행하도록 소집될 것이라고 확신하였던 듯이 보인다.[14]

야딘(Yadin)에 따르면 군대가 무장한 무기와 장비가 그리스도의 탄생 이전 세기에 팔레스틴에 주둔한 로마군인의 것과 똑같이 묘사되었다고 한다.

제4 동굴에서 발견된 각기 다른 세개의 필사본의 단편들은 『마지막 전쟁의 규칙』과 동일한 본문을 사용한 듯이 보이지만 다른 두개는 그렇지 않고 다른 듯이 보인다. 하나에 나타난 상이점들은 그 본문에 대한 또 다른 고정본이 존재하였음을 보여준다. 그러나 상이점들은 이 작품의 찬송부분에서는 더욱 현저하게 서술적인 부분에서는 별로 없다. 야딘은 서술적 부분이 로마군의 전술학에 근거한 군사적 문헌에 의존한 듯이 보인다고 주장하였다. 묵시적 군대의 묘사는 헤롯의 군대를 위하여 준비된 교범을 이용하였다고 주장되고 있다. 밀릭은 말하기를 "이러한 엄격한 군사교범은 아마도 성전을 위한 제사장의 **필독서**(vade mecum)였으며, 이러한 군대의 묘사는 다양하게 확대되었으며, 특히 찬송 부분에서 그러하였다"라고 한다.[15] 현존하는 필사본은 원본의 3분의 2 이상, 또는 심지어 2분의 1 이상에 이르기도 할 것이다.

편은 회복된 이스라엘의 공회(the Restored Congregation of Israel)를 묘사하고 있다. 이것은 메시야에 의해 주관된 연회석에서 낭독된 의정서(protocal)에 대한 묘사가 있기 때문에 학자들의 흥미를 자아낸다. 이 내용은 이스라엘의 미래의 이상

사회를 말하는 것으로 추정된다. 이 사본은 마치 기름부은 왕이 배석하면, 대제사장이 첫 자리에 임석하고 식사 전에 은혜를 선포하는 것이 그의 특권인 듯이 말하고 있다.

4. 감사의 시편

쿰란의 제1 동굴에서 발견된 그 종파의 제3의 문헌은 『감사의 시편』(Thanksgiving Hymns)이며, 이 명칭은 최초의 편집자에 의해서 **호다옷**(Hodayot, 히브리어로 감사란 뜻)으로 명명되었다. [16] 『감사의 시편』으로 내용을 수록한 부가적인 필사본이 쿰란의 제4 동굴에서 발견되었다.

이 형제단은 히브리어 시의 시편에서 보여지는 특징을 지닌 자체의 찬송책을 소유하였던 듯이 보인다. 제1 동굴에서 발견된 필사본 가운데 하나는 18개의 기둥과 상당수의 단편들을 갖는데, 이 단편들은 탐구되고 번역되었다.

개스터(Gaster)가 주장하고 있는 대로 각 시의 끝에는 여백이 있었지만 각 필사본의 끝부분이 부식되었기 때문에, 학자들은 어느 곳에서 하나의 시가 끝나고 다른 시가 시작되는지를 확인할 수 없다고 주장한다. [17]

어떤 찬양시는 "주님, 당신께 감사드리옵니다"이란 문구로 시작하며 반면에 다른 시는 "찬양을 받으소서"라는 형식을 취한다. 고대에는 "감사"와 "찬양"의 범주에 속하는 의식상의 노래집이 있다. 따라서 개스터가 주장하는 대로 이 찬양시집에 적당한 제목은 "찬양과 감사"(히브리어로는 Beraschoth we Hodayoth)가 될 것이다. [18]

형제단의 모든 문헌들 가운데서 『감사의 노래』가 가장 독창적인 것이다. 이 노래들은 형식과 용어에 있어서 구약과 유사하다. 학자들이 이 시편의 결집에 대한 배경과 상황에 대하여 단정짓기가 어렵다. 35편의 노래 가운데 어떤 것들은 핍박이란 혹독한 역경 속의 저자를 보여주며 그는 그의 생애를 간섭하시는 하나님께 감사드린다. 어떤 몇 개의 감사 찬송을 지은 이로는 '의의 교사'로 추정하고 있다.

5. 창세기의 미드라쉬

쿰란의 제1 동굴에서 발견된 일곱개의 독창적 사본 가운데 하나는 학자들이 처음에 "라멕의 두루마리"(The Lamech Scroll)라고 부른 것이 있는데, 그 이유는 그것이 파괴된 두루마리의 몇 개의 조각에 근거하여 학자들이 해독할 수 있었던 이름이었기 때문이다. 1956년 11월 8일, 히브리 대학교의 마이슬러(Maisler) 교수는 신문기자들에게 이 사본의 다섯개의 기둥과 그 번역을 보여줄 수 있었다. 아비가드 (Avigad)와 야딘(Y. Yadin)은 창세기에 대한 미드라쉬를 해독하여 『창세기 외경 : 유대광야에서 발굴한 두루마리』(A Genesis Apocryphon : A Scroll from the Wilderness of Judea)란 제목으로 출간하였다.[19] 이것은 미드라쉬의 형태로 쐬여진 창세기에 대한 정교한 진술을 담고 있으며 팔레스틴의 아람어를 이해하는데 상당한 역할을 하였다. 저자는 그의 기초자료로 창세기의 히브리어 본문을 취하고 자기의 상상력을 발휘하여 그것을 확대시켰다. 히브리어 사본이 일곱줄 반을 사용한 내용을 미드라쉬의 저자는 아람어를 사용하여 30줄로 확대시킨다.

6. 동판 두루마리

1952년 3월 15일 쿰란의 제3 동굴에서 특기할 만한 보물이 발견되었는데 이것은 두드려서 펼친 구리로 된 두개의 녹이 슨 두루마리, 즉 동판의 두루마리 형태였다.[20] 이것은 과학자들이 녹이 슨 동판의 둘둘 말린 것을 펴는 방법을 고안해내기 수년 전에 발견되었다. 맨체스타의 과학기술 대학에서 개발된 특수한 기술에 의하여 두루마리가 작은 띠로 절단되었다. 1956년 6월 1일, 이 두루마리의 내용에 대하여 최초의 발표가 있었다.

이 문서의 12개 기둥이 동판의 띠에서 발견되었다. 동판 두루마리는 보물의 목록과 그 보물들이 숨겨진 위치를 수록하고 있었다. 여기에 수록된 보물은 금과 은, 기타의 귀금속으로 약 200톤에 달하는 것으로 추산되었다. 60가지의 각기 다른 보물들이 열거되고 은밀히 보관된 곳으로 주장된 장소도 수록되어 있다. 크로스(Cross)는 이 발견에 대하여 이렇게 기록하였다. "보물의 터무니 없는 양과 숨겨진 장소의 허황되고 전설적인 성격의 두 요소는 이 문서가 지닌 민간전승적인 성격을 증명해준다."21)

쿤(Kuhn)과 듀퐁-좀머(Dupont-Sommer)는 이 말에 동의하지 않으며 보물의 위치를 기록하기 위하여 값비싼 순동의 두루마리를 사용한 특별한 이유가 있었음에 틀림없다고 믿고 있다. 동판 두루마리의 수수께끼에 대하여 다양한 대답이 제시되어 왔다. "동판 두루마리"와 작은 동굴들에서 발견된 자료들은 『유대 광야에서의 발견』(Discoveries in the Judean Desert)의 제3권에 수록 발간되었다.

7. 쿰란에서 발견된 주석서들

성경에 관한 저작들은 유대교의 인물들이 행한 연구의 가장 귀중한 자료였다.22) 따라서 구약에 대하여 특별한 연구를 행한 에세네파에게 있어서도 이것은 사실이었다. 그들은 또한 성경이 자신의 시대에 발생하는 사건들에 적용될 수 있다고 믿었다. 이러한 이유 때문에 각기 다른 책들에 대한 주석들은 학자들이 논쟁한 정확한 의미와 그들이 제시한 다양한 설명에 대한 역사적 기술을 포함하고 있다. 이러한 기술들이 가장 많이 발견되는 것은 선지서 하박국에 대한 주석이며 그 안에는 "의의 교사", "악한 선지자", "거짓의 사람", "압살롬의 집"과 같은 명칭들이 나온다. 단편적인 『미가의 주석』과 『나훔의 주석』은 역사적 언급이 거의 없다.

8. 하박국 주석

『하박국 주석』(The Habakkuk Commentary)은 1947년에 발견된 쿰란 필사본들의 최초의 저장소에서 보존된 것이다. 이 필사본은 길이 5피트, 폭 7인치로 밑의 옆부분이 곤충에 의해 먹히운 자국이 있다. 이 필사본은 하박국의 예언을 한절 한절씩 해석하고 있다. 주석의 저자는 형제단의 역사와 연관시켜서 모든 것을 해석하였다. 주석가는 하박국의 예언이 자기가 살아있는 동안에 발생하는 역사적 사건들에 대한 예언이었다는 입장을 취하였다. 모든 주석들이 "해석"(interpretation)이란 종파적인 유형이라 불리우는 모습을 대단히 심하게 보여주는 것이 발견되었다. 즉, 이 주석들은 진정한 의미의 성경해석이 아니라 오히려 자신들의 역사적 사실들을 성경의 배후에서 읽고자 시도하고 있다. 이러한 사실은 다음과 같은 구절을 읽어보면 독자들에게 분명히 드러날 것이다.

> 대저 네가 레바논에 강포를 행한 것과 짐승을 두렵게 잔해한 것, 곧 사람의 피를 흘리며 땅과 성읍과 그 모든 거민에게 강포를 행한 것이 네게로 돌아오리라. "해석 : 악한 제사장에게, 그가 가난한 자에게 행한 것이 그에게 돌아온다. 레바논은 공동체의 회의(the Council of Community)이며 짐승은 유다의 연약한 자들, 율법을 행하는 자들이다 … " IQ권 12 : 1~5 하박국 2 : 17에 대한 주석.

『하박국 주석』은 미국 동양연구학회에 의하여 1950~51년에 『성 마가 수도원의 사해 두루마리 제1권, 이사야 필사본과 하박국 주석』(*The Dead Sea Scrolls of St. Mark's Monastery, Vol. 1, The Isaiah Manascript and the Habakkuk Commentary*, New Haven, 1950)이란 제목으로 간행되었다. 이 주석의 번역판으로는 뷰로우스(Millar Burrows)의 『사해 두루마리』 (*Dead Sea Scrolls*), pp. 365~370을 보도록 권한다.

이사야와 미가, 스바냐, 호세아, 시편에 대한 주석들 가운데 남아있는 것은 작은 단편들 뿐이다. 의의 교사와 그의 적대자는 미가의 주석과 시편 37편의 주석에서 언급되고 있다.

9. 성전 두루마리

1967년에 있었던 6일 전쟁 동안 이스라엘 정부는 사해 두루마리로 알려진 가장 긴 두루마리를 입수하였다. 이것은 길이가 8.6m, 혹은 28피트 이상이어서 7.3m인 완전한 이사야 사본과 대조를 이룬다.[24) 성전 두루마리(the Temple Scroll)의 초두가 보존상태가 좋지 않았고 이 두루마리의 일부분이 전해지지 않지만 모두 66개의 기둥이 보존되어 있다. 야딘(Yigael Yadin)은 성전 두루마리가 어느 정통한 서기관에 의하여 저술되었다고 믿으며 이것의 결집 연대를 B.C. 1세기 후반이나 기독교 시대 1세기 초로 추정한다. 사실은 B.C. 2세기 말 정도의 이른 시기로 이 두루마리의 연대를 잡을 확실한 이유들이 있다고 그는 주장한다. 두루마리의 내용은 독특하다. 이 내용은 네 가지의 모습을 두드러지게 묘사하고 있다. 1. 모세오경에 언급되는 다수의 주제들에 대한 상당수의 **할라호트**(Halakhoth-종교적 규례들)가 포함되어 있으며, 모세의 토라가 첨가와 삭제 또는 변형되어 인용되고 있다. 2. 이 두루마리는 다양한 유대인의 절기 때에 드려진 제사와 제물들의 목록을 싣고 있다. 3. 성전 건축에 대한 자세한 묘사가 있다. 4. 성전 두루마리의 마지막 부분은 각 지파에서 1,000명씩 차출된 12,000 명의 왕의 경호대를 묘사하고 있다.

성전 두루마리는 그것이 하나님의 말씀을 통하여 모세에게 전해졌다는 느낌을 독자에게 주려는 의도가 담겨 있다. 이 규례들은 하나님에 의하여 주어지며 1인칭으로 서술되어 있다. 이따금 저자는 오경 본문의 3인칭을 1인칭 단수로 고쳐 쓴다. 4자어(四字語, Tetragrammaton)인 *YHWH*란 하나님의 성호가 항상 두루마리 본문과 동일한 문자로 쓰여져서 *YHWH*를 팔레오-히브리어로 쓴 다른 쿰란 두루마리들의 통례를 따르지 않고 있다. 이 두루마리에서는 오경 전체에 분산된 율법들이 한 자리에 모아져 있으며, 이 사실은 이 두루마리가 종파적이며 논증적이란 점을 증명해준다.

야딘은 이 서기관이 쿰란 공동체의 일원이었다고 확신한다. 왜냐하면 그는 쿰란에서 보편화되었고 또 희년서 저자가 사용하였던 특별한 달력을 고집하고 있다.[25] 성전 두루마리는 장막절과 유월절, 대속죄일이 지켜진 방법에 대한 자세한 논쟁을 수록하고 있다. 쿰란에서 유행하였던 달력은 매달이 30일이며, 매 석달마다 하루씩이 첨가되어 1년이 364일로 구성되어 있었다. 정월의 첫날은 정규적으로 화요일이 되었다.

두루마리의 잘 보존된 부분은 미래에 건축될 성전에 대하여 말하고 있다. 새 성전 건축에 대한 지시는 장막의 축조를 다룬 출애굽기 35~40장의 방법을 따르고 있다. 미래의 성전에 대한 구체적인 지시는 헤롯의 성전의 규모와 일치하지 않으며 이 때문에 야딘은 쿰란의 종파가 예루살렘 성전이 하나님의 지시에 따라 지은 것이 아니라고 여겼다고 주장한다. 두루마리의 상당부분이 도시 자체의 정결과 불결에 대한 규례를 다루고 있다.

제4부는 왕의 경호대를 다루며 "이스라엘의 땅"을 근절시키고자 원하는 자들에 대항하여 싸우기 위한 군대 동원계획을 개괄하고 있다. 야딘은 군사의 묘사와 전쟁을 묘사하는 용어가 하스모니안 왕조 시대의 중기나 말기의 정치적 상황을 반영한다고 주장한다. 성전 두루마리에서 묘사된 군사동원과 전쟁수행을 위한 규례들은 "빛의 아들들과 어두움의 아들들의 전쟁"에서 발견되는 규례들과는 상이하다.

10. 마사다에서의 발견

유대 광야에 있는 마사다(Masada)에서의 대대적인 발굴은 A.D. 70년에 있었던 예루살렘의 몰락 이후 수년에 대한 귀중한 문헌들을 얻게 하였다.[26] 히브리 대학교의 야딘의 지휘 아래 1963~64년과 1964~65년에 있었던 문헌상의 발견은 최초의 유대인 반란 시대의 것들이었다. A.D. 73년에 유대인들이 장악한 헤롯 왕조의 요새가 로마군의 침공으로 함락되었다. 증거자료들은 이 때에 거의 1천명에 이르는 유대인들이 노예로 잡혀가 고생하기 보다는 자결하였음을 보여준다. 마사다에서 발견된 중요한 문헌은 집회서의 히브리어 사본이었다. 이 필사본은 B.C. 75년의 것으로 추정된다. 시편과 레위기, 창세기의 단편들도 발견되었다. 이들 단편들의 성경상의 내용들은 무라바아트 (Murabba'at)의 성경 필사본과 유사하다. 마사다에서의 가장 흥미있는 발견 중의 하나는 "안식일 제사의 노래 두루마리"(Scroll of the Songs of the Sabbath Sacrifice)의 사본으로 쿰란의 제사 동굴에서도 발견된 것이다.

11. 바르 코흐바 반란

유대 광야에서 저술된 문헌들은 A.D. 132~135년에 있었던 바르 코흐바(Bar Kochba)의 반란에 대한 정보와 지식을 증가시키는데 도움을 주고 있다.[27] 자신이 쓴 편지에 의하여 바르 코흐바가 시므온 벤 코시바(Simeon ben Kosiba)로 불리웠음을 우리는 알고 있다. 그의 조상에 대하여는 알려진 바가 없다. 랍비 아키바(Akiba)는 "바르 코흐바"

(별의 아들)란 이름으로 그를 메시야인 왕으로 선포할 책임을 부여받았다. 그러나 모든 랍비들이 아키바의 입장을 지지하지는 않았다. 제2차 반란의 초기에 로마군은 유대 전역에서 축출되었다. 예루살렘은 다시 유대인이 장악하였고, 성전에서의 제사의식(祭司儀式)이 재현되었으며, 이스라엘은 독립국가임을 선포하였고, 이를 알리기 위하여 주화를 발행하였다.

그러나 A.D. 133년, 세베루스(Julius Severus) 장군의 지휘 아래 3만 5천의 로마군은 황제 하드리안의 명을 따라 공격해왔다. 로마군단은 먼저 갈릴리로 진군하고, 그 후에 에즈레엘(Jezreel) 계곡을 탈환하고, 이어서 유대산지를 정복한 뒤 마침내 예루살렘을 재탈환하였다. A.D. 135년 베탈(Bethar)에 있는 바르 코흐바의 최후의 요새가 침공당하였으며 점차적으로 유대인이 장악하였던 요새의 모든 언덕과 동굴이 탈취되었다.

사마리아인의 배반과 식수의 부족 중의 어느 하나에 의하여 베탈 요새는 함락되었고, 바르 코흐바는 살해되었는데 아마도 뱀에 물려 죽은 듯하다. 학교 다니는 아이들을 포함한 베탈의 전 인구가 거의 학살당하였다. 기록에 따르면 50개의 요새와 985개의 마을이 초토화되고 반란의 결과로 58만명이 죽었으며 이외에도 많은 사람이 질병과 기아로 죽었다. 유대는 폐허가 되었으며 전체 인구가 괴멸되었고 예루살렘은 이방인의 도시가 되어 유대인에게 거룩한 성에 들어오는 일조차 금해졌다.

나할 헤버와 나할 세엘림에 있는 무라바트 동굴들은 제2의 유대인 반란을 연구하는 학자들에게 이 운명적인 몇년 동안의 사건과 인물들에 대하여 더 자세한 모습을 연구할 수 있는 서신들과 문헌들을 제공하고 있다. 1952년 와디 무라바트(Wadi Murabba't)에서 바르 코흐바가 예수아 벤 갈골라(Yeshua ben Galgola)에게 보내는 두 통의 편지가 발견되었다. 이 가운데 후자는 갈릴리인들을 학대하지 말라는 바르 코흐바의 경고가 담겨 있었다. 이 편지는 바르 코흐바가 그의 휘하 지휘관에게 직접 명령을 시달하는 습관이 있었으며 그들에게서 절대적인 복종을 기대하였다는 사실을 보여준다.

1960년 히브리 대학교의 발굴단은 나할 헤버의 수 많은 동굴들을 탐사하였다. 이 동굴들 가운데 하나에서 끈으로 묶은 조그만 상자를 발견하였였는데 이 안에는 바르 코흐바가 발송한 15통의 편지가 들어 있었다. 9통은 아람어로, 4통은 히브리어로, 2통은 헬라어로 쓰여졌다. 한 편지는 4개의 목판에 쓰여졌다. 히브리어로 된 편지 모두가 각기 다른 필체였고, 바르 코흐바의 서명이 없었으며 이것은 그것들이 서기관에게 구술되었음을 보여준다.

바르 코흐바가 발송한 편지들은 제2차 유대인 반란에 대한 많은 불명료한 관련사들을 밝혀주었다. 그것들로부터 학자들은 바르 코흐바가 다루었던 각기 다른 사람들에 대한 지식을 얻었다. 처음으로 132~135년 사이에 벌어진 반란 기간에 포함된 유대의 마을 이름들이 알려졌다. 엔 게디(En Gedi)는 바르 코흐바의 경제와 군사의 본거지였다. 바르 코흐바는 자신을 "모든 이스라엘을 다스리는 군주"라고 묘사하였다. 동굴의 해골에 덮은 순전한 양털의 옷과 숙곳(Succoth)의 축일을 그들이 준비한 점이 지적하듯이 반란군은 유대교를 진지하게 신봉하는 유대인들이었음이 편지를 통하여 분명해졌다. 새로운 문헌들로부터 알려지지 않았던 유대인이 그의 모습을 드러냈는데 그는 보트니야 바르 미아사(Botniya Bar Miasa)라 하면 일반적으로 오직 모세와 유다에게만 붙여진 칭호인 **라베누**(Rabenu)라고 불리웠다. 새로운 문헌들은 또한 제2차 반란이 단지 정치적일 뿐 아니라 종교적이었음도 보여주었다.

유대 광야의 많은 동굴들에서 많은 가정용품들, 즉 요리용 집기들과 직물들, 가구들, 의복들이 발견되었으며 이것들은 바르 코흐바의 반란 기간에 팔레스틴에서 살았던 유대인들의 생활에 대한 새롭고 가치있는 자료를 제공하고 있다.

제 13 장

외 경

　구약의 외경은 길이와 주제, 표현방법이 각기 다양한 14권을 말한다. 많은 영어역 성경들이 수록한 외경의 순서는 흠정역(King James)의 번역자들이 친숙한 구약의 라틴어역을 따르고 있다. 라틴어역과 다른 유일한 예외는 에스드라서가 맨 마지막 자리에서 맨 처음으로 바뀐 것이다. 벌게이트의 현대역에서는 이들 두 책이 신약의 뒤에 오며 므낫세의 기도는 벌게이트에서 빠져 있다.

　영국 성공회의 제6조항(the sixth Anglican Article of Religion)은 구약 39권의 목록 뒤에 이렇게 적고 있다. "그리고(히롬 [Hierome]이 말하였듯이) 교회는 생의 모범과 예절의 교훈을 위하여, 또 다른 책들을 갖는데, 그러나 교회는 그것들을 사용하여 어떠한 교리도 수립하지 않는다. 그 목록은 다음과 같다. 에스드라 3서, 에스드라 4서, 토비아스, 유딧, 에스더 부록, 지혜서, 시락의 아들 예수, 바룩, 세 아이의 노래, 수산나 이야기, 벨과 용, 므낫세의 기도, 마카비 1서, 마카비 2서."

　이 책들 가운데서 B.C. 300년~A.D. 100년에 이르는 기간에 발달된 유대 문학의 다양한 특색이 발견된다. 비록 극히 소수의 예외를 제외하고 이 책들이 헬라어 구약의 일부분을 이루고 있을지라도 히브리어 구약에는 포함되지 않고 있다. 유대인은 두 가지의 구약 정경, 즉 팔레스틴 사본(성경의 맛소라 사본이 보여주고 있는)과 알렉산드리아 사본(70인경이 보여주고 있는 대로의)이 있다는 사실이 자주 진술된다. 그러나 알렉산드리아의 유대인들이 외경 가운데 어떤 책을 정경으로 간주한 증거는 전혀 없다.[1] 헬라어를 사용하는 그리스도인들은 아마도 외경이 구약 정경의 일부를 형성하였다는 이유로 외경에 정경적 지위를 주었을 것이다. 반면에 알렉산드리아의 유대인들은 외경을 24권으로 된 히브리어 정경에 첨부시킨 것은 사실이지만 이 이유로 그것들을 정경으로 삼았다는 것과 동일시할 수는 없다. 개신교 학자들은 이와 같은 비정경적 문헌들을 첨부한 것은 문헌상의 여건에 근거하여 설명되어질 수 있다고 믿는다. 브루스(Burce)는 이렇게 말하고 있다.

> 각 책이 파피루스나 양피지의 두루마리로 된 것이며 많은 수의 그와 같은 두루마리가 하나의 상자에 함께 보관되었을 때, 비정경적인 문헌들이 정경적인 지위를 획득하지 않고도 정경적인 책들과 같은 상자에 보관될 수 있다는 것은 매우 타당한 일이었다. 분명히 한 상자 안에 보관된 많은 책들의 관계는 한 권으로 함께 묶여진 많은 책들의 관계 보다는 더욱 약한 것이다.[2]

70인경에서 외경에 속한 책들(에스드라 2서 제외)은 항상 정경적인 책들과 나란히 동일 계급에 놓여졌다. 에스드라 1서는 에스라와 느헤미야 앞에 오고 유딧과 토비트는 에스더 뒤에 오고, 에스더와 다니엘 부록은 각각 에스더와 다니엘의 일부로 취급되며, 지혜서와 집회서는 정경의 지혜서들(욥기, 시편, 잠언)과 함께 자리한다. 바룩은 예레미야 뒤에 나오며 므낫세의 기도는 70인경의 부록을 형성하는 시와 찬양의 결집에 포함되어 있다. 다음의 분류에서 볼 수 있듯이 14권의 외경에서 각기 다른 문학의 쟝르가 발견된다.

1. 역사적 문헌 : 에스드라 1서, 마카비 1서, 마카비 2서
2. 하가다 (Haggadah), 또는 종교적 소설 : 토비트, 유딧, 에스더 부록, 다니엘 부록
3. 지혜 혹은 윤리문학 : 집회서, 솔로몬의 지혜, 바룩, 므낫세의 기도
4. 묵시문학 : 에스드라 2서.

정통적인 유대인이나 개신교 신자들은 외경 가운데 어느 한 책도 정경으로 생각하지 않는다. 예수님과 그의 사도들은 유대인의 정경을 용인하시고 그것들을 사용함으로 그 권위를 공인하셨다. 반면에 그들이 외경의 책들을 24권의 정경과 동일한 수준의 것으로 간주하였음을 보여주는 증거는 하나도 없다.

초기의 헬라어를 사용하는 그리스도인들은 헬라화된 유대인들에게서 70인경을 취하여 정경과 외경의 구별을 두지 않았다. 오리겐(Origen)과 아타나시우스(Athanasius), 그 밖에 다른 교부들은 구약의 책들을 열거할 때는 이론상 구분을 하였지만 실제로 인용할 때는 정경에 속한 책들에서 인용하는 것과 동일한 형식으로 외경에서도 인용하였다. 어거스틴(Augustine)을 포함한 라틴 교부들 가운데 많은 이들이 정경과 외경을 구별하지 않았다. 즉, 어거스틴은 구약이 45권으로 구성되었다고 생각하여 토비트, 유딧, 마카비 1서, 마카비 2서, 집회서, 지혜서를 포함시켰다. 그러나 제롬(Jerome)은 "아포크리팔"(apocryphal)이란 용어를 사용하였다. 이 용어는 어원학상 "감추어진"(hidden)이란 뜻이며 에스드라 2서 24장에 나오는 이야기, 에스라가 하나님의 영감으로 94권의 책을 구술하였는데 그 가운데 24권은 책으로 간행되었고 70권은 은밀히 보존되었다는 이야기에 관계가 있을 수 있다. 제롬은 '아포크리팔'이란 용어를 '감추어진'이란 뜻으로 사용하지를 않고 교회적인 의미로 사용하여 정경에 반대되는 것을 지칭하는 명칭으로 사용하였다.

종교개혁 시대에 개신교와 로마 가톨릭은 외경에 대하여 상이한 태도를 취하였다. 1545~1563년의 트렌트 종교회의는 토비트와 유딧, 에스더 부록, 다니엘 부록, 바룩, 집회서, 지혜서, 마카비 1서와 2서를 정경성을 주장하였으며 이 입장이 1870년의 바티칸 회의에서 재확인되었다. 가톨릭 학자들은 항상 이 책들을 "듀테로캐노니칼"(deuterocanonical, 이차적 정경)이라고 부른다. 개신교 개혁자들 가운데서 외경의 위치를 평가함에 있어서 의견이 다양하였다. 영국 성공회는 그것들에 이차적 정경의 위치를 허락하고 계속하여 그들의 예배의식 가운데서 그것들을 낭독하였다. 『웨스트민스터 신앙고백서』(*Westminster Confession of Faith*, 1647)는 외경에 대하여 다음과 같이 진술한다.

소위 외경이라 불리우는 책들은 영감되지 않은 것으로 성경의 정경에 속하지 않는다. 따라서 하나님의 교회에서 하등의 권위가 없으며 여타의 인간적 저작물 이상의 무엇으로 인정되거나 사용되지 않는다.

루터(Luther)는 외경 가운데 어떤 책의 정경성도 인정하지 않고 구약의 전체에서 외경적인 책들을 발췌하여 그것들만을 따로 구약과 신약 사이에 위치시키는 획기적인 일을 단행하였다. 루터는 1,100년 전에 제롬이 한 주장을 실행한 것이다. 그는 1534년에 이 일을 하였으며, 이 해에 그는 히브리어와 아람어, 헬라어로부터 독일어로 성경번역을 완성하였다. 루터는 외경에 대해서는 열정적이 아니었다. 1535년 커버데일(Miles Coverdale)은 루터의 형식을 따라 최초의 영어성경 인쇄본을 내었다. 이후로 모든 개신교 성경들, 즉 1537년의 매튜의 성경, 1539년의 태버너 성경(Taberner Bible), 최초의 "공인교회 낭독용" 성경인 1539년의 큰 성경(Great Bible, Coverdale), 청교도에 의하여 출판된 1560년의 제네바 성경(Geneva Bible), 1568년의 비숍 성경(Bishop's Bible, 교회와 왕실이 인정한), 1611년의 흠정역(King James, 또는 Authorized version)은 구약에서 외경을 별도로 구분한 루터의 이러한 혁신적인 방법을 채용하였다. 이 모든 번역 성경들에서 외경은 구약 다음에 별도의 그룹을 형성하였다.

보다 초기의 영어역과 독일어역 성경들에서는 이러한 일이 없었다. 14세기에 성경이 독일어와 영어로 번역되었을 때 번역성경들은 외경을 구약 전체에 분산시켜 수록하였고 이러한 관습은 라틴어 본문(1382~88년에 Wyclif 와 Purvey가 사용한)을 답습하는 것이었다. 또한 이 라틴어 성경은 제임스 1세 때 발행된 1610년의 듀에이 번역본(the Douay version)의 모델이기도 하였다.

가장 초기의 외경 영역본들은 이 책들의 초두에 그 가치와 권위에 대한 진술을 병기하였다. 1560년의 대 성경과 제네바 성경은 이 책들이 건덕을 위하여 읽혀질 수는 있으나 확인과 교리수립을 위하여 사용되어서는 안된다고 진술하고 있다. 성경에서의 외경의 제거는 어떤 제네바 성경에서 외경을 생략시켰던 청교도의 영향으로 돌려진다. 1629년 흠정역의 어떤 판에는 외경이 없이 출간되었다. 1827년 이후

대영성서공회와 해외성서공회(the British and Foreign Bible Societies)는 외경에 속한 비정경적인 책들의 출판을 위한 기금을 확장하지 않기로 결정하였다. 그 결과 이전에는 많은 개신교도들이 중간사 시기에 속한 이 책들에 친숙하였으나 그 이후에는 이 책들의 내용을 아는 이들이 거의 없게 되었다. 1607~11년의 흠정역 번역자들과 1870~94년의 영어 성경 개역자들은 외경을 무시하여 가장 최상의 가능한 번역을 위한 동일한 노력을 경주하지 않았으며, 따라서 그들의 시간을 외경의 비평적 본문연구에 투자하지 않았다. 굳스피드(Goodspeed)는 외경의 번역이 무시되고 있다고 주장한다.3) 1535년 커버데일은 파기우스의 라틴역과 루터역을 포함한 독일어역의 도움을 받아 그의 라틴 벌게이트역에서 외경을 번역하였다. 커버데일의 외경 번역을 그 뒤의 모든 영어역 성경들이 따랐으며, 비록 헬라어에 기초하여 개역되었을지라도 굳스피드의 『미국 번역본』(The American Transtlation)과 본질적으로 라틴어에 의존한 1957년의 표준개정역(RSV)의 새 번역도 이전에 사용한 외경 번역을 따랐다.

비록 외경이 영감된 정경의 일부는 아닐지라도 이 책들은 종교적이거나 문학적, 역사적으로 생각해볼 때 대단한 가치를 가지고 있다. 이 책들은 선지자의 소리와 계시가 중단되었던 구약과 신약 사이의 공백을 메꾸어준다.

정치적인 면에서 외경문헌들은 중요한 기간을 포함한 유대인의 역사를 추적하는 일에 우리를 도와준다. 특별히 종교적이며 정치적인 자유를 얻기 위하여 유대인의 투쟁에 대하여 신빙성있고 자세하게 묘사한 마카비 1서와 2서는 귀중한 가치를 지닌다. 이 두 책은 히브리 역사의 가장 영웅적인 기간 중의 하나를 기록하고 있다.

외경은 또한 종교적인 측면에서도 귀중한데 그 이유는 이것들이 그리스도의 탄생 이전 세기들 동안에 펼쳐진 유대인의 영적이며 철학적, 지적 생활에 대한 통찰력을 제공하기 때문이다. 이들의 대단한 가치에 관하여 엉거(Unger)는 이렇게 적고 있다.

> 이 책들은 우상숭배의 실제적인 소멸, 즉 충실한 유일신의 확신의 성장에 대한 증거를 제공한다. 메시야의 소망과, 또한 부활과 미래의 보상과 징벌의 신앙이 더욱 더 확산되었다.4)

이 동일한 책들이 마찬가지로 메시야 강림 이전 세기에 보여주었던 유대교의 변질된 모습을 학자들이 이해하는데 도움을 준다.

나아가 문학적 문헌들로서도 외경은 그 뒤를 잇는 문학에 괄목할 만한 영향을 끼쳤다. 많은 학자들은 다수의 신약 저자들이 외경의 작품들에 영향을 받았다고 주장한다. 과연 어느 정도 신약의 저자들이 이 책들에 친숙하였는지가 논쟁점이 되고 있다. 비록 신약이 외경을 직접적으로 인용하거나 영감된 책들로 인정하지는 않지만 히브리서 11 : 34~38에서 마카비 시대의 영웅들을 암시하고 있음이 의심의 여지가 없듯이 신약은 외경과의 친숙도를 보여준다.

예술과 문학, 종교에 대한 전체 성경의 영향을 확인하고자 원하는 사람은 외경에 대한 지식을 배제할 수 없다.

제 14 장

외경의 각론

1. 에스드라 1서

외경의 첫번째 책은 개신교도에게는 에스드라 1서(1 Esdras)로 알려져 있으며, 이것은 일명 에스라의 헬라어형에서 유래되었고, 벌게이트를 사용하는 이에게는 에스드라 3서로 알려져 있다. 벌게이트에서 정경인 에스라와 느헤미야는 각각 에스드라 1서와 에스드라 2서로 되어 있다. 개신교에서 말하는 에스드라 1서는 로마 가톨릭에 의하여 2차적인 정경으로 용인되지 않은 책들 가운데 한 권이다. 에스드라 1서는 벌게이트의 클레멘트판(the Clementine edition)의 말미에 위치되어 있다. 에스드라 1서는 아마도 개신교의 목록에서는 맨 처음이었을 텐데 그 이유는 한편으로는 그 명칭 때문이었고 다른 한편으로는 구약의 정경과 외경 사이의 적절한 연결을 이룬다고 여겨지기 때문이다. 아래에서 고찰해보듯이 학계에서 이 책에 대한 일관성을 발견할 수 없다. 카우취(Kautzsch)의 독일어판의 외경과 최근의 다수 독일어판(아이스펠트를 포함해서)에서 에스드라 1서 대신에 에스드라 3서라는 벌게이트의 명칭을 부활시키려는 경향이 나타난다. 이중적인 애매함을 피하기 위하여 어떤 학자들은 이 책을 "헬라어 에스드라"라고 부른다.

에스드라 1서는 많은 언어와 많은 저자들에 의하여 기록된 것이라는 당혹스런 문제를 제기한다. 에스드라 1서는 본질적으로 다음에서 보여주듯이 역대하 35:1~36:23, 정경 에스라와 느헤미야의 전체가 말하는 내용을 재진술하고 있다.

　　에스드라 1서 1장 = 역대하 25, 36장
　　에스드라 1서 2:1~14 = 에스라 1장
　　에스드라 1서 2:15~25 = 에스라 4:7~24
　　에스드라 1서 3:1~5:5 = 이 책의 독창적 부분
　　에스드라 1서 6,7장 = 에스라 5,6장
　　에스드라 1서 8:1~9:36 = 에스라 7~10장
　　에스드라 1서 9:37~55 = 느헤미야 7:73~8:13

구약과 일치되는 에스드라 1서의 부분은 현재 우리가 소유하고 있는 히브리서 사본으로부터 번역되지 않았으나 이 책을 수록한 다른 성경들로부터 번역되었다고 여겨진다. 에스드라 1서의 헬라어역은 에스라-느헤미야의 70인경 번역보다 더 나은 양식으로 되어 있다.

(1) 본서의 내용

　　1:1~24 — 요시아의 유월절
　　25~33 — 므깃도의 죽음
　　34~58 — B.C. 587년의 예루살렘 멸망까지의 왕들의 통치
　　2:1~15 — B.C. 538년의 예루살렘 재건을 명한 고레스의 조서

16~30 — 아닥사스다에게 보낸 사마리아인의 편지와 B.C. 520
　　　　년의 다리오의 치세 때까지 중지된 성전의 재건
3:1~4:46 — 다른 두 청년과의 경합에서 이룬 스룹바벨의 승리
4:47~5:3 — 유대인의 귀환과 성전 재건의 허락
5:4~46 — 귀환자의 명단
46~65 — 성전재건
66~73 — 사마리아인의 방해공작
6:1~6 — 성전건축의 재개
7~34 — 시신족(Sisinnes)의 편지와 다리오의 호의적인 반응
7:1~15 — 성전의 봉헌과 유월절
8:1~9:36 — B.C. 458년의 아닥사스다의 허락으로 인한 에스라
　　　　　의 귀환. 제사장들과 레위인들의 귀환및 이방여인
　　　　　과의 결혼 금지.
9:37~55 — B.C. 444년 에스라가 모세의 율법을 낭독함

　상기한 자료들의 배열은 에스라와 느헤미야의 정경과 두 가지 점에서 상이하다. (1) 페르샤 왕들의 뒤바뀐 순서, 비록 에스드라 1서가 2:1 이하에서 고레스로 올바르게 시작하고 있지만 순서가 바뀌어 있고 실제로는 고레스(B.C 533~529), 다리오 1세(B.C. 522~486), 아닥사스다 1세(B.C. 465~425) 순이다. (2) 느헤미야 1:1~7:22을 무시하고 에스라에 계속하여 그 이후의 것만을 말한다. 이것은 에스드라 1서에서 취급된 사건들은 B.C. 621년부터 B.C. 444년, 즉 요시아에 의하여 지켜진 유월절부터 느헤미야 시대의 율법 낭독 때까지인 것을 의미한다.
　그러나 에스드라 1서는 정경인 에스라와 느헤미야에 기록된 사건들 이외에 더 많은 것을 서술하고 있다. (1) 요시아가 주장한 유월절의 이야기와 B.C. 587년에 있었던 예루살렘과 성전의 파괴에 따르는 사건들의 묘사가 있으며, 이것의 자료로 역대하 25~26장을 사용한다. (2) 5:1~5:4(에스드라 1서의)는 B.C. 538년 고레스에 의하여 주권이 회복된 후에 유대인의 지도자가 된 스룹바벨의 등장에 대하여 완전히 새로운 언급을 하고 있다. 이 구절은 스룹바벨이 페르샤 왕 다리오를 섬기는 신하였을 때 어떻게 다른 두 청년들과 재담 경험에 들

어갔는지를 이야기해준다. 세 청년이 경합하게 된 주제는 "세상에서 가장 강한 힘은 무엇인가?"였다. 한 청년은 술이 가장 강한 힘이라고 하였고, 두번째 청년은 왕이 가장 강하다고 하였으나, 세번째인 스룹바벨은 여인이 강하지만 진리가 최강의 것이라고 하였다. "그것은 오래가며 항상 강하고, 영원토록 살아 있으며 극복한다"(4:38). 청중이 이 말을 듣고 외치기를 "크도다 진리여, 만유 중에 강하도다"(4:41). 라틴어로는 "Magna est veritas, et praevalet"라고 한다. 스룹바벨의 답변이 최선의 것으로 여겨졌다. 그는 이에 대한 보상으로 자기를 예루살렘에 보내어 그 성과 성전을 재건시키도록 하게 해달라고 청하였다. 다리오는 이 청을 수락하였다. 많은 권위자들은 세 호위병의 재미있는 이야기가 정경 에스라의 2장 서두 앞에 적합하다고 생각한다. 이것은 『아라비안 나이트』(*Arabian Nights*, 아라비아의 야담)의 독자에게 잘 알려진 문학형식의 표본이 된다.

외경인 에스드라 1서와 정경인 에스라-느헤미야 사이의 유사성 때문에 이 세 책이 어떻게 관계되는가라는 질문이 일어났다. 요세푸스가 에스드라 1서를 보았음에 틀림이 없는데 그 이유는 그가 외경에서 발견되는 그대로 스룹바벨의 등장에 대한 자료를 사용하고 있기 때문이다. 에스드라 1서에 기록된 스룹바벨이 등장하는 이야기는 고레스 때에 스룹바벨이 팔레스틴에 귀환하였다는 정경 에스라의 이야기에 상충된다. 왜냐하면 에스드라 1서에서 그는 B.C. 522년에는 바벨론에 있었으며 B.C. 520년까지는 귀환하지 않았기 때문이다. 에스라 4장에 나타나는 아닥사스다의 편지 내용이 에스드라 1서에 수록된 자료에 우선한다(에스라 4:7~24는 에스드라 1서 2:16~30과 동일하다).

(2) 정경과 본서의 관계

세 권의 관계가 상이하게 해석되고 있다. 즉, 로버트(A. Robert)는 에스드라 1서(벌게이트의 에스드라 3서)가 그 자료로서 에스라-느헤미야를 갖지 않았다고 주장한다. 그는 에스드라 1서가 완전히 불명확하고 일치하지 않는 독자적인 셈계의 사본에 근거하고 있다고 믿는다.[1] 반면에 외스털리(Oesterley)는 외경 에스드라 1서에 묘사된 일련의 사건들이 정경인 에스라-느헤미야의 것보다 어떤 면에서는 우월하다고 주장한다.

　외스털리는 오늘날 우리가 가지고 있는 에스드라 1서가 최초에 기록된 것과 동일한 것이 아니라고 믿고 있다.[2] 이 책의 어떤 부분의 원형이 손상되었다는 사실은 이 책의 처음과 마지막이 심하게 망가져 있다는 점에서 추측된다. 외경인 에스드라에 의하면 느헤미야는 느헤미야 8:9에 묘사된 것처럼 율법의 낭독에 있어서 에스라와 함께 협력하지 않는다(9:37~35).

　학자들은 70인경의 에스드라 1서, 또는 벌게이트의 에스드라 3서의 존재에 의하여 당혹하고 있다. 덴탄(Dentan)은 특별히 70인경이 두 권의 역대기와 에스라, 느헤미야를 파라리포메나 1서와 2서(1 and 2 Paralipomena)와 에스드라라는 책명으로 잘 번역하고 있음을 상기할 때 그것은 다수의 신비를 제기하는 "책 가운데 한 고아"[3]라고 부른다. 메쯔거(Metzger)는 에스드라 1서와, 역대하와 에스라, 느헤미야의 이야기 사이의 가능한 관계를 설명하는 데는 세 가지 방법이 있다고 주장한다.[4] 에드라 1서는 정경의 이야기들의 자료일 수 있으며, 혹은 에스라-느헤미야가 에스드라 1서에 의하여 수정되었을 수 있으며, 혹은 양자가 모두 공통적으로 독창적일 수도 있다.

(3) 본서의 연대와 언어

　본서의 연대가 분명하지 않다. 요세푸스가 인용한 것으로 보아 A.D. 100년 이후가 될 수는 없으며 그 이전으로 생각되어 지는데 어떤 학자들은 심지어 B.C. 3세기로 추정하기까지 한다. 본서의 언어는 히브리어나 아람어였다.

2. 에스드라 2서

　어떤 권위있는 학자들은 에스드라 2서를 외경 가운데 두지만 다른 이들은 위경 가운데 두기도 한다. 이 책은 영어 번역본의 외경문헌들 가운데서 발견되며 16장으로 구성되어 있고, 외경 가운데서는 묵시문학의 장르에 속하는 유일한 책이다. 또한 외경 가운데 포함되어 있기 때문에 비정경상의 묵시록 가운데서 가장 잘 알려져 있다. 어떤 학자들은 에스드라 2서가 매우 매력적인 빛으로 유대교의 정신을 묘사하고 있다고 믿는다. 현대의 독자들에게는 에스드라 2서가 모든 외경 가운데서 아마도 가장 이해하기 어려운 책일 것이다.

영어역의 외경에서 에스드라 1서는 70인경의 에스드라 A, 또는 벌게이트의 부록에 실린 에스드라 3서를 말하고 에스드라 2서는 주로 에스라 묵시록(the Ezra Apocalypse), 또는 벌게이트의 부록에 실린 에스드라 4서가 된다. 따라서 영어에서는 개신교의 에스드라란 명칭은 외경에 속한다.

에스드라 2서는 세 부분으로 구성되어 있는데 그 핵심은 3~14장으로 일반적으로 에스라 묵시록으로 알려진 것이며 앞에 2장, 뒤에 2장이 따른다. 대부분의 학자들의 의견으로는 이 네 장이 에스라의 묵시록의 일부가 아니었다고 한다. 심지어 이 책의 단일성을 지지하는 학자들마저도 에스드라 2서가 사상들의 집결인 것을 인정한다. 라그레인지(Lagrange)는 모세적 요소가 문헌 속에서가 아닌 사상들 속에서 발견된다고 주장한다. 저자는 자기 앞에 어떤 전승의 요소들을 두었으며 이것들을 융합시키거나 자기의 주된 주제와 적합하지 않은 것들을 삭제할 수 있었다.

이 책의 메시지는 아마도 B.C. 5세기 중엽에 살았을 서기관 에스라의 입을 통하여 구술된 것으로 묘사하고 있다. 이 책의 어느 부분도 그렇게 오래된 것은 아니며 현재의 형태는 A.D. 1세기 말엽에 형성되었으리라고 여겨진다.

(1) 본서의 내용

1장과 2장은 어떤 그리스도인의 서론으로 간주되며 마지막 두 장은 어떤 유대인의 비난으로 간주되고 있다. 유대인의 자료는 비록 이스라엘이 다른 국가들 보다 더 악하지도 않고, 또한 분명히 바벨론처럼 악하지도 않은데 왜 그렇게 대단히 고난을 당하게 되는가라는 질문의 주위를 맴돌고 있다. 왜 그렇게 극소수의 사람만이 구원을 받고 있었는가란 질문을 다루고 있다.

에스드라 2서는 예루살렘 멸망 후 30년(우리의 연대계산에 따르면 B.C. 557년)으로 추정되는 시기의 일곱 가지 환상을 수록하고 있다.

이 환상들의 내용을 간략히 말하면 다음과 같다.

제1차 환상, 3:1~5:13—B.C. 558년 바벨론에 있던 에스라는 이방인들이 번성하는 반면에 하나님의 택한 백성인 이스라엘이 왜 고난을 당하고 있는지 하나님께 불평하며 그 이유를 질문한다. 천사 우리엘은 하나님의 역사하시는 방법의 불가해성을 전한다. 악한 자들은 정한 때가 있으며 하나님의 백성들의 고통이 곧 끝날 것이다. 여기서 그 종국에 선행하는 표적이 묘사되고 있다. 그런 후 에스라는 7일간 금식하며 2차 계시를 준비한다.

제2차 환상, 5:14~6:34—이 부분의 교훈은 제1차 환상과 유사하다. 에스라는 다시 이스라엘의 모진 운명을 불평하고 책망을 받는다. 천사는 다가오는 종국의 표적들을 가리키며 하나님의 방법들이 의로움을 보여준다.

제3차 환상, 6:35~9:25—에스드라 2서의 처음 네번의 환상들은 살라디엘의 묵시록(the Salathiel Apocalypse)으로 알려져 있다. 이들의 절정기는 제3차 환상에서 발견된다. 여기에서 에스라는 최종적인 형국에 처한 이스라엘의 고난에 대한 문제를 토론한다. 세상이 이스라엘을 위하여 창조되었다면 왜 이스라엘이 자기의 유업을 박탈당하고 있는가? 에스라와 천사 사이의 논쟁이 있은 후에 메시야 왕국의 도래와 세상의 종말의 도래에 대한 선언이 있어진다. 이 문단은 69개의 절로 된 하나의 단편을 이루며 영어개정역(Revised English Version)에는 나오지만 흠정역이나 대다수의 라틴어 사본에서는 발견되지 않다가 벤슬리(Bensly)에 의하여 재개되었다. 이것은 벌게이트의 35절과 36절 사이의 공백을 메꾸며 부활과 최후의 심판을 다룬다.

제4차 환상, 9:26~10:59—에스라는 자기의 아들을 잃고 슬피 울고 있는 한 여인을 보게 된다. 에스라는 그녀에게 그녀의 아들을 위하여 우는 대신 예루살렘을 위하여 울어야 한다고 말한다. 그녀가 사라지자 그녀의 자리에 하나의 성이 세워졌다. 그러자 천사는 에스라에게 여인은 시온이며, 아들은 솔로몬의 성전이고, 성읍은 새 예루살렘임을 알려준다.

제5차 환상, 10:60~12:29—이것은 도망하여 땅을 다스리며 3개의 머리와 12개의 날개를 가진 독수리에 대한 환상이다. 그의 통치는 각각의 날개와 머리에 의하여 성공적으로 수행되었으나 종국에 가서 독수리는 오직 두개의 머리만 남게 되고 그의 멸망을 예고하는 사자의 맹공격을 받는다. 사자가 말하는 대로 불이 독수리의 몸을 불태운다. 에스라는 이 독수리가 다니엘이 본 네번째 제국, 즉 로마제국으로서 장차 메시야에 의하여 멸망당할 것을 듣는다.

제6차 환상, 12：40～13：58—이 환상 가운데, 한 사람이 폭풍이 몰아치는 바다에서 솟아오른다. 그의 모습을 보고는 만물이 경련하며 그의 음성을 듣는 자마다 불로 인하여 멸망을 당한다. 그가 자기의 대적들을 다 소멸한 뒤에 이 동일인물이 평화로운 군중을 자기에게로 모으는데 어떤 이들은 기꺼이 나아오고 다른 이들은 억지로 끌려온다.

바다로부터 온 사람은 선재한 메시야(the preexistent Messiah)이시며, 그를 대항하기 위하여 나오는 자들은 이방인이고, 메시야의 도래를 기뻐하는 자들은 이스라엘의 열 지파였음을 에스라는 듣게 된다.

제7차 환상, 14：1～48—자신의 다가오는 죽음을 경고받은 에스라는 지혜의 책을 저술하도록 지시를 받는다. 따라서 그는 64권의 책을 저술하고 그 가운데서 24권을 출판하도록 명령을 받는데 이 책들은 히브리 구약 정경인 24권에 대한 참고도서로 가능하였다. 94권 가운데 50권의 책은 난해한 성격 때문에 감추도록 명령을 받는다. 하나님은 에스라에게 5명의 서기관을 데려다주시고 40일 동안에 그가 모든 책을 저술할 수 있게 하셨다. 에스라는 자기에게 위탁된 임무를 완수한다. 왁스맨(Waxman)은 에스라 4서의 목적이 외경과 위경 작품들의 기원을 설명하기 위한 변증서라고 주장한다.[5)]

15장과 16장은 이 책 가운데서 가장 중요하지 않은 부분으로 부록의 형식을 취하고 있다. 이 부분에서 바벨론과 아시아, 애굽에 대한 탄핵이 발견되며 그 가운데 장차 세상에 임할 공포와 환란에 대한 선포도 포함되어 있다. 그러나 주님의 택하신 자들은 구원을 받을 것이다. 이 부록은 외스텔리에 의하여 A. D. 240년에서 270년 사이에 되어진 것으로 주장된다.[6)]

(2) 본서의 언어

본서는 라틴어역과 다수의 동양언어 역본들, 즉 수리아어역, 에디오피아어역, 알메니아어역에 보존되어 있다. 이 역본들은 다수의 권위자들의 말에 의하면 원래는 히브리어 원본에 근거한 헬라어 역본에서 유래된 것이다. 왁스맨은 본서가 순전한 히브리어 결집이며 순수한 유대인의 사고의 산물이라고 말한다.[7] 몇 학자들은 아랍어 원본이 있었다고 주장한다. 영어 역본은 신빙성이 적은데 라틴어 역본에 근거하였고 예수님에 대한 언급이 나오는 7:28~29과 같이 많은 가필을 포함하고 있다.

(3) 본서의 저작 연대

저작 시기에 대하여는 다양한 연대추정이 되고 있다. 왁스맨은 이 연대를 거의 정확하게 결정할 수 있다고 주장한다.[8] 로마 황제에 대한 저자의 식견과 마찬가지로 로마인에 대한 계속적인 언급과 성전 파괴, 이 모든 것이 1세기 말, 즉 A. D. 81년에서 86년의 기간을 지적한다. 박스(Canon Box)는 3~14장의 편집시기를 A. D. 100년에서 135년 사이로 잡으며, 살라디엘 부분의 연대는 A. D. 100년, 독수리 환상의 연대는 A. D. 81년에서 96년까지, 혹은 A. D. 69~79년도 가능하다고 여기며, 인자의 환상 연대는 A. D. 70년 이전, 에스라 전설은 70년 이후, 그리고 옛 에스라 부분은 본 연대의 이전으로 추정한다.[9] 이 책의 전체가 발간된 것은 내용이 매우 유사한 바룩 2서와 동시대이다.

3. 유딧

유딧(Judith)의 내용은 두 가지 번역본을 통하여 현재까지 전해진다. 그 가운데 하나의 설명에 따르면 홀로페르네스(Holofernes)는 느부갓네살에 의하여 앗수르 왕에게 반역하는 봉신들을 정벌하도록 명령을 받았다. 대군을 거느린 홀로페르네스는 길리기아(시실리,

Cilicia), 메소포타미아, 그리고 다메섹 지역을 평정하였다. 북부 팔레스틴을 가는 도중에 그는 행군로에 있는 모든 것을 황폐케 하였다. 유대인들은 여호와의 도움을 받아 유대 전역에 대한 다가오는 홀로페르네스의 공격에 항거하기로 결정하였다. 그들은 그 장군의 승리에 대한 공포를 느꼈으며, 스스로 영적으로는 기도와 금식으로, 육적으로는 그들의 군사를 동원함으로 준비하였다.

이야기는 이어서 베툴리아(Bethulia)의 포위에 집중이 된다. 34일이 지나자 주민들은 식수가 현격히 고갈되어 가기 때문에 항복할 것을 고려하게 되었다(1~7장). 지도자들은 자기들이 곤경에 처한 것을 알게 된 주민들에게 비난을 받는다. 장로 가운데 하나인 오즈알(Ozear)은 구원이 올 것을 약속하면서 5일만 더 지탱할 것을 요청한다. 이러한 이야기의 진행 속에서(8:1) 빼어난 미모와 경건함으로 잘 알려진 3년이 넘게 과부로 지낸 유딧이 등장한다. 그녀는 도시가 항복하리라는 장로들의 계획을 듣고 격노하여 외쳤다. "하나님은 위협받을 수 있는 인간이 아니시오"(8:16). 그녀는 적군을 패퇴시킬 계책을 갖고 있다고 선언한다. 9장은 그녀가 홀로페르네스의 진영에 가기 전에 드리는 그녀의 기도를 적고 있다. 그녀는 온갖 화장술로 자신을 치장한 뒤에 하녀와 함께 적군의 진영으로 찾아갔다. 그녀는 홀로페르네스의 경비병에게 자기는 멸망을 당할 도시에서 도망해 온 히브리 여인인데 그 도시를 함락시킬 방법을 알려주러 왔다고 소개하였다.

그녀는 유대인들이 여호와께 신실한 동안은 유대인의 성읍이 함락되지 않으리라는 아키올의 이전 보고내용을 확신시켜주었다. 그러나 이제 그들이 금지된 짐승을 잡아 먹으려고 계획하고 있으며, 따라서 하나님의 징계가 그 성읍에 임하게 될 것이라고 하였다(10:14~11:23). 유딧은 장군의 식탁에서 신선한 음식을 대접받았으나 그녀의 하녀가 가져온 음식만을 먹도록 허용해줄 것을 청하였다. 그녀는 또한 목욕과 기도를 위하여 그녀의 하녀와 함께 진 밖으로 나가도록 허락받았다. 이러한 일을 유딧은 3일밤 동안 하였다. 마침내 유딧이 계획한 일을 실행할 때가 왔다. 홀로페르네스는 유딧을 위하여 잔치를 베풀어 그녀가 최대한 즐겁기를 원했다. 또 다시 그녀는 부정한 음식 먹기를 거절하고 하녀가 준비해간 음식만을 먹는다. 술에 만취한 홀로페르네스와 단 둘이 남게 되자 그녀는 하나님의 도움을 구한 후에 홀

제14장 외경의 각론 151

로페르네스의 검을 취하여 그의 목을 벤다. 그녀는 준비해간 가방에 그의 머리를 넣고, 이전 밤에 하였던 대로 진지 밖의 파수병을 지나서 걸었다.

유딧과 그녀의 하녀가 베툴리아 성에 도착한 후에 그녀는 홀로페르네스의 머리를 들어보였다. 13:14에서 그녀는 사람들을 불러서 하나님이 베푸신 구원을 인하여 하나님께 찬양과 감사를 돌리게 한다. 다음날 포위당하였던 유대인들은 적군을 격퇴시킨다. 결론부에서 저자는 유딧의 승리를 전하며 그녀의 감사의 노래를 기록하고 있다(15:9~16:25).

비록 이야기가 실제적으로는 동일하지만 이 보다 짧은 다른 번역본에서 그것은 다른 배경에서 전개된다. 느부갓네살의 궁전이 셀류쿠스에 의하여 취하여지며 베툴리아가 아닌 예루살렘이 사건의 현장이 된다.

(1) 본서의 언어

유딧의 원본이 현존하지 않는다. 다수의 학자들은 헬라어 번역본에 나타난 어떤 특징들이 본서가 아마도 히브리어로 쓰였을 것이라는 사실을 시사한다고 믿고 있다. 어떤 학자들은 아람어로 쓰였을 것이라고 주장한다. 유딧의 헬라어 번역본이 알렉산드리아 사본(A)과 바티칸 사본(B), 시내 사본(S)과 같이 귀중한 고정본 속에서 보존되어 있다. 제롬이 하루 밤에 완성하였다는 벌게이트의 라틴어 번역본은 이 번역이 아람어 사본에서 되었다는 느낌을 준다.

(2) 본서의 결집 시기

학자들 간에 본서가 저술된 시기에 대한 견해가 각각 다르다. 그 가운데 B. C. 175년에서 110년 사이의 연대가 추정되고 있다. 외스텔리는 마카비 일가의 투쟁 시기, 특별히 요나단이 지도권을 장악하였던 시기(B. C. 160~159), 또한 성전을 정통파가 장악하였던 때로 추정한다.[10]

(3) 본서의 목적

유딧이 역사서가 아닌 것은 매우 분명하다. 유딧은 이방인의 공격에 직면한 유대인들이 그들의 신앙과 율법에 충실하기를 격려하기 위하여 저술된 것이다. 본서의 목적은 커다란 국가적 역경의 시기에 국가주의와 애국심을 고양시키려는 것이었음이 자명하다.

4. 토비트

토비트(the Book of Tobit)는 로마 가톨릭이 그들의 구약 가운데 2차적 정경에 속한 것으로 간주된 책이다. 히포(Hippo, A. D. 393년)와 칼타고(Carthage, A. D. 419년) 회의는 본서를 정경 가운데 하나로 결정하였다. 트렌트 회의(the Council of Trent)는 이전의 종교회의들에 의하여 취해진 결정들을 재확인하였다. 쿰란의 제4 동굴에 하나의 히브리어 맛소라 사본과 두개의 아람어 맛소라 사본이 발결된 것은 기독교 시대의 초기에 본서가 읽혀지고 유대인들에 의하여 가치있는 것으로 평가되었다는 사실을 보여주는 것 같다.

유대인과 그리스도인들 사이에 다양한 번역본들이 회람되었다는 사실이 증거하고 있듯이 본서는 고대에는 널리 유포되었다. 헬라어의 세개의 고정본, 라틴어의 두개의 고정본, 수리아어의 두개의 고정본, 히브리어의 네개의 고정본, 그리고 에디오피아어의 한개의 고정본 속에 들어 있다.

(1) 본서의 내용

토비트는 경건한 사람인 토비트(Tobit, 어떤 로마 가톨릭 저술가들은 토비아스—Tobias라 부름)의 초기 생애에 대한 요약적인 설명으로 시작한다. 이어서 동일한 날에 니느웨에서 토비트가(2 : 1~3 : 6), 그리고 니느웨에 사는 라구엘(Raguel)의 딸 사라(Sarah, 3 : 7~15)가 어려운 시련에 봉착하여 하나님께 도움을 청하는 기도를 드리게 된다는 이야기, 일종의 이중적 진행의 이야기(diptych)가 나온다.

하나님은 그들의 기도에 응답하셔서 천사 라파엘을 보내시어 그들을 돕게 하신다(3:167 이하). 이 때부터 이야기의 본론부가 시작된다.

　토비트의 아들 토비아스는 아버지로부터 부탁을 받아 메디아의 라게스(Rages)에 가서 친척인 가바엘(Gabael)에게 맡겨둔 막대한 돈을 가져오게 된다. 라파엘은 인도자가 필요한 토비아스를 돕는다(5:1~22). 그들은 티그리스 강에서 커다란 물고기를 잡는데 아자랴(Azariah 천사 라파엘의 별명)의 제안으로 그 물고기의 심장과 간과 쓸개를 떼어 갖는다. 엑바타나(Ecbatana)에서 그들은 사라의 아버지인 라구엘을 방문한다. 토비아스는 사라를 만나고 그녀에게 결혼해 줄 것을 청하지만 그녀의 이전의 모든 구혼자와 남편들이 어떻게 마귀에게 살해당했는지를 듣게 된다. 토비아스는 어떻게 마귀를 물리칠 수 있는지에 대하여 아자랴의 지도를 받았기 때문에 사라에게 결혼할 것을 계속 간청한다. 결혼날 밤 토비아스는 지시를 따라 신방에서 냄새가 나도록 물고기의 심장과 간을 태우고 그 악령을 애굽의 아주 먼 곳으로 쫓아버린다. 이 일 후에 토비아스는 아자랴를 라게스로 보내어 그의 돈을 자기의 친척에게서 가져오게 하고 그의 장인이 승락한 결혼 잔치를 준비한다(9장).

　토비아스와 사라가 니느웨로 귀향할 때 토비트가 마귀 아스모데우스(Asmodeus)를 쫓는데 사용하였던 심장과 간을 제공한 같은 물고기의 쓸개를 사용하여 시력이 회복된다. 사라가 토비트의 집에 도착하기 전에 토비트는 그의 시력을 회복하여 성문 곁에서 그녀의 며느리를 만날 수가 있게 되었다. 7일 동안 혼인잔치가 다시 배설된다. 마침내 토비트와 토비아스가 그들의 행복을 주로 담당하였던 아자랴에게 보상하려고 할 때 그들은 자신들의 은인이 천사 라파엘이며 하나님의 존전에서 인간의 기도를 대언하는 일곱 천사 중의 하나인 것을 알게 된다. 본서는 감사의 노래와 토비아스의 행복한 생활을 위한 아버지의 마지막 교훈으로 끝을 맺으며 토비아스는 아버지의 유언을 받들어 행하고 니느웨가 멸망한다는 소식을 듣기까지 장수한다.

(2) 본서의 목적

현대의 로마 가톨릭 학자들은 토비트의 목적이 역사서가 아닌 "건덕에 유익한 이야기"를 제공하는 것이라고 주장한다. 역사적 오류들과 연대기적 곡해들은 저자가 도덕적인 이야기, 즉 적절한 훈계들을 삽입시킨 이야기임(4:3~21; 12:6~15; 14:8~11기타 여러 곳)을 지적해준다고 믿어진다. 토비트의 의도는 선한 사람이 인내하여야 하는 고난과 역경을 신자들에게 보여주려는 것이다. 그러나 만일 그가 믿음에 충실하기만 하면 결국 하나님이 그를 세상적인 좋은 것들로 축복하실 것이다(3:17; 4:21; 11:17). 이러한 주제와 함께 율법 준수의 가치(1:4~9, 12; 4:6), 기도의 중요성(3:1 이하, 11 이하, 24, 벌게이트), 자선(3:16~18, 벌게이트 4:13; 6:16~22), 자비의 행위(1:15, 벌게이트 2:1~2), 연보함의 우월성(4:7~12; 12:8하~9:19~20), 기타 죽은 자에 대한 존경표시에 관한 복합적인 교훈들이 있다.

본서는 성경에 사용된 언어로 기록되었으며 구약에 대한 많은 암시가 있다. 비록 원본이 현존하지 않을지라도 다수의 학자들은 이론적으로는 히브리어나 아람어가 원본에 사용된 언어라는데 의견의 일치를 갖고 있다. 헬라어 사본들 가운데는 몇 가지 상이점들이 있다. 시내 사본(S)은 알렉산드리아 사본의 개정본인 바티칸 사본(B)과 대조할 때 가장 긴 본문을 갖고 있다. 제롬은 그의 벌게이트에 있는 번역본을 아람어 사본에서 번역하였다.

(3) 본서와 이교의 자료들

군스피드와 페랄(Ferrar), 메쯔거, 그 밖의 학자들은 토비트의 저자가 이교의 자료들을 사용하였다고 믿고 있다. 어떤 학자들은 토비트가 애굽인이 지은 『콘스의 소책자』(Tractate of Khons)를 방해하기 위하여 저술되었다고 주장한다. 이 책에는 한 마귀가 테베의 신의 도움을 받은 어떤 여인에 의하여 쫓겨난다는 이야기가 담겨 있다. 아히칼의 이야기(the Story of Achikar)가 토비트의 내용에 영향을 미쳤다는 추정도 있다. 터무니 없이 주장되는 또 다른 자료는 "고마운 인간" (The Grateful Man)이란 이야기가 있다.

외국 자료들이 토비트 저자에게 미친 영향의 정도에 대하여 학자들의 의견이 상이하다. 어떤 학자들은 페르샤의 영향이 나타난 증거상으로 지대하다고 믿고 있다. 천사와 마귀에 대한 언급이 조로아스터교의 영향을 받은 유대교의 새로운 발전이라는 엉뚱한 주장도 있다. 아스모데우스는 페르샤의 마귀인 애쉬마 대바(Aeshma Daeva)라고 생각되어진다. 토비아스의 여행길에 그를 따라간 개는 조로아스터교의 스라오사(Sraosha)와 함께 하던 개를 연상케 한다. 유대교에서 개는 경멸의 대상이 되었던 짐승이며 불결하다고 여겨졌다. 이 저자는 애굽에서 프톨레미 왕조의 통치 때 헬라 문화의 영향 속에 살았던 유대인이었음에 틀림없으며 그는 허구적인 이야기 속에 여러 가지 경향들을 융합시켰다.

어떤 로마 가톨릭 학자들은 토비트의 주된 자료는 창세기이며 그 안에 있는 족장들의 이야기라고 믿고 있다. 창세기 24장은 엘리에셀 이야기와 이삭의 결혼을 말하며 레베카는 토비아스의 여행과 사라와의 여행 이야기의 모델역할을 하였다. 라파엘은 창세기 24 : 7, 40에 나오는 천사로서 엘리에셀이 이삭의 아내를 찾도록 인도하기 위하여 여호와로부터 파송된 천사이다.

(4) 본서의 저작 시기

토비트는 외경 가운데서 가장 일찍 저술된 책 중의 하나일 것이다. 학자들간에 결집의 시기에 대한 주장이 상이하지만 대개 B.C. 250~175로 추정되고 있다. 메쯔거는 그것이 B.C. 190~170년 경의 어떤 경건한 유대인에 의하여 저술되었다고 주장한다.[11] 클라크(Clarke)는 저작연대를 B.C. 3세기와 2세기 초로 잡는다.[12] 왁스맨은 본서가 헤롯성전이 건축되기 전, 즉 B.C. 20년 경에 저술되었다고 주장한다.[13] B.C. 3세기 말엽에 애굽에 사는 한 경건한 유대인에 의하여 토비트가 저술되었다는 이론도 발전되어 왔다.

5. 에스더 부록

구약의 에스더는 하만의 교사로 인하여 유대인들이 학살당할 뻔한 사건을 기록하고 있는 매우 국수적인 책이다. 그러나 에스더의 영웅적인 행동을 통하여 유대인들은 페르샤 제국 내의 그들의 적들로부터 자신들을 보호받을 수 있었으며 그들 가운데 75,000명을 주살한다. 정경 에스더는 하나님의 성호가 언급되지 않고 반면에 페르샤 왕의 이름이 175회 거론된다. 기도에 대하여 한 마디의 언급이 없으며, 사실 종교에 대하여는 거의 말하고 있지 않는다. 외경인 에스더는 정경을 보충할 목적을 띠고 있다. 에스더 10장에 10절을 추가하는 외에도 외경 에스더는 6장이 더 첨가되었다. 에스더 부록(the Additions to Esther)에서 발견되는 새로운 자료들은 벨의 이야기(the Episode of Bel)나 수산나 이야기(the Story of Susanna)와는 달리 정경 에스더에다 고유한 가치를 부가시키거나 성경 이야기에 어떤 공헌을 하지는 않는다. 제롬이 벌게이트 번역본을 만들 때 사용하였던 에스더의 헬라어 번역본은 히브리어 본문에 나타나지 않는 107절을 수록하고 있었다. 제롬은 그것들을 에스더 본문에서 분리하여 하나의 부록 안에 배열시켜 영역본들에서 발견되는 순서에 위치시켰다. 클라크는 "이것들은 완전히 이해할 수 없는 순서라"고 주장한다.[14]

에스더에 새롭게 첨가된 내용은 에스더의 내용에 강한 종교적 요소들을 추가시키려는 의도에서 비롯된 것이다. 즉, 모르드개와 에스더는 긴 기도를 하며, 모르드개는 "부림"이 하나는 하나님의 백성을 말하며, 다른 하나는 이방인을 가리키는 하나님이 만드신 두개의 제비를 말하는 "제비"라고 설명하고 있다. 이 부록이 성경의 내용에 모호한 부분을 명료히 하려고 노력하는 것이 분명히 드러난다. 아닥사스다(크세르크세스)의 두 통의 긴 편지가 에스더 3:13~15에서 언급된 조서에 소개되며, 또 다른 편지가 이전의 조서를 폐기시키는 8:13에 언급된다.

70인경은 이 부록을 전체 본문의 7개의 부분에 첨가시키고 있다. 아닥사스다의 통치에 대하여는 그가 통치하기 이전에 발생하였을 것이 틀림없는 사건들을 말하고 있다. 영어 번역본의 외경에서 이 부록은 항상 하나로 모아져 있다.

히브리어 에스더에 누락된 헬라어 에스더의 내용은 다음과 같다.

1. 모르드개의 꿈과 왕에 대한 반란이 무산된다는 이야기. 이에 대한 17절이 정경의 제1장 앞에 위치한다.

2. 페르샤 제국에 사는 모든 유대인들을 살해하도록 초래할 편지가 페르샤 왕에 의하여 발송된다. 이 내용은 히브리어 본문의 3：13 뒤에 나오며 벌게이트에서는 13：1~7에 해당된다.

3. 히브리어 본문의 4장에 뒤이어 모르드개와 에스더의 기도가 나온다. 벌게이트에서는 13：8~13이 모르드개의 기도이며 14：1~19가 에스더의 기도이다.

4. 왕에 대한 에스더의 알현이 70인경에는 16절에 이르는 반면 맛소라 사본에는 2절에 불과하다. 라틴어 성경에서 이 부분은 15：1~16에 해당된다.

5. 유대인들에게 원수들에게서 자신을 방어하라는 허락을 내린 페르샤 왕의 편지가 8：12 뒤에 나온다. 벌게이트에서는 16：1~24에 나온다.

6. 이 부분은 각기 다른 주제들을 다룬다. 첫째 주제는 모르드개의 꿈에 대한 해석이다. 이것은 부림절의 목적을 논함으로 절정에 이른다. 이 부분은 히브리어 본문 뒤와 에스더와 헬라어 본문을 결론짓는다. 벌게이트에서는 10：4~13에 해당된다. 두번째 내용은 헬라어 번역본에 첨가된 역사적 각주이며 벌게이트의 11：1에 해당된다.

(1) 본서의 저작 연대

A.D. 90년경의 인물 요세푸스는 헬라어판 에스더를 잘 알고 있다. 즉, 그는 『유대 고대사』(Jewish Antiquities), ⅩⅠ：6에서 그 내용을 쉽쉽게 풀이하고 있다. 사도적 교부에 대한 책의 저자였던 로마의 클레멘트(Clement)는 에스더가 모든 것을 아시는 하나님께 금식과 겸비함으로 간청하였다고 말하였다(55：6, 에스더 15：2[벌게이트] 참조). 굳스피드는 "기도 없이도 모든 것을 아시는 하나님"이란 언급이 정경상의 에스더를 말하는 것이 아니라고 믿고 있다.[15] 제롬에 따르면 헬라어판 에스더 부록은 유대인들에 의하여 수납되지 않았으며, 그가

아프리카누스(Africanus)의 편지에서 그것들은 읽는 자의 건덕에 효과가 있다고 적고 있다.

외경 에스더의 기원에 대한 정확한 연대와 장소를 단정짓기는 어렵다. 어떤 권위있는 학자들은 에스더 부록이 B.C. 180~145년 사이에 애굽의 어느 곳에서 기록되었다고 믿고 있다. 왁스맨에 따르면 여러 권의 부록들이 각기 다른 사람들에 의하여 기록되었을 가능성도 있다고 한다.[15] 그는 11장의 표제에 주의를 기울이는데 거기에서는 이 편지들이 예루살렘에 있는 프톨레미의 아들인 리시마쿠스(Lysimachus)에 의하여 해석되었으며 프톨레미와 클레오파트라의 결혼 4년 후에 도시테우스(Dositheus)라고 하는 레위인 제사장이 가져왔다고 주장한다.[17] 그러나 클레오파트라라는 이름의 부인을 얻은 프톨레미란 왕이 4명이나 있기 때문에 정확한 연대를 결정짓기는 어렵다.

6. 집회서, 또는 시락의 아들 예수의 지혜

"교회의 책"(the Church Book)이란 의미의 집회서(Ecclesiasticus)의 원명은 고대에 실종되었다. 집회서란 명칭은 3세기 이후의 기독교회에서 사용되어 왔으며 역시 제롬도 그렇게 불렀다. 다른 집회서들과 비교할 때 만일 널리 사용된 것이 표준이 된다면 본서는 아주 '뛰어난'(Parexcellence) 책이다. 본서는 초대교회에서 교훈적 규범서로서 이용되었던 듯이 보인다. 본서는 매우 유명하여 다수의 동양 언어, 즉 콥틱어(Coptic : Sahidic, Bohairic과 Achmimic [Akhmimic], 방언들)와 아르메니아어, 에디오피아어, 그루지아어(Georgian), 고슬라브어, 아랍어들로 번역되었다. 본서는 외경 가운데서 가장 긴 책이며 정경의 잠언에 비해 두배가 된다.

(1) 본서의 내용

집회서는 길이가 일정치 않은 5개의 주된 부분들로 구분된다. 서문 뒤에 "벤 시락(Ben Sirach)의 잠언"을 수록한 가장 긴 부분, 1 : 1~42 : 4이 나온다. 이것은 종교와 윤리 문제에 대한 저자의 명상과 강의를 수록한, 느슨하게 연결된 잠언들의 결집이다. 정경의 잠언과 집회서의 이 부분 사이에는 커다란 유사성이 있다.

다음 부분인 42：15~43：33은 찬양의 시적 성격을 띠고 있는데 저자는 하나님에 의하여 창조된 물질세계의 놀라운 일들을 칭송한다. 44：1~49：16의 부분은 "이제 우리 유명한 인물들과 우리를 낳으신 선조들을 찬양하자"란 유명한 문구로 시작하며 히브리인의 역사와 위대한 지도자들의 위업을 개괄하고 있다. 이 부분은 히브리서 저자를 하나의 표본으로 하여 11장에서와 같은 믿음의 영웅들을 열거하고 있다.

50~51장의 마지막 부분은 부록의 성격을 띤 것으로 고대부터 내려오는 성전제사의 가장 훌륭한 묘사를 담고 있다(50：1~26).

(2) 본서의 저자

외경 가운데서 저자가 알려진 것은 오직 본서 뿐이다. 저자는 그의 독자들에게 자기의 이름이 예루살렘에 사는 엘리에셀의 아들인 "시락의 아들 예수"라고 말하고 있다(50：27). 그의 손자는 50년 후에 본서를 헬라어로 번역하였다. 저자의 손자에 대하여 이 이상 더 알려진 것은 없다. 예수 벤 시락은 예루살렘에 사는 자라고 묘사되어 있으나 본문의 진위는 의심스럽다. 어떤 학자들은 시락이 학자이며 교사이었다고 믿는다. 그는 구약에 친숙한 지식을 지니고 있음을 보여준다. 본서 전체는 구약에서 취한 사상으로 충만하여 서가관의 직위를 얻기 위한 특별한 준비를 즐겼던 사람의 태도와 훈련의 흔적이 반영되어 있다. 본서에 암시된 내용들에 근거하여 그는 한가로운 사람이었으며, 여행을 좋아하고, 철학적인 생각의 소유자며, 후에 사두개파로 알려진 종파의 지지자였다고 추론되고 있다.

(3) 본서의 연대

본서의 정확한 저작 연대에 대한 의견이 학자들 사이에 상이하다. 아이스펠트(Eissfeldt)는 집회서가 B.C. 190년 경, 즉 마카비의 투쟁이 발발하기 수년 전에 예루살렘에서 기록되었다고 믿는다.[18] 다른 학자들은 B.C. 290년이나 280년 같이 이른 시기에 저작되었다고 주장한다. 집회서의 번역은 B.C. 130년 경에 완결되었다. 손자의 서문에서 그는 유에르게테스 왕(King Euergetes) 즉위 38년, 혹은 B.C. 132년에 애굽의 알렉산드리아에서 갔었다고 진술하고 있다. 이 서문에서 그는 번역을 하도록 격려를 받았다고 말하고 있다.

(4) 본서의 언어

본서는 히브리어로 쓰여졌으나 원본은 실종되었고 지금까지 헬라어 번역본에 의하여 전해져왔다. 히브리어로 기록된 책은 다른 외경들보다 더 오랫 동안 전해졌었다. 카이로에 있는 옛 회당(Old Synagog)의 옛 문서 보관소(genizah)에서 집회서의 단편들을 발견하였던 쉐흐터(Solomon Schechter)의 노력에 의하여 1897년에 히브리어 원본의 상당부분이 복원되었다. 그러나 집회서의 원문의 확인 문제는 확대된 헬라어 사본이 삭제, 첨가, 전위로 인하여 변형되었기 때문에 복잡하고 어렵게 되었다. 독자들은 흠정역과 개역성경이 상당히 차이가 있음을 숙지해야 한다. 1896년 카이로에서 히브리어 사본이 발견된 이래로 더 오래된 번역본들은 무용지물이 되었다. 본서의 3분의 2에 해당하는 부분을 이제 5권의 필사본의 첫 부분에 수록된 히브리어 본문으로 보는 것이 가능해졌다. 쿰란의 제2 동굴은 히브리어 시락의 추가적인 단편들을 전해주었다. 이 증거들은 헬라어 본문이 히브리어 원본에서 번역되었음을 가리킨다.

왁스맨에 따르면[19] 본서는 이후의 유대 문헌들에 상당한 영향을 미쳤다. 비록 위대한 랍비 아키바가 본서의 독서를 금하였지만 탈무드학자들은 집회서를 끈질기게 연구하였다. 지도자적인 타나학자(Tannaitic; 200년간 계속된 여러 학자들 가운데 한 부류 — 아랍어로 '가르친다'는 뜻의 tanna에서 유래된 명칭 — 역자주) 아모라 학자(Amoraic; Mishna를 연구하는 학자들 — 히브리어 '해석하다'란 뜻의 amora에서 유래된 명칭 — 역자주)들은 이것을 자유롭게 인용하였다. 20개 이상의 잠언이 바벨론과 팔레스틴 탈무드에 인용되어 있다. 탈무드에 나온 인용문구 가운데 어떤 것은 마치 성경에서 인용된 것처럼 "기록되었으되"(It is written)란 문구와 함께 소개된다. 두 곳에서 집회서가 히브리어 구약의 케투빔, 혹은 성문서에 속한 것처럼 언급되고 있다.

7. 솔로몬의 지혜서

많은 유대인들이 팔레스틴 지역 밖에 거주하였으며, 특히 포로기 이후에는 더욱 많은 외국 거주민이 있었는데, 그들은 디아스포라(Diaspora)로 알려진 공동체를 구성하였다. 유대인의 거주지 가운데 가장 규모가 큰 곳의 하나는 헬라 문화권의 지식과 과학의 중심지였던 애굽의 알렉산드리아였다. 이곳에는 고대세계의 가장 큰 도서관 중의 하나가 있었다. 알렉산드리아에서 유대인의 종교와 사상은 이방의 종교와 철학과 부딪히게 되었다. 이따금 유대인들은 그들의 신앙에 대한 공격과 그들에 반감을 지닌 박해 때문에 그들의 신앙에 대한 변호자가 되었다. 솔로몬의 지혜서(the Wisdom of Solomon)는 유대인들로 하여금 그들의 조상이 전해준 신앙에 신실하도록 격려하기 위하여 기록되었다고 믿어진다. 본서는 집회서와 마찬가지로 지혜문학의 쟝르에 속하도록 구분된다. 그러나 사상의 범위는 물론이고 종교적 통찰, 종교적 개관, 사상의 조직력에서 지혜서는 집회서보다 우월하다고 평가된다.

본서는 다음 세 부분으로 구분될 수 있다.

1. (1~5) 지혜는 의롭고 신실한 사람에게 영생을 가져다준다. 죽음은 불의한 자와 배교자에 대한 보응이다.
2. (6~9) 지혜의 기원과 성질, 활동이 설명된다. 9장은 지혜를 예찬하는 아름다운 기도이다.
3. (10~19)이 부분은 이스라엘 역사의 최고와 다른 민족과 그들의 관계에 대한 재고를 담고 있다.
    a. 족장들과 출애굽(10~12)
    b. 가나안 정복(12:3~27)
    c. 우상에 대한 논쟁(13:1~15:17)
    d. 출애굽 때 겪은 히브리인과 애굽인의 경험에 대한 보다 깊이 있는 숙고(15:18~19:22).

제1장은 의에 대한 예찬이다. 이 의에 대한 추구는 지혜획득을 위

하여 필수적인 것으로 묘사되는데, "그 이유는 지혜란 악하게 저항하는 영혼 속으로 들어가지 않거나, 또는 죄에 사로잡힌 육체에는 거하지 않기 때문이다"(1：4, R.V.). 의는 이 세상의 삶에 관계될 뿐 아니라 무덤 너머에서 생명을 공로로 얻게 하는 것으로 묘사되고 있다. 즉, 의인이 이 세상에서 그의 대적의 손에서 어떠한 고난을 겪든지 결과적인 승리는 그에게 있는 것이다.

제3장에서 유대인은 "하나님이 인간을 불멸로 만드셨다"라는 것을 배웠다. 임종 후에 의인의 영혼은 스올의 어둡고 침침한 곳에서가 아닌 하나님의 존전에서 영원히 행복한 삶을 누린다. 어떤 비판학자들은 기독교 이전 문학 가운데서 이것이 최초로 불멸의 교리를 분명하고 명확하게 가르쳤다고 믿고 있다.

제6장에서 9장까지는 지혜를 추구하라는 왕과 재판관들에 대한 호소이다. 즉, 솔로몬이 이 문제에 있어서 얼마나 열심이었나를 설명하고 있다. 지혜가 의인화되고 거룩한 영이라 불리우는 존재와 밀접한 관계를 맺는다. 이 점을 강조하는 구절은 7：24～26이다.

뒤의 10장은 이스라엘의 역사적 사건을 예로 들어 지혜의 힘과 가치를 설명한다. 의가 부족하였던 이방인의 비참한 실패가 하나님의 선민이 거둔 승리와 대조를 이룬다. 11장~12장에 드리는 기도가 나오는데 그 표현에 있어서 고귀함의 절정에 이른다. 그러나 만일 저자가 지혜서의 후반부를 요약하였다면 이 부분 외에도 많지 않은 구절이 누락되었으리라고 믿어진다.

족장들의 생활과 국가의 초기 역사에서 끌어낸 예화들은 지혜가 항상 성공의 근저를 이루고 지혜의 결핍은 실패를 귀결시킨다는 사실을 보여준다.

(1) 본서의 목적

본서는 일편 논쟁적이며 다른 한편으로는 변증적이다. 초두의 몇 장은 거의 확실히 사두개파를 의미하는 "불경건한 자들"에 대하여 경고가 발해진다. 그들은 미래의 생명을 믿지 않았고 따라서 심판의 두려움이 그들에게 두려움을 주지 못했다. 헬라어 언어권에 사는 유대인들에게는 향락주의(Hedonism)가 큰 유혹이었다. 지혜서 저자의 목적 가운데 하나는 헬라화된 유대인들을 가르쳐 그의 조상 전래의 신앙에 충실하게 하는 것이었다. 과거 유대인의 역사를 암시하는 은근하고 신비스런 방법은 그들의 호기심을 불러일으키고 그들의 주의를 끌기 위하여 고안되었다(10~12장; 16~19장). 이러한 기교는 또한 무녀의 신탁서들에서도 사용되었다.

(2) 본서의 저자

솔로몬의 지혜서 저자에 대하여는 그가 알렉산드리아의 유대인이라는 것 외에는 전혀 알려진 바가 없다. 성 어거스틴은 집회서의 저자인 예수 벤 시락이 역시 지혜서를 저술하였다고 여겨질만 하다고 믿었다. 그러나 두 외경 사이의 상이점들은 이 견해가 옳지 않음을 보여준다. 그러나 제롬은 자기 시대는 "많은 저술가들"이 필로(Philo)를 저자로 간주하였다고 주장하며, 루터와 많은 개혁 신학자들이 이 견해를 따른다. 어떤 학자들은 본서를 아볼로(Appolos)의 책과 연관시키려고 노력하여왔다. 그 이유는 혹자에 의하여 그가 히브리서의 저자로 여겨지고 있기 때문이다. 그러나 이러한 연결은 근거가 확실치 않다. 지혜서에는 특별히 기독교적 사상들이 담겨 있지 않으며 이 때문에 이 이론은 심각한 반대에 부딪힌다.

(3) 본서의 저작 연대

권위있는 학자들간에 연대에 대한 견해가 일치되지 않고 있다. 이 견해들은 B.C. 150년에서 A.D. 40년에 이르고 있다. 2:10~20에 언급된 박해와 15:14에 언급된 압제는 유대인이 프톨레미 피스콘(Ptolemy Physcon) 정부에 대항할 때 그가 행한 방법들을 암시하는 것일 수 있다. 자리에 없는 지도자들에 대한 숭배와 또한 박해를 언급하는 15:6은 A.D. 40년 자신이 인정되길 원했던 황제 칼리굴라(Caligula)에 대한 것으로 해석되기도 한다. 다른 학자들은 신약에 미친 솔로몬의 지혜서의 영향은 본서의 연대를 A.D. 40년 이전으로 요구한다고 주장하며 B.C. 100년, 혹은 그 이전으로 추정한다. 마카비서들에서와 마찬가지로 솔로몬의 지혜서 안에는 유대인의 신앙 결핍

문제가 기론되며, 이것은 정통적인 유대인들이 자주 박해를 받았던 B.C. 2세기의 문제였다.

(4) 신약에 미친 영향

많은 학자들은 솔로몬의 지혜서가 신약에 영향을 미쳤다고 믿고 있다. 어떤 학자들을 본서와 바울 서신 중의 어떤 책들 사이에 평행구절들이 있다고 주장한다. 모리아리티(Moriarity)는 성 요한과 성 바울 모두가 그들의 기독론적 사상들이 본서의 교훈에 영향 받았음을 의심할 수 없다고 말한다.[2] 지혜서의 영향은 지혜의 개념이 말씀(헬라어 Logos)의 성육화의 방법을 예비시킨 것으로 추정되는 제4 복음서에서 특히 자명하다고 여겨진다. 신약에는 지혜서에서의 직접적인 인용은 전혀 없다.

8. 바 룩

바룩서(the Book of Baruch)는 네라야(Neraiah)의 아들이며 예레미야의 친구겸 서기에 의하여 기록되었다고 자증한다(1 : 1). 본서의 증거에 의하면 예루살렘 멸망 후 5년째 되는 해, 즉 B.C. 592년, 혹은 582년에 기록되었다고 한다. 예레미야의 신실한 추종자인 바룩은 귀환한 포로 중의 한 사람으로서 예루살렘에 남아있던 유대인들에게 보내어졌다. 그는 예루살렘에서의 유대인의 제사를 돕기 위한 기금을 위탁받았으며 유대인이 느부갓네살과 그의 아들인 벨사살을 위하여 기도해달라는 부탁도 받았다. 이것이 파괴된 성전과 흩어진 제사장에게 어떻게 영향을 주었는지에 대하여 저자는 분명히 적고 있지 않다.

네라야의 아들인 바룩은 유대인의 전설에서 중요한 위치를 접하게 되었다. 그가 정경 예레미야를 재기록하였다고 증거되며, 또한 예루살렘 멸망을 목도한 증인이었기 때문에 그가 남왕조의 패망과 관련된 사건들에 대하여 기록하였다고 추정하는 것은 자연스럽다.

(1) 본서의 내용

 바룩은 세 부분으로 구분된 제1부, 1:1~3:8은 바룩의 편지(1:1~14)와 의식상의 고백과 기도를 포함하며, 제2부인 3:9~4:4은 지혜에 관한 짧은 장을 포함하며 이것이 바로 본서가 이따금 집회서와 솔로몬의 지혜와 더불어 지혜 문학의 범주에 들어가는 이유이다. 본서에서 유대인이 겪는 환란은 이스라엘이 지혜의 샘을 버렸기 때문이라고 해석한다. 제3부인 4:5~5:9은 백성을 격려하고 그들에게 시온의 최종적인 회복을 약속한다. 4:5~35에서 "기운을 내라", 혹은 그와 비슷한 후렴이 계속하여 나타나며 (5, 21, 27, 30절), 4:30~5:9에서 "오 예루살렘아"가 규칙적으로 반복된다.
 본서의 마지막 부분의 마지막 구절은 낙관적인 어조로 끝을 맺고 있다.

> 오 예루살렘아, 일어나 높은 곳에 우뚝 서서 동편을 바라보라. 거룩하신 이의 말씀대로 동과 서에서 모여드는 너희 자손을 보라. 그들이 자신들을 구원하신 하나님을 즐거워하는도다.

 바룩은 질적으로는 균일하지만 조화를 이루지 못하는 것들의 결집 형태를 띤다. 본서는 둘 혹은 심지어 세개의 구별되는 문서들로 구성되어 있다. 본서의 가장 분명하고 예리한 구분은 3:8과 3:9 사이에 온다. 이것을 거점으로 글의 형식이 산문에서 운문으로 변하며, 또한 하나님이 각기 다른 방법으로 말씀하신다. 1:1~3:8에서 저자는 하나님의 성호를 다음과 같이 사용하고 있다. 주 22회, 주 전능하신 이, 이스라엘의 하나님 각기 2회, 주 우리 하나님 15회. 이 성호들 중의 어느 하나도 두번째 부분에서(3:9~5:9)는 사용되지 않는다. 본서는 독자에게 그들의 바벨론 군주에게 공헌하며 복종하도록 설득하며(1:11~12 참조), 예루살렘 멸망을 야기시킨 그들의 죄를 회개하도록 촉구하며, 결국 하나님이 유대인을 포로에서 귀환시키신다는 신앙을 갖게 하려고 기록된 것이다.

(2) 본서의 연대

학자들은 본서가 바벨론 포로와는 관계없다고 하여 보다 늦은 기원에 일반적으로 동의한다. 그렇다면 본서를 저술하게 조장한 당시의 상황은 무엇인가? 이에 대한 학자들의 대답은 양분된다. 한 학파는 본서의 기원을 안티오쿠스 에피파네스의 박해 이후로 주장하고 반면에 다른 학파는 A.D. 70년의 예루살렘 멸망 이후로 추정한다. 제삼의 견해는 본서의 후반부는 A.D. 150년과 같이 늦게 기원되었다고 주장한다. 비록 후반부가 A.D. 2세기에 유래되었다 할지라도 전반부는 매우 오래 전이라고 믿어지고 있다.

(3) 본서의 언어

비록 헬라어 번역본이 현존하고 있지만 원어는 히브리어였을 것이다. 학자들의 주장은 히브리어로 기록된 부분과 헬라어로 기록된 부분이 어디인가에 대하여 각기 차이가 있다. 오늘날 본서는 헬라어 사본으로만 전해지며, 또 B,A,Q, 사본과 몇 개의 초서체 사본에 발견된다. 이것은 시내 사본이나 C 사본(C Codex)에도 나타나지 않는다.

바룩은 두 가지 형태, 즉 페쉬타(The Peshitta)와 수로-헥사플라(Syro-Hexaplar)의 수리아 사본에서도 발견된다. 전자는 아마도 70인경에서와 마찬가지로 히브리어 원본에 근거한 듯이 보인다. 라틴어 역본 역시 두 가지 형태로 전해지는데 모두가 헬라어 사본에서 번역되었으며 아르메니아어, 아랍어, 에디오피아어, 콥틱어 역본도 마찬가지이다.

(4) 본서의 목적

굳스피드는 본서가 많은 유대인들이 수납하기 어렵다고 여긴 제국에 대한 충성스런 태도를 가르치고자 기록되었다고 믿는다.[21] 유대인들은 과거의 역사를 잊어버리고, 반란을 도모하지 말며, 제국에게 충실히 봉사하며 제국으로부터 굴복을 얻으라고 권면받고 있다. A.D.

132~135에 일어난 바르 코흐바의 반란은 팔레스틴의 유대인들에게 이와 같은 충고의 필요를 보여준다.

9. 예레미야 편지

예레미야의 편지(The Letter of Jeremiah)는 원래가 분리된 책이었으나 바룩과 예레미야가 친구이자 협력자였기 때문에 결국에는 바룩서에 병합되었다. 선지자 예레미야는 이 편지의 저자와 전혀 무관하였다고 학자들은 확신한다. 이제 예레미야 편지는 바룩 6장에서 발견되며, 외경의 여러 필사본에서는 각기 다른 곳에 삽입되어 있다. 벌게이트에서는 본서가 바룩에 첨부되어 있다.

예레미야의 편지로 주장된 책은 정경 예레미야 10：11에서 영감을 받았으며, 이 구절은 전 예레미야에서 아람어로 된 유일한 곳이다. "너희는 이같이 그들에게 이르기를 천지를 짓지 아니한 신들은 땅 위에서, 이 하늘 아래서 망하리라 하라." "너희는 그들에게 이르기를"에서 2인칭은 이 진리를 이방인에게 전하는 이스라엘 사람들을 지칭한다.

(1) 본서의 내용과 목적

첫 절은 이렇게 시작된다. "하나님의 명령을 받아, 바벨론 왕에 의해 바벨론으로 포로가 되어 가는 백성을 교훈하기 위하여 예레미야가 그들에게 보낸 편지의 사본." 예레미야 29장은 선지자가 바벨론에 있는 유대인 포로들에게 한 통의 편지를 보내는 것을 묘사하고 있다. 이러한 배경을 생각할 때 예레미야 10：11의 사상과 일치하는 편지를 후대의 유대인이 기록하였음을 상상하기는 어렵지 않다. 저자는 이 구절을 강조하여 여러 가지 논증을 사용하면서 우상숭배의 죄가 지닌 어리석음을 보여준다. 이방신들에 대한 조소가 이사야 44：9~20과 시편 115, 135편과 같은 히브리 문헌에서 발견된다. 예를 들면, 야웨와의 비교에서 목상(the wooden deity)이 박쥐와 도둑, 갈매기, 새, 고양이의 잠자리로 사용된다고 풍자한다. 우상숭배자들이 우상에게 바친 제사음식들이 제사장에 의해 시장에서 판매되며 심지어 그의 부인들은 소금으로 절인다고 저자는 적고 있다(28절). 이방신들은 "오이밭의 허수아비처럼" 쓸모가 없다. 만일 신전에 불이 나면 그 신은 나무와 함께 타버린다.

본서의 목적은 우상숭배의 어리석음을 보여주려는 것이다. 편지의 저자가 "신들"을 언급하면서 마음 속에 탐무즈 신(the god Tammuz)을 생각함이 거의 확실하다고 메쯔거는 믿고 있다. 헤로도투스(Herodotus)와 스타보(Stabo), 루시안(Lucian) 같은 저자들이 암시하듯이 43절에서 탐무즈의 숭배와 관련된 음탕한 풍요의식에 대한 언급이 보이는 듯하다.

(2) 본서의 언어

예레미야 편지가 기록된 원어의 성질에 대하여 학자들의 견해가 나뉘어진다. 볼(Ball)은 본서가 히브리어로 기록되었다고 주장한다. 반면에 토레이(Torrey)는 볼이 그의 주장을 입증하지 못하고 있으며 오히려 현재의 헬라어 본문이 번역된 아람어가 그 원어라고 주장한다.

(3) 본서의 저작 시기

원어로서 헬라어를 지지하는 학자들은 본 편지가 이방종교에 대한 공격으로써 알렉산드리아에서 기록되었으며 B.C. 70년경에 되었다고 주장한다. 원어로서 히브리어를 지지하는 학자들은 B.C. 4세기 말로 그 저작 시기를 잡는다. 이 주장에 따르면 편지에 언급된 바벨론은 실제의 바벨론이며, 본 편지는 바벨론에 거하는 유대인들에게 그들의 동화를 경고하기 위하여 보내어졌다고 한다. 다른 학자들은 여기서 언급된 우상숭배는 로마의 쥬피터 신전을 제외하고는 세계에서 가장 아름다운 건물인 세라피스(Serapis) 신전에서 실제로 행하여진 것이었으며, 편지의 느부갓네살은 베스파니안 황제이다. 바벨론은 로마를 말한다고 주장한다.

벨과 용의 이야기, 솔로몬의 지혜서 후반부, 그리고 므낫세의 기도의 내용과 더불어 예레미야의 편지는 특별히 이방종교의 우상숭배 관습에 대항하여 기록된 문헌이다.

10. 아자랴의 기도서와 세 청년의 노래

70인경에 수록된 다니엘서는 벌게이트에서도 답습되듯이 정경에서는 발견할 수 없는 세 권의 부록이 있다. 즉, 아자랴의 기도서(the Prayer of Azariah)와 세 청년의 노래(the Song of the Three Young Men), 수산나(Susanna), 벨과 용(Bel and the Dragon)이다.

아자랴의 기도서와 세 청년의 노래는 모두 헬라어 다니엘 사본들의 3：23과 24 사이에서 발견된다. 다니엘의 두 부록은 두 가지 번역본이 있는데, 즉 적절한 번역인 70인경의 번역본과, 영어 번역본들로 번역된 테오도티온의 것이 있다. 이 부분의 내용은 아람어 사본에서는 나타나지 않는다. 흠정역과 1885년의 개역성경에서 이 부록은 이런 서두를 수록하고 있다. 삼인의 거룩한 청년들의 노래, 다니엘의 세 친구가 타고 있는 화로에 뛰어들었다고 주장한 후 다니엘 3장에 나온다(23절).

아자랴의 기도서는 그것이 삽입된 장의 문맥과 연결되어 있으며 반면에 세 청년의 노래는 화로의 열과 그 안에 있는 사람들의 불에 탄 사실과 주의 천사의 하강을 말한다.

어떤 학자들은 두 책이 동일저자의 기록이 아니며 원래는 함께 위치해 있지도 않았다고 믿고 있다. 다니엘의 네 친구 중의 하나인 아자랴는 마카비 반란 때의 한 영웅인 다른 아자랴로 생각하는 학자들도 있다.

아자랴의 기도서는 하나님의 예루살렘 심판이 정당하심을 천명하고, 적군의 잔인함과 사악함을 애통하며, 아브라함과 이삭과 야곱과 맺으신 하나님의 언약을 생각나게 한다. 또한 유대인의 비참한 사정을 묘사한다. 즉, 그들은 "왕이나, 제사장, 지도자, 번제, 제사, 봉헌, 분향, 하나님께 자비를 구하는 처소가 없다"라고 묘사되었다. 저자는 백성의 회개가 그들의 회복과 적국에의 심판을 가져올 것을 희망하고 있다.

29~68절은 다니엘의 세 친구가 드린 하나님에의 찬양을 싣고 있는데 다음과 같은 말로 시작된다. "오, 너희 모두는 주를 따르며 주께 찬양하라." 이 아름다운 노래는 영국 성공회의 아침기도서에서 테 데

움(Te Deum)을 대신하여 사용되기도 한다.

아자랴의 기도서는 유대인의 경건문학의 뛰어난 예로 생각된다. "그에 대한 찬양을 노래하며 그를 영원토록 높일지어다"란 후렴이 노래 전체에서 32회 반복된다.

(1) 본서의 저작 시기

저자는 알려져 있지 않다. 다니엘 3장에 나온 이 두 부록은 셀류키드 왕 안티오쿠스 에피파네스 치세 때(B.C. 167~163년경)로 추정되는 마카비 시대에 저작되었다고 믿어진다. 이 기간 동안 유대인들은 커다란 환란을 겪었다. 9절에서 저자는 이렇게 비통해 한다. "당신은 우리를 불법한 적군과 가장 증오스런 배교자들, 세상에서 가장 악한 불의의 왕의 손에 넘기셨나이다". 이것은 마카비 1서 1:1~15에 나오는 회교로 개종한 유대인과 안티오쿠스 왕의 잔인함에 대한 언급으로 보인다(마카비 1서 1:20~24; 41~64를 보라).

초기 교부들은 로마 가톨릭이 지금도 하고 있는 것과 같이 이 부록들을 정경으로 취급하였다. 정경 다니엘에 미친 이들의 영향은 전 기독교 교회에서 심각하였다. 그것은 라틴어와 헬라어로 번역되었을 뿐 아니라 수리아어, 콥틱어, 에디오피아어, 아르메니아어, 그루지야어, 아랍어로 번역되었다. 『세 청년의 노래』는 또한 중세교회의 예배의식의 변이에도 영향을 주었다. 로마 가톨릭과 감독교회, 루터교회는 이것을 일종의 아가(Canticle)로 사용하고 있다. 축성시(祝聖詩, the Benedictus, 35~65절)는 기독교 초기부터 찬미의 시로 사용되어왔다. 1549년에는 사순절 동안에 테 데움(Te Deum)을 대신하도록 제1 기도서에 실려있다. 1928년에 나온 『미국 기도서』의 개정판에서 기도의 첫 부분이 베네딕투스란 이름으로 아침기도서에 수록되었다.

11. 수산나

수산나(Susanna)의 역사는 다니엘서의 앞에 위치시킨 70인경의 20세기 판에서 발견된다. 벌게이트는 다니엘 13장으로 이것이 수록되었다. 세이어즈(Miss Dorothy Sayers)는 그녀의 『범죄의 옴니버스』(Omnibus of Crime : 1939년)란 신화모음집의 처음 두개의 이야기로서 수산나를 '벨과 용'과 함께 수록하였다. 메쯔거는 수산나를 "세계문학 가운데서 가장 훌륭한 단편이야기" 중의 하나로 평가한다.[22]

(1) 본서의 내용

이야기의 배경은 바벨론이며 때는 포로기이다. 수산나는 바벨론에 사는 어느 부유한 유대인의 아름다운 아내였다. 두명의 유대인 장로들이 그녀의 미모에 정념을 태우며 그녀를 심히 탐내었다. 어느날 두 사람은 수산나를 몰래 염탐하다가 서로 마주치게 되었다. 그들은 서로가 수산나에 대한 자신의 비밀스런 욕정을 고백하고는 그녀가 자기들을 받아들이도록 하려는 음모를 꾸몄다. 그들은 그녀가 목욕하는 정원에 몸을 숨기고 있다가 그녀의 시종들이 그녀만 남겨두고 떠나자, 몸을 드러내고 만일 그들의 요구를 들어주지 않으면 간음죄로 고발하겠노라고 위협하였다. 수산나는 그들을 거절하였고 다음날 이스라엘의 법정에 고소당하여 호출되었다. 그녀는 두 장로의 거짓된 송사에 대항하여 자기를 변호할 수가 없었고, 사형언도를 받았다.

형을 집행하기 위하여 수산나가 끌려가는 도중에 청년 다니엘이 나타나 소리쳐 행렬을 세우고 증인들에게 질문할 자격을 요구하였다. 청년은 두 장로를 따로 시험하여 그들의 증언이 일치하지 않음으로 위증을 하였다는 사실을 밝히는데 성공하였다. 수산나는 방면이 되고, 두 장로는 그녀를 대신하여 처형되었고, 다니엘의 명성은 온 백성에 널리 퍼졌다.

(2) 본서의 저작 시기와 장소

수산나의 저작 시기와 장소는 알려지지 않고 있다. 학자들간에 이 책의 원어에 대한 의견이 일치하지 않아, 어떤 학자는 히브리어라고 주장하며, 다른 학자는 아람어라고 말한다. 헬라어가 원어라고 주장할 만한 두 가지 말놀이(pun, 동음이어의 단어를 사용하는 재담)가 있다. 수산나의 이야기는 아마도 그리스도의 탄생 200년 전, 알렉산드리아에서 기록된 것 같다.

영어 번역본은 70인경이 아니고 테오도티안에서 번역되었다. 예일의 토레이(Torrey)는 테오도티안이 2세기 중엽에 그의 번역본을 완성하였으며, 그 당시에는 소위 다니엘의 부록이란 히브리-아람어 사본이 있었다고 주장하였다.[23] 토레이에 의하면 테오도티안의 헬라어 번역본과 헬라어 수산나는 히브리어의 관용어법을 포함하고 있으며, 이것은 현재의 수산나 헬라어 번역이 히브리어 원본을 사용하였음을 지적한다고 한다.

(3) 본서의 저작 동기

클락은 이 이야기가 예레미야 29：21~23에 의하여 영감을 얻었을 가능성이 있다고 추정한다. "아합과 시드기야가 그 이웃의 아내들과 행음하여 사형을 당하였다."[24] 클락은 이 이야기가 "바리새파와 사두개파가 격렬한 논쟁을 일으켰던 알렉산더 얀내우스(B.C. 106~79)의 후기에 저술된 비유라고 믿고 있다.[25]

가장 잘 알려진 설화체의 이 허구적 내용은 어떤 목적으로 저술되었는지에 대하여 다양한 주장이 제기되었다. 수산나의 저자는 증인에 대한 심문, 특히 공모의 혐의가 있는 증언에 대한 더욱 엄격한 심문을 요구하는 듯이 보인다. 나아가 위증한 자에게는 그 그릇된 증언에 의한 희생자가 언도받은 형량과 동일한 형을 감수하도록 하는 것을 법칙화하자는 의도도 있었다.

수산나는 교회 교부들에게 관심있는 책이었으며, 그 중에 어떤 이들은 풍유적 해석을 하였다. 3세기에 로마의 주교였던 히폴리투스(Hippolytus)는 다음과 같이 썼다. "수산나는 교회의 예표이며, 그녀의 남편인 요아김은 그리스도의 예표이다. 정원은 교회에 심기워진 과실나무와 같은 성도들의 단체이며, 바벨론은 세상이다. 두 장로는 교회에 대항하여 음모를 꾸미는 두 나라, 즉 하나는 할례의 유대, 다른 하나는 이방 국가의 예표이다"[26] 이 해석방법은 수산나가 소설의 형태로 전해진 방법 때문인 듯하다.

전 세기를 통하여 수산나의 이야기는 유명하였다. 많은 화가들이 이 이야기를 화폭에 담았다. 샤일록이 포르티아에게 "다니엘이 재판하러 온다"라고 말한 베니스의 상인(the Merchant of Venice)에 나오는

제 14 장 외경의 각론 *173*

유명한 말은 수산나 전설에서 다니엘이 맡은 역할을 모방한 것이다.

12. 벨과 용

벨과 용(Bel and the Dragon)의 설화는 70인경의 다니엘 뒤에 나온다. 메쯔거(Bruce Metzger)는 이것을 세상에서 가장 오래된 탐정소설이라고 부른다.[26] 벨과 용에 담긴 두 가지 이야기 속에서 우리는 우상숭배를 경시하고 이교의 제사장직을 혹평하려는 유대인의 변증적 노력의 재미있는 표본을 보게 된다. 바벨론 유수 이후로 유대인들은 주변국가들, 특히 정복국가의 남신과 여신들에게 유혹을 받았다. 많은 유대인들은 이방신들이 우월하여서 이교도들이 이스라엘을 이겼다고 느꼈다. 더우기 유대인의 대다수가 디아스포라에 살았는데 이곳은 알렉산더 대제가 이룬 정복 이후에 그리스의 관습과 문화를 채용하려는 세계적인 경향이 있는 곳이었다.

이방인들이 집중적으로 모여 살았던 알렉산드리아와 바벨론과 같은 중심지에서 이방종교를 포함한 그 지역의 관습을 받아들임으로써 환경에 자신을 적응시키게 하는 커다란 압력들이 유대인들을 억눌렀다. 벨과 용, 예레미야의 편지는 인간이 만든 우상을 믿는 어리석음을 조롱하도록 호소하고 있다.

(1) 본서의 내용

벨과 용은 사실상 두개의 구별된 관계없는 이야기, 즉 다니엘서에 나타난 설화의 변형으로 구성되어 있다. 첫째 이야기는 다니엘서 3장에 나오는 금신상의 설화에 기초하였고, 두번째 이야기는 다니엘서 6장에 나오는 사자굴 속의 다니엘 이야기에 근거한 것이다. 먼저 고레스 왕이 페르샤 왕위에 오르는 것이 묘사되어 있다. 어느날 그는 친구인 다니엘에게 왜 그가 바벨론의 주신이며 매일 상당한 떡과 기름과 양들을 바치는 벨신을 섬기지 않느냐고 물어본다. 다니엘은 고레스를 설득하여 언제나와 같은 양의 음식을 신전 안에 두고 밖에서 잠그고 봉하게 한다. 벨 신상에 들어가서 음식을 먹지 않는다는 것을 증명하기 위하여, 마루에 재를 뿌려서 밤이면 신상 밑의 뚜껑문을 통하여 가족들과 함께 나와서 음식과 제물을 가져가는 제사장의 발자국을 남기게 하였다.

다음날 아침에 다니엘과 왕이 다시 와보니 음식이 사라졌다. 왕은 벨이 살아있는 신이라고 승리감에 도취되어 말한다. 그러나 다니엘은 사람들이 비밀문으로 들어와 우상을 위하여 그곳에 바쳐진 많은 음식을 가져갔음을 명백히 보여주는 남자와 여자와 아이들에 의하여 마루에 찍혀진 많은 발자국을 가리켰다. 이러한 기만으로 인하여 이야기는 진전되어 제사장들이 처형을 당하고 다니엘은 우상을 훼파하라는 허락을 받았다.

용은 벨의 이야기와 유사한 줄거리이다. 여기서 왕은 살아있는 뱀을 섬기는 자로 묘사된다. 그런데 이것은 에피다우루스(Epidaurus)에 있는 애스쿨라피우스(Aesculapius)와 같은 동방의 사원에서 뱀을 숭배하는 그리스인들의 관습의 흔적이었다. 뱀에 경배하도록 소환된 다니엘은 뱀의 신성을 부인하였다. 그는 뱀에게 역청과 비계와 기름을 섞은 혼합물을 먹여 몸둥아리가 파열되게 하였다. 백성들은 그들의 신에 대한 이러한 처사에 분노하였고 왕에게 다니엘을 사자굴에 넣고 사자들에게는 먹이를 금하여 더욱 난폭하게 하라고 압력을 가하였다. 6일 동안 다니엘은 아무 것도 먹지 않았으며 사자들도 다니엘을 잡아 먹지 않는다. 7일째 되던 날 유대에 있는 추수군들에게 음식을 날라주던 선지자 하박국은 다니엘을 위하여 자기가 음식을 놓아두었던 사자굴을 보고 갑자기 머리카락이 곤두섰다. 한 쪽 눈을 반짝이면서 선지자는 유대 광야로 돌아간다. 제7일에 왕은 다니엘을 사자굴에서 꺼내주고 대신에 그의 대적들을 그곳에 넣어버리자 사자들이 즉시 달려들어 게걸스럽게 뜯어먹었다.

굿스피드는 "용"(Dragon)이란 이름이 헬라어 *drakon*과 라틴어 *draco*에서 유래되었다고 믿고 있다.[28] 바벨론의 서사시에 나오는 마르둑(Marduk)에 의하여 살해된 티아맛(Tiamat)과 이 뱀을 연관시키려는 시도가 있어왔다(알렉산더 대제가 인도에서 뱀을 숭배하는 모습을 발견하였다고 전해진다).

(2) 본서의 저자와 언어

벨과 용의 저자가 누구인지 알려지지 않고 있으며 본서가 히브리어로 기록되었는지, 아니면 아람어인지 분명히 단언할 수가 없다. 외스텔리는 헬라어가 원어라고 믿는다.[29] 다니엘과 같이 벨과 용은 테오도티안 사본에서 번역되었다.

13. 므낫세의 기도서

어떤 유대인의 외경 목록에는 므낫세의 기도서(the Prayer of Manasseh)란 짧은 책이 포함되어 있다. 사실 이것은 70인경에 속해 있지만 시편 마지막에 송가집(Songs)이라 불리우는 책과 함께 수록되어 있다. 역대하 33：10～13은 히스기야의 아들 므낫세가 유대에서 가장 악한 왕이 되었다고 전한다. 그는 모세의 율법을 버리고 외국의 종교를 도입함으로써 죄를 지었다(왕하 21：1～8과 대하 33：1～20). 그의 우상숭배는 결과적으로 유대에 예루살렘과 성전의 멸망 및 바벨론으로의 포로를 당케 하였기 때문에 므낫세와 유다의 종국은 비참하였다(왕하 23：36 이하; 24：3, 렘 15：4).

므낫세가 살아있는 동안 그는 앗수르에 포로로 끌려가는 형벌을 받았다. 그러나 감옥에서 그는 심오한 마음의 변화를 체험하였다. 므낫세의 기도서는 앗수르에서 한 왕의 회개의 기도를 전하고 있다.

(1) 본서의 내용

모두 15절로 구성된 기도서는 하나님을 위한 변화(1～7절), 죄의 고백(8～10절), 사죄의 간청(11～15절)으로 구분된다. 문학적인 관점에서 평가하자면 이것은 바리새적인 색채를 띤 훌륭한 회개의 기도이다. 이 기도가 역사적인 것으로 믿을 만한 근거는 전혀 없으며, 모든 것이 이 기도서는 가상적인 저술이란 사실을 보여준다.

(2) 본서의 연대와 저자 및 언어

학자들은 이 짧은 외경의 저작시기에 대하여 의견이 분분하다. 어떤 학자들은 미상의 유대인이 B.C. 150 년에서 50년 사이에 이 기도서를 기록하였다고 믿고 있다. 예일의 학자인 토레이는 보다 늦은 연대를 잡아 2, 3세기로 주장한다.[30] 이 주장은 기도서의 일부가 헬라어로 쓰였으며, 늦게야 출현하였다는 사실에 근거한 것이다. 학자들은 이것이 히브리어나 아람어, 헬라어 가운데 어느 언어로 기록되어있는지를 결정할 수가 없다. 기도서 안에 증명할 만한 단서는 전무하지만 메쯔거는 헬라화된 알렉산드리아의 유대인 보다 팔레스틴의 유대인을 지지하는 것 같다.[31]

므낫세의 기도서는 70인경과 벌게이트의 가장 많은 사본들에서 발견된다. 이것은 에디오피아역 성경에도 들어 있다. 또한 디다스칼리아(the Didascalia)에서 발견된 수리아역은 3세기에 헬라어역에서 번역되었다. 헬라어 사본은 A.D. 4세기의 작품인 『사도적 율례』(*Apostolic Constitutions*)에서 처음으로 발견되었다.

(3) 로마 가톨릭에서의 본서의 위치

므낫세의 기도서는 로마 가톨릭교회가 개신교의 14권의 외경 가운데 10권을 2차적 정경으로 인정한 것 속에 포함되지 않는다. 트렌트 종교회의의 결정에 따라 "최소한 분실되어서는 안되는 책"으로서 벌게이트의 부록이 되었다. 기도서에서 인용된 문구들이 로마교회의 성무일과서의 화답성가(responry)로 사용되고 있다.

14. 마카비 1서

(1) 마카비 1, 2서의 역사적 중요성

마카비 1서와 2서는 중간사 기간의 역사를 위한 귀중한 두 권의 책으로 인정되고 있다. 그리고 마카비 1서는 마카비 2서보다 더욱 큰 가치가 있는 책으로 간주된다. 만일 역사서의 평가의 기준이 기록된 사실들의 확실성에서 보면 마카비 1서는 매우 높이 평가되어야 할 것이다. 이 책의 사료편집은 직설적인 표현과 진실함이 특징을 이룬다. 마카비 1서의 미상의 저자는 기적에 대한 언급을 피하고, 초자연적인 간섭을 어떤 사건에도 연루시키지 않으며, 부활의 교리를 기술하지 않고 있다. 그는 바리새파 보다는 사두개파의 인생관에 적합한 보수적인 종교성향의 사람이었다. 그리고 마카비 2서는 마카비 1서 보다 더욱 감동적인데, 그 이유는 전자가 초자연을 소개하고 믿기 때문이다. 그러나 마카비 2서는 마카비 1서가 가지고 있는 것과 동일한 역사적 객관성이 부족하다.

(2) 본서의 내용

마카비 1서에는 수리아 왕 안티오쿠스 에피파네스의 박해에 대항한 유대인의 투쟁이 결국에는 하스모니안 왕조시절에 유대의 독립을 가져왔다는 내용을 담고 있다. 본서는 마카비 반란의 발단부터 마타디아스의 다섯 아들 가운데 최후의 생존자인 시몬이 죽을 때까지인 B.C. 168~136년을 전해준다. 저자는 본서의 각 부분마다 마카비 일가의 특정인 한 사람을 다루도록 계획하고 있다. 제1장은 마카비 투쟁의 서론이고, 제2장은 마타디아스의 반란을 전하며, 3:1~9:22은 유다의 공적을 기록하고, 9:23~12:53은 요나단의 활동상을 그리며, 마지막 부분인 12:53~16:23은 시몬의 경력을 설명해준다.

이야기는 연대기적 순서로 진행되어서 마카비 1서는 알렉산더 대제의 정복과 사망, 제국의 분열에 대한 간단한 설명으로 시작한다. 마카비 1서에 수록된 사건들은 B.C. 175년 수리아의 왕 안티오쿠스 4세 에피파네스와 함께 시작되어 B.C. 135년의 시몬 마카비우스의 죽음에까지 도달한다. 당시에 예루살렘에서는 유대교를 위배하는 이교의 관습을 기꺼이 수용하려는 헬라화된 당파가 형성된다. 유대인들이 에피마네스(Epimanes, "미치광이")로 부른 안티오쿠스 에피파네스는 팔레스틴의 유대인들에게 헬라의 문화와 문명, 종교를 강요하는 계획을 추진하였다. 이 결과 에피파네스의 군대와 유대인의 애국지사들 사이에 무력충돌이 발생하였다. 예루살렘의 성전이 모독된 후 마타디아스와 그의 아들들은 모딘(Modin)에서 왕의 관리들을 살해하고 산 속으로 도망하였다.

3:1~9:22에서 유다 마카비우스가 주인공이다. 이 부분은 수리아 장군들과 싸워 아폴로니우스, 세론, 게오르기아스, 리시아스, 니카놀을 패배시키는 그를 묘사하고 있다. 성전이 모독된지 3년 이내에 유다와 그의 형제들은 제단을 재봉헌하고 전통적인 제사를 재개할 수 있게 되었다. 유다는 로마에 사신을 보내어 로마군과 협정을 맺었다. 유다의 정치적 야망은 후에 바리새파가 된 하시딤을 그로부터 격리시켰다. B.C. 160년 유다는 수리아군 사령관 바키데스와의 전투에서 패하고 살해된다.

유다의 막내 동생인 요나단이 유대인의 지도자로서 그를 계승하였다(B.C. 160~142). 9:23~12:53은 그의 지도력을 다룬다. 비록 요나단이 오랫 동안 무기력했지만 결국에는 수리아의 장군 바키데스를 격파하였다. 그 결과 유다는 평화를 구가하였다. 요나단은 데메트리우스 2세와 발라스의 적대관계를 이용하여 후자에게서 대제사장의 직함을 받았다. 요나단은 또한 데메트리우스 2세와 안티오쿠스 2세 사이의 적대관계를 이용하여 서로 싸우게 함으로써 대단한 술수를 보여주었다. 그의 형 유다와 마찬가지로 요나단은 여리고 근교에서 가진 연회에서 살해되었다. 그의 아들인 요한 힐카누스가 요나단의 대제사장직을 계승하여 한 직위에 유대 나라의 정치, 군사, 종교적 지도력을 통합시켰다.

다음은 마타디아스의 둘째 아들인 시몬(13~16장, B.C. 142-135 동안 지도자로 군림)이 유대인을 이끌고 수리아에 저항하였다. 그는 수리아 주둔군을 예루살렘에서 축출하고 데메트리우스 2세와 또 다른 외국 세력들과 동맹을 맺었다. 수리아는 유다의 정치적 독립을 원하는 사두개파의 꿈을 간파하고 시몬을 장군이자, 분봉왕과 대제사장으로 삼았다. 시몬은 그의 두 아들과 함께 그의 사위인 프톨레미에 의하여 암살당하였다. 그리고 시몬의 세째 아들인 요한 힐가누스가 차기의 계승자가 되었다.

(3) 본서의 저자

마카비 1서의 저자는 훌륭한 역사가이자 아마도 어떤 사건들은 직접 목격한 증인인 듯하다. 그는 분명히 그의 책에서 다루고 있는 사건들과 인물들에 관한 1차적인 정보를 수집할 많은 기회를 가졌다. 사회심리학자로서 그는 그의 동족들이 커다란 승리를 얻기 위하여 수행한 처절한 전투의 심층적인 의미를 파악하였다. 그는 수 많은 전투에 참가한 사람처럼 팔레스틴의 지형과 지리에 대한 놀라운 지식을 갖고 있었다. 본서는 전통적인 이름들에 대단히 공정을 기하는데, 그 이유는 본서가 분명히 유대교의 자유수호자로 묘사된 마카비 일가의 명예를 드높이기를 목표하기 때문이다. 더우기 마카비 1서는 반헬라적이어서 수리아군을 하나님 백성의 원수로 묘사할 뿐 아니라 헬레니즘에 자신을 적응시키려고 노력하는 배교적인 유대인도 원수로 묘사하고 있다.

어떤 학자들은 마카비 1서가 영혼불멸과 죽은 자의 부활 같은 문제가 거론될 법한 곳에서도 이런 문제들을 언급하지 않는 사실이 이상하다고 여기고 있다. 사실은 학자들로 하여금 이러한 교리들이 거부되는 것을 알고 있던 어떤 사두개인이 마카비 1서를 기록하였다고 추론케 한다.[32] 그러나 왁스맨은 이러한 결론을 받아들이는 것을 경고한다. 왜냐하면 이러한 교리들의 누락이 다른 이유들, 즉 마카비 1서의 저자가 교리의 진술보다 단순히 역사적 사건의 서술에 관심을 가질 수 있기 때문일 수도 있다는 것이다.[33]

(4) 본서의 현저한 특징

굳스피드는 마카비 1서에 하나님의 이름이 단 한번도 나타나지 않는다는 사실에 주의를 갖는다.[34] 이러한 결여는 저자가 분명 불신앙의 인물이 아니었기 때문에 하나님의 성호에 대한 지극한 경외심 때문으로 설명되고 있다. 독자는 하나님이 유대 국가의 운명을 인도하고 계셨다는 신앙을 감지한다.

저자의 종교적인 관심은 또한 성전과 제사장직에 대한 그리고 그와 관련된 정결케함 보다는 율법에 대한 그의 관심 속에서 나타난다. 저자는 종교적 자유가 부여된 이후에도 계속하여 정치적 자유가 또한 어떻게 획득되었는지를 그의 책에서 말하고 있다.

마카비 1서에는 약 12개의 의정서와 조서들, 선언문들, 로마와 스파르타에 보낸 서한들이 수록되어 있다. 만일 그 문서들이 진본이었다면 그것들은 본서에서 말하는 연대보다 조금 뒤에 발표된 것이라고 굳스피드는 주장한다.[35] 대부분의 학자들이 후대의 삽입이라고 생각하는 수리아 왕들의 조서는 어떤 다른 저술가가 마카비 2서 2:23에 언급된 구레네인 야손(Jason of Cyrene)의 역사에서 취하여 하스모니안 왕조의 역사에 삽입시켰을 것이다. 어떤 학자들은 14~16장이 원래는 본서의 일부가 아니었다고 주장한다. 이러한 연역은 『유대 고대사』에서 마카비 1서를 매우 밀접되게 따르던 요세푸스가 13장 이상은 참고하지 않으며 그 이후의 역사에 대하여는 다른 참고자료를 인용한다는 사실에 근거한 것이다. 그러나 에텔슨(H. W. Ettelson)의 『마카비 1서의 완전성』(Intergrity of 1 Maccabees)에서는 14~16장이 마카비 1서의 일부인 것을 보여주고 있다.

(5) 본서의 원어

제롬은 그의 프롤로구스 갈레아투스(Prologus Galeatus)에서 히브리어로 쓴 마카비 1서 사본을 본적이 있다고 주장한다. 어떤 학자들은 역시 아람어가 원어라고 주장한다. 그러나 이 두 가지 셈계통의 사본 중의 어느 하나도 이제까지 발견되지 않고 있다. 마카비 1서는 시내사본, 베네투스 사본, 그리고 다른 몇 개의 사본들이 전해주듯이 70인경의 형태로 현존한다. 벌게이트에 수록된 번역본은 옛 라틴어 사본의 개역으로 간주되고 있다.

(6) 본서와 구약 정경

알렉산드리아의 클레멘트와 로마의 히폴리투스, 오리겐, 유세비우스 모두는 본서를 성경의 하나로 언급한다. 애굽에서 이 책은 마카비 2서와 함께 클레멘트가 작성한 성경의 목록 가운데서 발견되었다. 70

인경에서 벌게이트로 전달된 마카비 1서는 중세가 끝날 때까지 구약 정경의 하나로 간주되었다.

(7) 본서의 연대

마카비 1서는 B.C. 105년에 있었던 요한 힐카누스의 사망 직후인 B.C. 100년과 90년 사이에 기록되었으리라 추정된다.

15. 마카비 2서

마카비 2서(2 Maccabees)는 마카비 1서의 속편이 아니다. 루터는 이렇게 말하였다. "그것은 마카비 일가의 투쟁에 대한 하나의 두번째 책이지 그 두번째 책은 아니다." 어떤 학자들은 마카비 1서에서 발견된 사두개파의 관점에 불만을 느낀 어떤 사람이 바리새파의 관점에 따라 하스모니안 왕조의 역사를 진술하였다고 주장한다. 마카비 일가의 이야기를 마카비 1서의 취약성을 느낀 미상의 저자가 수정하여 바리새파의 용어로 다시 기록한 것이다.

(1) 본서의 내용

마카비 2서의 양식과 강조점은 마카비 1서의 그것과 대단히 상이하다. 마카비 2서의 저자가 마카비 1서의 내용과 친숙하였는지 아닌지에 대한 문제는 아직도 학자들간에 논쟁이 되고 있다. 마카비 1서가 저자의 개인적인 경험에 의존하는 반면에, 마카비 2서는 역사적 탐구의 노력을 전하지 아니하고 단순히 구레네인 야손의 긴 역사서를 축약시키고 있다(2:23). 마카비 2서의 범위는 마카비 1서에 비하여 제한적이다. 하스모니안가의 영웅에 대한 묘사는 유다에 국한되며, 요나단과 시몬의 행적은 무시되고 있다. 저자는 본서의 귀결을 희극적으로 하기 위하여 니카놀에 대한 유다의 승리로 그의 이야기를 결론짓는다.

본서의 개요는 다음과 같다.

1. 서론적인 편지들, 1 : 1～2 : 18.
2. 저자의 서문, 2 : 19～32.
3. 발흥기의 역사, 3 : 1～6 : 11.
4. 두 명의 순교자, 6 : 12～7 : 42.
5. 니카놀 사후의 발전, 8 : 1～15 : 36.
6. 결미, 15 : 37～39. [36]

본서는 서두에 하누카 봉헌절을 기념하기 위하여 애굽에 있는 유대인들에게 예루살렘에서 보내는 편지 두 통을 삽입하고 있다(1 : 1～2 : 16). 두번째 편지는 예루살렘의 제단에 대한 전설과 선지자 예레미야에 대한 기이한 이야기를 전한다. 뒤이어 나오는 저자의 서문에서 그는 마카비 전쟁에 대한 자기의 이야기가 단순히 하나의 약사라고 선언하고 있다(2 : 20～23). 설화는 두개의 단락으로 구분되어 있다. 제1부는 안티오쿠스 에피파네스 치세 하에 발생한 사건들을 다루고 있다(3 : 1～10 : 8). 즉, 대제사장의 직책을 위한 투쟁들, 유대인을 헬라화하려는 안티오쿠스 에피파네스의 시도, 성전의 모독 사건, 수리아군의 패배, 안티오쿠스 에피파네스의 사망, 성전의 정화가 포함되어 있다. 성전의 정화를 기념하는 절기의 행사가 매년 개최되었다.
제2부(10 : 9～15 : 37)는 안티오쿠스 5세 유파터와 데메트리우스 1세 치하에서 발생한 사건들, 즉 인접족속들과 수리아인, 특히 니카놀과의 투쟁을 다루고 있다. 유대인이 니카놀을 패배시킨 사건은 후에 니카놀의 날(the Day of Nicanor)이라 불리우는 절기의 제정을 초래시켰다. 본서의 결론부(15 : 38～39)는 서론(2 : 20～23)의 재현이다.
본서의 목적에 대하여 저자는 친히 이렇게 주장하고 있다.

나는 독자들이 본서에서 우리 민족이 당한 재난의 기사를 읽고 실망하지 않기를 바란다. 이 징벌은 우리 민족을 멸망시키려는 것이 아니라 오히려 채찍질하시려는 것이었다. 악한 행동을 오랫 동안 그냥 내버려두시지 않고 즉시 징계하신다는 것은 하나님께서 지극히 인자하시다는 표지이다. 주님께서는 이방 민족에 대해서는 그들의 죄를 즉시 벌하지 않고 그들의 죄가 막중하게 될 때까지 기다리신다. 그러나 우리 민족에 대해서는 그렇게 하시지 않고 그 때마다 벌을 내

제 14 장 외경의 각론 *183*

리셔서 우리의 죄가 절정에 이르지 않도록 해주셨다. 따라서 주님께서는 우리에게서 자비의 손길을 거두시지 않으신다. 비록 우리에게 징벌을 내리신다 하더라도 그것은 당신의 백성을 채찍질하시는 것이지 절대로 내버리시는 것이 아니다. 이 몇마디 말로 독자들은 진리를 충분히 깨달았을 것이다. 본론으로 돌아가자(6 : 12~17, 공동번역).

(2) 본서의 연대

마카비 2서는 B.C. 125년 경에 알렉산드리아에서 기록된 것 같다. A.D. 40년에 사망한 필로(Philo)에게 이 저작이 알려졌었다. 클락은 저작 연대가 알려져 있지 않지만 B.C. 63년에 있었던 폼페이의 예루살렘 함락 이전이어야 한다고 주장한다.[37] 어떤 학자들은 신약의 히브리서에 끼친 영향의 흔적을 발견하고자 한다(히 11 : 35이 마카비 2서 6~7장과 관계있는 듯이 보인다).

(3) 본서의 언어

중간사 기간의 문학을 연구하는 대부분의 현대 학자들은 양식에 근거하여 마카비 2서가 헬라어로 기록되었다고 확신하고 있다. 본서에 소개된 두 편의 서신이 비록 히브리어의 표식을 가지고 있다고 말해질지라도 역시 헬라어로 기록되었다.

(4) 본서의 종교적 가치

저자는 대단한 열정을 가지고 그의 독자인 알렉산드리아의 유대인들에게 팔레스틴의 동포들과 공통되는 유대인의 민족성과 종교에 대하여 의식하도록 권고하고자 노력하였다. 저자는 순교자들과 자기들의 나라와 믿음을 수호하였던 이들의 용기를 생생하게 묘사함으로 그의 권면을 계속한다. 그는 또 빛들의 축제와 니카놀의 날을 지키게 된 이유들을 설명한다.[38]
만일 마카비 1서가 사두개파의 관점을 표방한다고 말해질 수 있다면 마카비 2서는 분명히 바리새적 관점에서 기록되었다. 그는 결코 이야기의 도덕성을 지적하는 기회를 하나도 놓치지 않고 있다. 본서가 말하는 신학의 가장 흥미있는 모습은 죽은 자의 부활에 대한 교훈이다. 사실상 영혼불멸과 죽은 자의 부활에 대한 교리는 본서가 몇 구절을 인용했으리라고 추정되는(4:20~5:14) 솔로몬의 지혜서를 제외하고 중간사 시대의 문학 가운데서 여기서 만큼 명확하게 가르친 곳은 없다.[39] 마카비 2서에서 사후의 보상과 징계(6:26; 7:36; 12:45), 죽은 자를 위한 기도(12:43, 44, 45), 성자의 중보에 관한 교리들이 가르쳐주고 있다.

제 15 장
위경문학에 대한 서론

외경과 동시대에 속하며 일반적으로 위경(혹은 가경, the pseudepigrapha)으로 알려진 한 그룹의 저작들이 존재했다. 이 문헌들은 B.C. 200년부터 A.D. 200년 사이에 저술된 것으로 믿어진다. 로마 가톨릭의 성경학자들은 일반적으로 외경을 "2차적 정경"(deutero-cannonical books of Scripture)이라고 말하면서 개신교와 유대교 학자들이 "위경"이라 부르는 문헌의 그룹에 "외경"이란 용어를 사용한다.

토레이 교수는 "외경"과 "위경"이란 용어가 만족스럽지 못하다고 하며 그 사용을 반대하면서 대신에 경전의 두 구분을 제안하였다. 즉, 교회가 정경으로 인정하는 부류와 정경에 포함되지 않고 초대교회가 "경외서"(the outside book)라고 칭하였던 책들이다. 토레이는 그의 저서인 『외경문학』(The Apocryphal Literature)에서 외경과 위경을 "경외서"란 명칭으로 다루고 있다. 그러나 중간사 시대에 관한 많은 책들이 "외경"과 "위경"이란 명칭을 사용하는 만큼 여기서도 이를 따르도록 한다.

제15장 위경문학에 대한 서론

위경이란 오랜 과거에 성경적 성격을 지닌 것으로 잘못 판정되고 성경이 기록된 시기의 것으로 잘못 인정된 책들이며, 따라서 그릇된, 혹은 거짓된 문헌들이다. 이 책들은 고대교회에서 결코 정경으로 용인된 적이 없었다. 밀러(H. S. Miller)는 위경에 대하여 이렇게 말한다.

> 이 저작들이 독자를 속이려고 의도하였었는지 아닌지에 대하여 명확히 알려지지 않고 있다. 그러나 그 저자들은 유대교가 외세와 투쟁을 하거나 그 밑에서 고역을 겪고 있을 어두운 시대에 교훈이나 위로나 경고의 필요를 깨달았고, 어떤 유명한 인물의 이름을 사용하거나 초기 유대역사에 있었던 어떤 유명한 사건을 언급함으로써 세인들의 주의를 끌고 그들의 목적을 수행할 수 있었다고 믿었던 경건한 사람들이었음을 의심할 수 없다.[1]

위경 가운데는 다양한 문학적 쟝르, 즉 묵시록들, 설화책들, 시서들, 교훈서들과 같은 것들이 수록되어 있다. 위경 중에서 가장 유명한 책들은 묵시성을 강조한 것들이다. 이 부류에 속하는 책들은 다음과 같다. (1) 에녹서(The Book of Enoch), (2) 에녹의 비밀(The Secrets of Enoch), (3) 바룩 묵시록(The Apocalypse of Baruch), (4) 바룩의 부록(The Rest of the Words of Baruch), (5) 모세의 승천서(The Assumption of Moses), (6) 모세 계시록(A Revelation of Moses), (7) 예레미야 예언서(Prophecy of Jeremiah), (8) 이사야의 승천서(Ascension of Isaiah), (9) 엘리야 묵시록(Apocalypse of Elijah), (10) 스바냐 묵시록(Apocalypse of Zephaniah), (11) 에스드라 묵시록(Apocalypse of Esdra), (12) 무녀의 신탁서(Sibylline Oracles). 이 책들은 히브리어나 아람어로 기록되었으리라고 추정되지만 헬라어와 수리아어, 콥틱어, 에디오피아어, 라틴어, 슬라브어의 번역본들로 전해진다.

묵시문학은 특히 기원전 두 세기 동안 유대인 사이에서 발달된 특별한 쟝르에 속한다. 이것은 전혀 새로운 문학양식은 아니다. 왜냐하면 요엘(2:28~32), 이사야(24~27, 34~35, 65~66장), 에스겔(38~39, 40~48장), 스가랴(1~6장), 다니엘과 같은 구약의 일부도 묵시적 성격을 띠고 있기 때문이다. 신약의 마지막 책인 요한계시록,

혹은 묵시록 역시 이 문학부류에 속하며 신약에서는 이러한 문학양식의 유일한 대표자이다.

"apocalypse"란 명칭은 계시를 말하는 헬라어 명칭이며 예언의 형태로 구성되어 있다. 이 책들의 저자들은 자신의 사상을 전하는 것이 아니라 오직 직접적인 환상, 즉 성령과의 교통이나 천사를 통한 교통, 또는 이따금 천사의 중재를 통하여 자신들에게 계시된 것만을 언급한다고 생각되었다.

다니엘서는 그 뒤의 모든 묵시문학가들의 중요한 모델이었다고 믿어진다. 묵시문학은 환란날에 유대인들을 위로하고 궁극적으로 하나님의 백성에 대한 그의 목적이 성취될 것을 보여주고자 기록되었음이 틀림없다고 주장되고 있다. 안티오쿠스 에피파네스(B.C. 175~164)의 박해는 이런 유형의 문학이 실제로 기록되게 하였다. 비록 마카비 일가가 이룩한 승리들이 얼마 정도의 구원이 되었을지라도 그들은 견디지 못하였다. 로마인과 헤로디안 왕조의 압제는 용기를 잃게 하였으며, 영감어린 예언이 들리지 않았고, 미래가 불길해보였다. 따라서 위경의 현저한 목적은 소망을 불러일으키는 것이었다. 묵시문학 가운데는 밝은 미래와 메시야의 도래, 메시야 왕국의 설립에 관한 많은 환상들이 담겨 있다.

종말론이 위경문헌 가운데 특출하며, 개인 영혼의 불멸과 심판날, 현세계의 멸망 뒤에 오는 새 세계가 강조되고 있다. 묵시문학에서 지배적인 초점은 개인과 국가라는 양면에서 겪는 고난의 문제이다. 묵시문학에 있어서 특별히 국가적인 욥의 문제가 관심의 대상이 된다. 적당한 계기만 있으면 백성들은 묻고 있었다. 왜 주변의 이방인 보다 더욱 의로운 하나님의 택한 백성이 고난을 당하며 반면에 그들은 번영을 누리는가? 이러한 상황이 얼마나 오래 계속되려는가? 구약의 선지서들에서 한 가지 해결책이 약속되었는데 그것은 공의로 그의 백성을 다스리시고, 열방을 정복하며, 번영을 가져다주기 위하여 오실 왕으로서 메시야가 예언된 것이다. 그러나 이 약속은 이루어지지 않고 있었다. 메시야의 강림이 지연되자 위경의 저자들은 메시야의 개념을 바꾸어서 그를 초인적 존재로 묘사하고 그가 오심은 완전히 새로운 시대에 의하여 준비되어질 것이라고 하였다. 죄악과 불법이 난무하는 현세계는 구원받을 수 없으며 새 세계가 그것을 대신해야만

하였다. 따라서 메시야와 그의 왕국은 미화되고 신비화되었다.

 묵시문학의 저자들은 악하고 구제불능의 세계에 절망하였으며, 그들은 이 세계를 위한 소망을 보지 못하였으니 유일한 결과는 멸망 뿐이었다. 따라서 그들은 논리적으로 그들의 소망을 장차 올 세계, 즉 악이 존재하지 않으며 의가 그들의 소유가 되는 세계에 두었다.
 묵시적 작품들은 강한 초자연적 색채를 띠고 있으며, 그 안에 담긴 많은 진술들이 현대 독자들에게는 기괴한 인상을 주지만 이러한 점이 현대 독자들로 하여금 그 교훈들을 이해하지 못하도록 된 것은 아니다. 이러한 특징을 정당히 평가함에 있어서 찰스(Charles)는 다음과 같이 말한다.

> 정신적인 환상은 항상 쉽게 언어로 표현되는 것은 아니다. 환상 가운데서 어떤 환상적인 모습을 통하여 메시지를 받는 목격자는 그의 메시지를 전달할 때에 그가 본 것 가운데서 마음에 감동을 필연적으로 받는다. 그리고 그가 그의 환상을 묘사, 전달할 때 그가 제시하는 그림은 경우에 따라서 눈으로 보는 것보다 귀로 듣는 이에게 더욱 환상적이게 된다. 이러한 점이 사전에 양지되어야 하며, 특히 동양적인 풍부한 상상력이 결핍된 서양인에게는 더욱 그러하다.[2]

 묵시문학을 평가함에 있어서 그것들이 동양의 독자들을 위하여 기록되었다는 사실을 숙지하는 것은 필요불가결한 일이다.
 이 문학을 연구하는 것은 논리정연한 연구자에게는 그들이 전하는 교훈과 신학 속에 일관성이 없음을 자주 보여줄 것이다. 이러한 사실은 비록 저자들이 선지자들의 교훈에 깊이 젖어 있을지라도 이들 묵시문학의 저자들은 역시 그 시대의 새로운 개념들에 동화되어 가는 도중이었다는 이론에 의하여 설명될 것이다. 그들은 새 개념과 옛 개념을 조화시키는 일에 있어서 항상 성공한 것만은 아니었다. 그 결과는 이따금 하나의 절충을 초래하였으며, 이것을 현대 독자들은 비논리적이고 모순적이라고 생각하는 것이다.
 묵시문학의 연구자들은 이것들을 완전히 이해하기 위하여 꼭 알아 두어야 할 또 다른 사실은 엄격한 예정론이 이 작품들의 일반적인 특징을 이룬다는 것이다. 묵시문학의 저자들은 열국의 성장과 쇠퇴, 역사가 전능하신 하나님에 의하여 태초에 예정되었다고 믿었다. 저자들은 예언에 근거하여 역사의 종말이 되는 정확한 시간을 산출하기 위하여 상당한 시간과 정력을 경주한다. 이러한 사건들을 하나님만 아시는 것이 아니라 그는 하나님을 경외하는 사람들이 감추어진 일을 연구하고 자기의 동시대인들에게 알리는 것을 허락하셨다.

비록 영계의 환상들을 빈번히 언급함으로 묵시문학에 다소 환상적인 성격이 담긴 대단한 신비주의가 감돌지라도, 저자들은 실제적인 신앙을 강조해야 할 필요성을 인식하였다. 그들은 종교적인 의무로서 율법준수를 강조하였으나 바리새파와는 대조적으로 율법의 문자보다는 그 정신을 강조하였다. 작품들을 자세히 고찰해보면 율법에 대한 전심적인 경애가 나타나며, 그것을 인생의 진실된 안내자로 생각하고 만일 그것을 지키는데 실패하면 벌이 기다린다는 사상을 보게 된다.

일반적으로 묵시적 작품들은 국수주의의 협소함으로 특징지워진 바리새파와는 달리 범세계적 태도를 지지한다. 묵시문학의 저자들이 항상 일치하지는 않지만 그들은 일반적으로 구원의 체계 속에 타국에서 개별적으로 넘어온 이방인을 포함한다. 즉, 영원한 축복에서 배제된 악한 사람들 가운데는 이방인 뿐만 아니라 유대인도 들어 있다.

묵시문학 이외에도 유명한 성경적 성격을 지닌 것으로 인정된 책들이 있으며 이것들은 "전설"(legendary)의 수준으로 평가될 수 있을 것이다. 다음의 책들이 이 부류에 속한다. (1) 아담의 유언(The Testament of Adam), (2) 희년서(The Book of Jubilees), 혹은 "소 창세기"(The Little Genesis), (3) 아브라함과 이삭과 야곱의 유언(Testaments of Abraham, Issac, and Jacob), (4) 아브라함 묵시록(Apocalypse of Abraham), (5) 열 두 족장의 유언(Testaments of Twelve Patriarchs), (6) 아스낫(요셉의 아내)의 전기(Life of Asenath [Wife of Joseph]), (7) 욥의 유언(Testament of Job), (8) 솔로몬의 유언(Testament of Solomon), (9) 노아서(The Book of Noah), (10) 얀네와 얌브레의 회개(Penitence of Jannes and Jambres).

묵시문학의 다른 양식은 시가의 성격을 띤 것이며, 이 부류에서 특출한 작품들은 다음과 같다. (1) 솔로몬의 시가(The Psalms of Solomon), (2) 시편 부록, 시편 151편(Additions to the Psalter), (3)

수리아의 시편 외경.

네번째 양식은 교훈서(didactic)라 불리우며 (1) 모세의 신비서(The Magical Book of Moses), (2) 앗수르 왕 에살하돈의 술맡은 장관 아키아카루스 이야기(The Story of Achiacharus, cupbearer to Esarhaddon, King of Assyria)가 있다.

현재에는 위경으로 알려진 작품들에 대한 공인된 목록이 없다. 따라서 찰스(R. H. Charles)는 위경의 일반적인 목록에다 다음의 책들을 추가시킨다. 조상의·교훈집(The Sayings of Fathers, *Pirke Aboth*), 아히칼 이야기(The Story of Ahikar), 사독의 단편들(Fragments of a Zadokite Work).[3] 반면에 토레이(Charles Cutler Torrey)는 이 책들을 빼고 선지자들의 생애(the Lives of the Prophets)와 욥의 유언(the Testament of Job)을 추가시킨다.[4] 왁스맨은 다음의 목록에 "유대인 묵시문학"이란 명칭을 부여한다. (1) 에녹서, (2) 희년서, (3) 열 두 족장의 유언, (4) 솔로몬의 시가, (5) 바룩 묵시록, (6) 모세 승천서, (7) 에스라 2서, 혹은 4서, (8) 아담과 이브의 이야기(Book of Adam and Eve), (9) 슬라브어 에녹서(Slavonic Enoch), (10) 무녀의 신탁서.[5]

게만(Gehman) 교수는 다음의 책들을 위경으로 제시한다. (1) 아리스테아스의 편지(The Letter of Aristeas), (2) 희년서, (3) 이사야의 순교와 승천, (4) 솔로몬의 시가, (5) 무녀의 신탁서, (6) 에녹서, (7) 슬라브어 에녹서, (8) 모세 승천서, (9) 수리아어 바룩 묵시록, (10) 헬라어 바룩 묵시록, (11) 열 두 족장의 유언, (12) 아담과 이브의 이야기.[6]

현존하는 위경은 사실상 초대교부들의 인용에서나 찾아볼 수 있듯이 한 때 초대교회 당시에 존재하였던 매우 많은 작품들 가운데 단지 일부분에 지나지 않는다. 독자들은 제임스(M.R. James)의 『실종된 구약의 외경:그 명칭과 단편들』(*The Lost Apocrypha of the Old Testament:Their Titles and Fragments*)을 참조하라.

비록 현존하는 위경이 유대인 저자들의 작품일지라도 이 책들은 그 이후의 유대사상에 거의 영향을 행사하지 않은 듯하다. 이 가운데 많은 책들이 기독교 교부들에 의하여 인용되었으며, 아마도 일부가 신약 저자들에 의하여 인용되었을 것이다. 이 작품들은 그리스도인에 의하여 현대세계에 전해졌으며, 그 이유는 상당수가 에디오피아 교회의 정경 속에 포함되었기 때문이다. 지난 200년 동안 많은 수가 밀란에 있는 암브로시우스의 도서관(the Ambrosian Library at Milan)에서 보관되었다.

제 16 장

위경의 각론

1. 열 두 족장의 유언

본서는 A.D. 1세기 초에 유행하였던 문학양식에 속하는 것으로 보인다. 이와 같은 부류에 속하는 책들은 모세의 전설, 아담과 이브 이야기, 이사야의 승천서, 아브라함 묵시록, 선지자들의 생애가 있다. 족장들과 선지자들에 대한 옛 전설들이 모아졌으며 새로운 전설들이 저술되었다. 어떤 기독교회의 목록에서는 이 책이 정경과 외경의 목록에 포함되기도 한다.

(1) 본서의 가치

열 두 족장의 유언의 가치는 묵시적인 성격보다는 윤리적인 성격에서 찾아질 수 있다. 왜냐하면 이 책은 대부분이 하나님을 경외하도록 권면과 격려를 담고 있으며, 죄를 피하라는 경고를 제공하기 때문이다. 본서의 명칭은 야곱의 열 두 아들의 이름에서 유래되었으며 여기서 그들은 임종 직전의 부친 야곱과 대화를 나누는 인물들로 묘사되며, 야곱은 차례대로 그들에게 도덕적 유언과 윤리적 훈화를 들려준다. 비록 본서가 유대인의 저작이며 히브리어로 기록되었다는 것이

제 16 장 위경의 각론   *191*

의심의 여지가 없을지라도 본서에는 성육하신 메시야에 대한 언급을 포함한 많은 그리스도인의 삽입이 들어 있다. 열 두 족장의 유언은 각 권마다 한 사람의 족장의 이름으로 된 12권의 작은 책을 모은 것으로 기록된 형식의 통일성이 증거하듯이 아마도 한 사람에 의하여 기록된 듯하다.

(2) 본서의 형식

이 책의 일반적인 형식은 야곱이 임종에 직면하여 자기 아들들을 침상 곁에 불러 모으고 각자의 미래를 예언하는 창세기 44장에서 유래되었으며, 아마도 모세가 열 두 지파를 각 지파별로 축복하고 그들에게 궁극적인 승리를 확신시켜주는 신명기 33장의 영향을 받았을 것이다. 그러나 열 두 족장의 유언에 있어서 예언은 작은 역할을 할 뿐이다.

열 두 족장에 대한 각각의 유언에 있어서 세 가지 특별한 요소가 주목될 수 있다. 첫째, 각 족장들은 자기가 범한 죄와 역시 자기가 이룩한 덕행을 진술함으로써 자기 자신의 인생여정을 술회한다. 이 이야기들은 흥미로운 내용으로서, 성경상의 영웅들의 생애에 민속적인 수식을 한 초기의 **아가다**(Agada)로 꾸며져 있다. 다음으로 저자는 이야기 가운데 나타난 인물들의 죄를 경고하여 독자들을 위한 실제적인 교훈을 제시하며, 반면에 그들의 덕행을 모방하도록 격려하고 있다. 윤리적인 교훈이 본서의 특별한 모습을 형성하였다. 마지막으로, 야곱은 묵시의 경지에 몰입하여 아들들의 미래의 사건들을 알려준다. 이러한 특징이 본서에서 특출한 위치를 차지하지는 않는다. 이 예언 가운데는 이따금 지파들의 변절이 예언되고, 그들의 포로됨이 묘사되며, 성전의 멸망이 언급되고 있다. 메시야의 강림에 대한 상당한 예언들도 나타난다.

(3) 본서의 메시야 예언

메시야에 대한 예언들 가운데서 메시야가 유다로부터 오실 터이지만 그가 레위 지파에서 나시리라는 사실이 지적되고 있다. 레위의 후예라는 사실은 열 두 족장의 유언의 상당 부분이 당시까지는 바리새파였던 요한 힐카누스의 통치 동안에 저술되었다는 사실로서 설명되었다. 처음에 저자는 힐카누스를 선택된 메시야로서 생각하며, 그에게 영광된 미래를 약속하였다. 따라서 요한 힐카누스가 제사장이었기 때문에 메시야는 레위로부터 나와야만 하였다. 그러나 그가 바리새파나 그의 후예들과 결별하고 마카비 일가가 유대인들이 기대하던 이상적인 통치자에서 멀어지자 열 두 족장의 예언의 뒷부분에서는 메시야가 유다 지파에서 나올 것이라고 선포하였다.

(4) 본서의 윤리적 교훈

학자들은 윤리적 교훈들을 매우 중요한 것으로 생각하고 있다. 르우벤은 부정을 경고하며(창 35:22;49:4), 시므온은 자기의 요셉에 대한 질투와 유다에 대한 격분을 견책한다. 6:7에서 레위는 세겜 성에서 한 부당한 무력행사(창 34장)를 인정하지만 그의 과거가 여러 사람들에게서 칭송을 받고 우호적인 예언의 대상이 된다. 유다는 그의 자손에게서 메시야가 나실 것을 예언하며, 또한 그의 탐욕과 술과 여자에 대한 결과를 경고한다. 스불론은 그의 자손들에게 그의 동정적이고 인정스러우며 자상한 성격을 본받으라고 권한다. 그는 유명한 어부가 될 것이며, 최초의 선장이 되어 자기 배로 항해할 계획의 확실성을 주장한다(5:5~6:3). 단은 증오심과 어리석음을 피하도록 강조하며 요셉에 대한 자기의 행동을 예로 들어 설명한다. 갓은 그의 후손들에게 형제와 친척들을 사랑하며 요셉을 미워한 자기의 본을 따르지 말라고 충고한다. 아셀은 자손들이 매사에 정직하며 위선자가 되지 말라는 충고를 한다. 요셉은 애굽에서 겪은 자기의 유혹을 자세히 말하며 그의 아들에게 모든 것 위에 순결할 것을 권한다. 베냐민은 그의 추종자들에게 마음을 순수하게 가지며 행악하게 하는 모든 유혹에 대항하여 투쟁하고 생활에 비난을 받지 않게 하라는 훈계를 한다.

(5) 본서의 저작 시기

파이퍼(Pfeiffer)에 따르면 열 두 족장의 유언은 B.C. 140~110년, 즉 요한 힐카누스의 시대(B.C. 135~104)에 히브리어로 기록되었다. 찰스는 저자가 요한 힐카누스의 통치 초기에 이 책을 기록한 어떤 바리새인이었다고 믿고 있다.[2] 그러나 톰슨(J.E.H. Thomson)은 찰스와 다른 학자들의 주장에 반대하며, 본서가 신약에 의존하였지 그 반대의 경우가 아니었다고 주장한다.[3] 이 주장은 본서가 A.D. 1세기 말엽에 저작되었다는 말과 같다.

2. 희년서, 또는 "소 창세기"

"소 창세기"(The Little Genesis)로도 알려진 희년서(The Book of Jubilees)는 흥미있는 책이다. 이 책의 널리 알려진 이름은 그것이 따르고 있는 연대기의 형식, 즉 희년의 제도가 갖는 양식에서 유래되었다. 각 희년은 49년으로 구성되며 49주로 구분되어 매 일년은 일주일의 하루를 말하고 있다. 두번째 이름은 희년서가 주로 정경인 창세기에 기록된 사건들을 보충하고 있기 때문에 붙여졌다.

(1) 본서의 내용

희년서의 내용은 모세가 시내산에 올라가고 이스라엘이 기다리라는 명령을 들은 후에 한 천사가 모세에게 구술한 것으로 추정되고 있다. 희년서는 종교적인 허구로서 저자는 세상의 창조부터 시내산에서의 율법수여까지의 이스라엘 역사를 재기술하고 있다. 동일한 역사를 기술한 정경 창세기와 비교할 때 이 책은 성경 이야기의 부록이라고 말해져야만 한다. 여기에 수록된 부가적인 내용은 아버지에서 아들에게로 구전을 통하여 전승되었다고 추정된다. 희년서는 2장 초두에서 창세기 1:1에서 출애굽기 14:31에 이르는 히브리 성경의 내용을 병행시키며 자주 미드라쉬적인 내용을 삽입시킨다. 희년서의 저자는 정경에 나타난 사건과 인물들은 생략한다. 간혹 이들에 대한 언급이 나온다면 그에 대한 첨가와 확대의 정도일 것이다. 희년서에서 누락된 내용은 변증적인 이유에서 행하여진 것처럼 보인다. 예를 들면, 아브라함이 바로에게 사라가 단지 자기의 자매라는 그릇된 인상을 주었던, 혹은 이삭이 아비멜렉에게 유사한 범죄를 한 경우와 같은 애굽에서의 아브라함의 기만이 여기에 속한다. 저자가 보기에 이러한 사건들을 정당화시키기가 어렵다고 느꼈음에 틀림이 없다. 시므온과 레위가 계략을 꾸며 세겜 사람들에게 할례를 받게 하고 그들이 힘을 쓸 수 없을 때에 학살한 이야기도 생략되어 있다. 라반의 소유 가운데서 자기의 양떼를 늘리기 위하여 야곱이 사용한 계략도 기록되어 있지 않다. 창세기 49장과 같이 야곱이 축복한 내용을 희년서에서는 볼 수 없다. 그 이유는 시므온과 레위에 대한 축복이 야곱이 이전에 한 선언과 일치하지 않기 때문이다. 디나가 12살에 납치당하였다거나 야곱이 부모에게 1년에 4차례 선물을 드렸다는 것과 같은 첨가된 내용도 변증적인 경향을 띠고 있다. 희년서에 나타난 보다 긴 추가적 내용들은 대부분 예식과 관계된 것이었다. 아모리 족속과의 전쟁(34:1~9)과 에서와의 전투(37장과 38장)가 길게 다루어지고 있다.

(2) 본서의 문학 쟝르

희년서는 두 가지 문학양식, 즉 주석적인 것과 변증적인 것으로 구성되어 있으며 그 가운데서 주석적인 내용이 압도적이다. 독자들은 성경에 언급된 족장들과 영웅들, 사건들의 모습을 둘러싼 초기에 구체화된 다양한 아가다적인 전설과 이야기를 조직화하려는 최초의 시도를 발견할 것이라고 어떤 학자들은 주장한다. 희년서에는 묵시적 요소 또한 괄목할 만하며 천사와 마귀들에 대하여 자주 언급한다. 희년서는 악한 천사들의 타락과 그들이 인간들에게 미치는 영향을 기술하고 있다. 미래가 다른 묵시문학들을 회고하는 형식으로 묘사되어 있다. 메시야가 유다 지파에서 나올 것이지만 다른 묵시문학들과 마찬가지로 그에 대한 초자연적 특성들의 묘사가 없다. 메시야의 시대가 도래하며 그것은 물리적이며 윤리적인 변화가 있을 뿐이라는 것이다. 사람이 죽으면 불멸의 세계에 들어가 천년 동안 고통과 죄가 없이 살 것이다.

제 16 장 위경의 각론   195

(3) 본서의 저작 목적

본서의 저작의 목적은 저자가 소유한 유대교의 신앙이 인간의 역사가 시작될 때부터 존재한 그대로의 정황임을 과시하려는 것이다. 저자는 또한 거룩한 수인 7이 일반적으로 대부분의 사람들이 인식하고 있는 것보다 더욱 중요한 역할을 역사 속에서 수행한다는 사실을 보여주고 싶어하였다.

(4) 본서의 저작 시기

권위있는 학자들은 희년서의 저작 시기에 대하여 의견의 일치를 갖지 않는다. 찰스와[4] 리트만(Littmann)[5] 같은 만만치 않은 학자들은 이른 시기, 즉 요한 힐카누스와 바리새파가 투쟁하던 연대를 지지한다. 톰슨은 이에 반대하면서 본서의 변증적인 어조와 에돔에 대한 증오로 보아 로마가 팔레스틴을 통치하였던 헤로디안 왕조 때에 저술되었음에 틀림없다고 주장한다. 이 때는 "그리스인과 헬라화된 사람들을 항상 볼 수 있었으며 유대인으로서 히브리어를 아는 이들이 헬라의 문화에 감염되었고 그들의 신앙과 경전이 침식당하는 모습들을 실제로 볼 수 있었던 때였다."[6] 이와 같은 연대추정은 에돔에 대한 증오로써 설명될 수도 있다. 따라서 저작 시기는 헤롯 대왕이 사망한 B.C. 4년 경이 될 것이다. 반면에 파이퍼(Robert Pfeiffer)는 본서의 저작연대를 요한 힐카누스의 통치 말기(B.C. 135~104), 즉 열 두 족장의 예언이 기록된지 얼마 안되는 때로 잡는다.[7]

토레이는 벨리알과 마스테마(Mastema)와 같은 이름들이 저작 연대의 결정에 도움을 줄 수 있다고 믿는다. 무녀의 신탁서와 이사야 승천기, 열 두 족장의 유언, 선지자들의 생애에서 벨리알이란 이름이 나온다.[8] 따라서 희년서는 A.D. 1세기 이전이 될 수가 없다고 토레이는 주장한다. 나아가 그는 본서의 저자가 하스모니안 왕조 아래서 제사장직을 맡아 긍지를 가졌던 어떤 제사장이었다고 주장한다.

(5) 본서의 원어

희년서는 헬라어 번역본에 근거한 에디오피아 사본만이 현존한다. 그러나 대다수의 학자들은 희년서의 원어가 히브리어나 아람어 둘 중의 하나였다고 확신하고 있다.

3. 이사야 승천서

본서는 중간사 시기 묵시문학에 속한 책이다. 그러나 많은 기독교적 자료들이 혼합되어 있다는 점에서 다른 많은 중간사 시기 묵시록들과는 다르다. 이사야 승천서(The Ascension of Isaiah)에 대하여 지금까지 알려진 지식은 이사야 승천서가 런던의 책방에서 로렌스(Archbishop Laurence)가 발견한 에디오피아역에 의존하고 있다. 역시 헬라어와 라틴어로 된 약간의 단편들도 발견되었다.

본서는 3부로 구성되어 있는데, 즉 일반적으로 유대인의 작품으로 생각되는 이사야의 순교(1:1~3:13;5:2~14), 히스기야의 유언(3:13~5:1), 이사야의 환상(6~11장)이다. 이사야의 순교 부분은 그가 예루살렘에서 살해되었다는 점에서 탈무드에 나오는 이사야의 사망 내용과 일치한다. 이사야의 순교(the Martyrdom of Isaiah)의 헬라어 번역본은 탈무드에 나오는 이야기의 번역이라는 것이 페랄(Ferrar)의 확신이다.[9] 이사야의 순교에 담긴 것과 동일한 이야기가 A.D. 1세기경에 수집된 유대인의 전설집인 선지자들의 생애에서도 발견된다. 히브리서 11:37은 이사야의 순교에 대하여 "톱으로 켜는" 형벌로 묘사하고 있다.

이사야의 순교와 승천에 대하여는 초기 기독교의 교부들, 특히 오리겐이 가끔 언급하였다. 오리겐은 이사야 승천서를 "이사야 위경"이라고 불렀다. 순교자 저스틴은 그가 이사야 승천서와 친숙하였음을 보여주는 어투로 이사야의 죽음을 묘사하고 있다.

제 16장 위경의 각론   *197*

(1) 본서의 내용

 이사야의 순교를 포함하는 1~5장은 주로 선지자 이사야가 히스기야에 대하여 예언한 이야기, 즉 므낫세가 여호와 대신에 벨리알을 섬기며 이사야가 두 토막으로 톱질을 당하리라는 내용을 기술하고 있다. 히스기야 사후에 므낫세는 온갖 악행을 자행하여 이사야를 포함한 모든 참된 신자들을 광야로 불가피하게 도피케 한다. 베키라(Bechira)라는 사마리아인이 므낫세 왕에 대항하는 예언을 하였다고 이사야를 고발하여서 결국 선지자는 체포되어 순교를 당한다(5:1b~14). 3:13~5:1a은 어떤 그리스도인이 삽입한 것으로 여겨지는데 여기서 벨리알은 이사야가 그리스도를 통한 구원을 예언하기 때문에 그를 미워한다고 묘사되어 있다.
 본서의 후반부(6:1~11:40)는 이사야의 환상으로 어떤 그리스도인에 의하여 기록되었다. 히스기야 통치 20년이 되는 해에 이사야가 왕에 관한 환상을 보았다고 이 부분에서 말하고 있다. 그는 7층천에서 아담과 하나님과 함께 맨 앞에 자리한 성도들을 보았다. 그는 하나님께서 세상에 자기의 아들을 보내실 것이라는 계획을 하나님으로부터 들은 후에 7층천에서 돌아온다. 다시 한번 환상을 통하여 이사야는 예수님의 탄생부터 그의 재림에 이르기까지 발생하는 모든 사건들을 보게 된다. 이 환상 때문에 사단은 므낫세를 시켜서 이사야를 두 동강 내었다.

(2) 본서의 저작 연대

 로버트 파이퍼에 따르면 그리스도인이 쓴 이사야의 순교편은 아마도 A.D. 2세기로 그 연대가 추정된다.[10] 어떤 학자들은 이 순교편이 아람어로 기록되었으며 A.D. 2세기에 기원하였을 것으로 믿고 있다.
 찰스는 이 순교의 이야기를 드예미드(Djemid) 왕에 관한 페르샤 전설과 관련시킨다. 이 전설은 하나님이 대적에게 쫓기는 왕을 숨기기 위하여 나무 속을 열게 하셨으나 이블리스(Iblis)의 도움으로 그는 발견되고 왕을 속에 감춘 나무가 톱질에 의하여 두 토막이 났다는 이야기이다.[11]

본서의 흥미있는 특징의 하나는 메시야를 "사랑하는 자"라고 지칭한 것인데 학자들은 이 명칭이 원래부터 사용된 것인지 아니면 후에 그리스도인에 의하여 삽입된 것인지에 대하여 의견의 일치가 되지 않고 있다.

4. 예레미야의 파라리포메나

예레미야의 파라리포메나(The Paralipomena of Jeremiah, '파라리포메나'는 '지나간 일', 혹은 '누락된 일'이란 뜻—역자주)는 해리스(James Rendel Harris)가 편집한 헬라어 사본에 수록되어 전하여지며 『바룩의 남은 이야기 : A.D. 136년의 한 기독교적 묵시록』(*The Rest of the Words of Baruch : A Christian Apocalypse of The Year 136 A.D.*)으로 명명된다. 아그립바 1세(A.D. 44년 사망)나 아그립바 2세(A.D. 110년 사망) 중의 하나인 아그립바(Agrippa)에 대한 언급은 본서가 필연적으로 A.D. 50년 이후에 저술된 책임을 말한다. 본서의 처음 8장은 유대인이 기록하였을 가능성이 큰데 이것은 본서가 아람어로 기록되었다가 헬라어로 번역되었음을 의미한다. 본서의 뒤편은 에디오피아어, 알메니아어, 슬라브어로 번역되었다.

(1) 본서의 내용

제1부(1~4장)에서 여호와는 예레미야에게 갈대아인들이 예루살렘을 멸망시킬 것이며, 그는 성전의 기명들을 땅에 묻어야 한다는 말씀을 듣는다. 이 일 후에 그는 바벨론에 포로로 잡혀가게 된다. 예루살렘이 멸망하기 전에 예레미야는 내시 아비멜렉을 보내어 아그립바의 과수원에서 무화과 나무를 가져오게 한다. 그런데 이 내시는 과수원에서 잠에 빠져 66년 후에 깨어난다. 이 때 한 노인이 그 동안에 일어난 변화를 이야기해준다(5장). 예레미야는 바룩에게서 한 통의 편지를 받는데 그는 바벨론의 유대인들이 하나님의 선민 가운데서 모든 이방인들이 떠나야 하며 그렇지 않을 경우 그의 백성들이 예루살렘으로 귀환하지 못하리란 이야기를 예레미야에게 전하라는 하나님의 명령을 받았다. 66년 전에 꺾었지만 아직도 생생한 무화과 나무와 함께

제16장 위경의 각론 199

바룩의 편지를 독수리가 바벨론까지 전달하였다(6장). 그 후에 이 독수리는 죽은 사람을 살리고 뒤따라오는 예레미야를 유다의 자손들에게 되돌아 오도록 인도하는 등 혁혁한 수완을 발휘하였다. 그러나 끝내 그들의 이방인 아내들과 결별하지 못하였던 유대인들은 시온에 돌아가는 일을 허락받지 못하고 대신에 사마리아의 성읍과 일단의 사마리아인을 발견하였다(7~8장). 예레미야의 파라리포메나의 마지막 부분에서 삼년 후에 재개된 예루살렘에서 희생제물을 드리면서 졸도한 예레미야는 계속하여 예수 그리스도를 통하여 가능해질 구원을 인하여 하나님을 찬양하였다. 예레미야가 유대 민중에게 허락한 후에 그들은 그에게 돌을 던져 죽일 수 있었다(9장).

비록 파라리포메나가 이방과 구별되어야 한다는, 특히 이방인 아내를 얻지 않아야 한다는 유대인의 의무를 강조하고 있을지라도(6:13~14;8:2) 본서 전체가 그리스도인의 작품일 수 있다고 어떤 학자들은 믿고 있다.

5. 선지자들의 생애

선지자들의 생애(The Lives of the Prophets)는 A.D. 1세기에 아마도 히브리어로 기록된 것 같은 일련의 전기적 묘사로 구성되어 있다. 그것은 히브리어로부터 헬라어와 라틴어, 수리아어, 에디오피아어로 번역되었다. 토레이는 영어 번역을 함께 수록한 비평적 헬라어 번역판을 출판하였다.[12] 모든 현존하는 번역들은 헬라어 사본으로부터 되어진 것이다. 1883년 하마커(Hamaker)는 본서의 원어가 히브리어였음을 증명하고자 노력하였다. 토레이의 주장에 따르면 헬라어 사본은 분명히 헬라어로 번역되었다는 증거를 갖는다고 한다. 그러나 그가 주장하고 있는 사실은 헬라어를 해독할 수 있는 어느 누구에게도 자명해져야 한다.[13]

(1) 본서의 내용

선지자들의 생애는 히브리 선지자들에 대한 이야기이며 그들 각자는 자기가 어디서 태어났으며, 어느 지파에 속하였고 어디서 장사되

없는지를 말하는 것처럼 묘사되고 있다. 성경에 이미 나타난 선지자들에 대한 내용이 반복되지는 않으며 대신에 다른 내용들이 보충되어 있다. 많은 전설적인 이야기들이 첨가되어 있다. 다른 선지자들에 대한 전기는 짧고 규칙적이고 비성경적인 내용들이 포함되어 있는 반면에 이사야와 예레미야, 에스겔, 다니엘, 하박국의 전기들은 진실된 것이라고 본서는 주장한다.

여러 고정본(Recension)들을 한번만 비교해보아도 선지자들의 생애에 대하여 언급된 순서가 각각 상당히 다양한 것을 알게 된다. 가장 공통적인 순서는 스웨트(Swete)의 『헬라어 구약성경』(Old Testament in Greek)에서 제시된 대로이다.

선지자들의 생애에 따르면 예레미야는 애굽사람들 사이에서 커다란 명예를 얻었는데 그 이유는 그가 애굽의 나일강에서 위험한 파충류들(독사들과 악어들)을 쫓아내었기 때문이다. 결국 알렉산더 대제는 예레미야의 뼈를 알렉산드리아에 보내어 그 지역에서 악어를 근절시키는 결과를 가져왔다. 예레미야는 그의 글에서 뱀과 싸우는 동물인 아르골라이(argolai)를 소개하였다고 추정된다.

에스겔은 바벨론에 살던 단과 갓지파 사이에서 태어난 어떤 사내를 우상숭배로 책망하였기 때문에 그에 의하여 살해되었다. 한번은 백성들이 굶주렸을 때 에스겔은 자신의 지휘 아래 함정에 잡힌 물고기를 케발 운하(Chebar Canal)에서 가져다가 그들의 양식으로 삼게 하였다. 그밖에도 다른 기적들을 에스겔이 일으켰다고 묘사되어 있다.

다니엘의 생애에서 가장 재미있는 부분은 이야기의 4분의 3을 차지하는 느부갓네살의 변신이다. 그는 머리는 황소이며 다리와 몸통의 뒤는 사자인 복합적인 형태의 동물로 변하였다. 마침내 다니엘의 기도를 통하여 느부갓네살이 자기의 죄를 고백한 후에야 그는 전신이 회복되었다.

아모스는 아마샤의 아들에 의하여 곤봉으로 살해되었다. 전설이 전하는 대로 요나는 사렙다의 아들이었는데 열왕기상 17:8~24에 의하면 엘리야가 그녀의 집에 체류하였다고 한다. 요나는 엘리야가 생명을 되찾게 해준 소년이었다. 요나는 후기의 여생을 두로의 이방민족과 섞여 살면서 니느웨에서 행한 자신의 그릇된 예언을 참회하였다.

하박국의 생애는 역시 벨과 용에서도 발견되는 이야기를 포함하고 있다. 시므온 지파이며 스가랴 집안 출신인 하박국은 예루살렘의 멸망과 유다의 포로됨을 예언하였다. 선지자는 느부갓네살의 군대가 예루살렘을 멸망시킬 때 애굽으로 피난하였다. 후에 농부로서 자기 일과를 수행하던 여느날과 마찬가지로 그는 추수군들에게 음식을 가져다주려 하면서 그의 식구들에게 "나는 먼 나라로 떠나려는데 곧 돌아오겠노라"고 말하였다. 그가 말을 마치자 그는 바벨론에 있었고 사자굴에 있는 다니엘에게 음식을 갖다주었다. 그는 곧바로 팔레스틴에 돌아와 아무 말없이 그곳의 추수군들에게 음식을 갖다주었다.

나단의 생애를 진술하는 이야기 속에서 독자들은 한 꿈을 통하여 다윗이 큰 죄를 지으려 한다는 소식을 듣게 된다. 이 소식에 접하자 그는 왕에게 경고를 보내지만 벨리알은 나단을 위한 함정을 준비하여 그가 때를 맞춰 다윗에게 경고하는 것을 방해하였다.

토레이는 엘리야와 엘리사의 이야기가 원래는 선지자들의 생애에 수록된 것이 아니었다고 믿는다. 왜냐하면 그것들은 성경에 나오는 이야기를 보충하는 것이 아니라 단순히 열왕기에 나오는 전기적 내용을 복사하는데 지나지 않기 때문이다.[14] 본서를 기록한 어떤 필사본들은 스가랴(눅 1:5 이하)와 시므온(눅 2:35 이하), 세례 요한에 관한 이야기도 포함하고 있다. 선지자들의 생애 가운데서 다수의 전기들에는 기독교적인 요소들이 나타나며, 또한 메시야의 강림에 대한 예언들도 발견이 된다. 토레이는 이것들이 삽입된 것이라고 확신하고 있다.

6. 욥의 유언

본서는 비록 소위 위경문학의 몇 가지를 보여주는 하나의 문학양식에 속해 있었지만 18세기까지는 일반적으로 학자들에 의하여 알려지지 않았던 책이다. 오늘날 본서는 마이(Cardinal Mai)가 최초로 출판한 『*Scriptorum Nova Collectio*』(Rome, 1833) 제7권인 헬라어판에서만 수록되어 잔해진다. 1897년에 콜러(Kaufmann Kohler)는 헬라어 사본을 재판하여 마이의 본문에 번역을 붙이고 또한 서론과 주를 첨가시켰다.

욥의 유언은 사실상 금세기 초에도 알려지지 않았으나 고대에는 세상에 알려졌던 듯하다. 그 이유는 갈라시우스(A.D. 492~496년의 로마 주교)의 교서에 인용된 위경문헌의 긴 목록에 본서가 언급되고 있기 때문이다. 본서는 70인경의 욥기와 관련되어 있기 때문에 학자들의 관심을 모으는 책이다. 그의 『Apocrypha Anecdota』에서 마이의 본문과 약간 상이한 본문을 수록한 제임스(M.R.James)는 70인경이 욥의 유언에서 욥의 아내의 풍부한 언설을 인용하였다고 주장한다.

(1) 본서의 내용

본서에서 욥의 아내인 시티도스(Sitidos)는 정경인 욥기에서보다 더욱 중요한 역할을 수행한다. 그녀는 자기 남편이 파산하여 굶주리게 되었지만 그를 변호한다. 그녀는 남편이 하나님께 인정받는 모습을 보기를 원하며 살지만 그의 건강과 재산이 회복되기 전에 죽는다. 시티도스는 그녀의 자녀들이 천국에 있음을 본 후에 위로와 평강 가운데 이 세상을 하직한다.

세 친구와 엘리후는 본서에서 뛰어난 역할을 담당하게 되어 있다. 그들이 욥을 책망하고자 시도하기 때문에 하나님은 그들을 죽이겠다고 위협하시지만 그들의 믿음에 대한 욥의 중재를 통하여 용서받는다. 욥의 첫 아내가 죽은 후 욥은 디나(Dinah, 이 이름은 또한 Targum에서도 같은 이름이다)와 결혼하며, 그녀는 세명의 딸을 낳아서 영감의 찬양을 하나님께 드린다. 욥의 형제인 나홀(Nahor)은 삼일의 마지막 순간에 어떻게 욥의 영혼이 빛나는 수레를 타고 떠나는지를 설명하면서 해설을 계속한다. 본서의 마지막 부분에서 나홀과 욥의 일곱 아들과 다른 이들이 간단한 만가를 부른다.

파리 사본에서 헬라어 번역자는 욥의 아들들에게 각각의 이름을 붙여주지만 히브리어 원본에는 나타나지 않는다. 두 아들의 이름은 텔시호로스(Tersichoros)이며, 또 다른 두 아들은 니케포로스(Nicephoros)이고, 다른 두 아들은 이피프로우론(Iphiphrouron)이란 이름의 두 부분을 각각 취하고 있다[토레이].

본서의 구조는 1~45장에서 욥이 이야기를 이끌어가는 화자(speaker)임을 지적해주는 듯하다. 톰슨에 의하면 마지막 두 장은 분명히 후에 추가된 것이며 딸들에게 준 새 선물들은 불가해 한 대목이다.[15]

(2) 본서의 원어

토레이는 욥의 유언이 셈계 언어에서 번역되었으며, 아마 아람어가 가장 유력한 것 같다고 주장한다.[16] 마귀를 지칭하는 헬라어 디아볼로스(diabolos) 대신에 아람어형인 스타나(Stana)가 어디서나 사용되고 있다. 파이퍼는 아람어가 원어라고 주장한다.[17]

(3) 본서의 저작 연대

제임스는 본서가 A.D. 2, 3세기에 유대인 출신의 그리스도인에 의하여 기록되었다고 주장한다.[18] 제임스에 따르면 이 사람은 욥에 대한 히브리어 미드라쉬에서 욥의 유언을 헬라어로 번역하였으며, 이때 욥기 헬라어 역본을 사용하였고, 그의 번역본에서 의역을 할 때 약간의 친숙한 신약적 표현을 사용하였다.

반면에 쾰러는 『유대 백과사전』(Jewish Encyclopedia), Ⅶ, 200~202에 실린 그의 소논문 "욥의 유언"에서 본서는 기독교적 요소가 전혀 없이 전적으로 유대적이라고 주장한다. 쾰러는 많은 미드라쉬와의 평행적 내용을 보건대 본서는 유대문학사의 기독교 이전 시대에 저술되었다고 단정한다.

7. 아담과 이브 이야기

본서는 여러 가지 명칭으로 알려져 있으나 가장 일반적인 명칭은 라틴어 역본의 "아담과 이브 이야기[생애]"(The Book [or Life] of Adam and Eve)이며 반면에 헬라어 역본은 "모세 묵시록"(Apocalypse of Moses)이란 이름을 붙이고 있다. 아담과 이브 이야기는 유대인의 설화문학에 속한다. 본서는 다른 언어들로 번역되었으며 아람어역과 슬라브어역이 남아 있다. 이 모든 역본들은 히브리어나 셈계의 원본에서 유래되었다고 토레이는 주장한다.[19] 본서는 그리스도인들에 의하여 상당한 삽입과 첨가가 특징을 이루고 있다. 아담과 이브에 대하여 정경인 창세기에서 발견되지 않는 내용이 이 위경문헌에서 나타난다고 추정된다.[20]

(1) 본서의 내용

에덴 동산의 북부와 동부가 아담에게 배당되고 남부와 서부는 이브에게 할당되었다. 두 사람의 호위천사들이 자리를 비운 사이 마귀가 이브를 유혹하였고, 그녀가 굴복한 결과 즉시 자기의 벌거벗은 것을 인식하였다. 그녀가 몸을 가리려고 하자 무화과 나무를 제외한 모든 나무들이 자기의 나무잎 사용을 거절하였다.

아담과 이브가 에덴 동산에서 추방된 후에 그들이 풀을 먹을 수 없었기 때문에 며칠간 굶주렸다(4:1 이하). 이러한 역경을 극복하기 위하여 아담은 목에까지 차는 요단 강의 한 바위 위에서 40일 동안 서서 참회하기로 결정하고 이브도 37일 동안 티그리스 강에서 동일한 참회를 한다.

본서는 이어서 가인의 출생에 따른 상황을 전해준다. 그리고 이어서 아벨의 살해와 셋의 출생 이야기가 기술된다. 아담은 셋에게 낙원에서의 그의 추방을 이야기해준다. 에덴 동산 주변에 커다란 강들이 있었으나 미카엘은 주변의 강물을 얼게 하여 아담을 땅으로 되돌려 보냈다. 그 후에 아담은 셋에게 종말에 이르기까지의 유대인의 역사를 예언하였다. 아담이 심하게 아프자 이브와 셋은 아담을 치료할 수 있는 자비의 나무에서 나는 한 방울의 기름을 얻기 위하여 에덴 동산으로 향하였다(36:2). 그러나 도중에 맹수들이 그들을 공격하여 셋이 물린다. 낙원의 문에 도착하여 셋과 이브는 그 기름을 현 세대의 마지막 날에만 얻을 수 있으며 아담은 6일만에 죽을 것이라는 말을 듣게 된다.

"모세 묵시록"의 헬라어판에서 이브는 자녀들을 불러모으고 그들의 범죄와 그 이후의 일들을 자세하게 들려주면서 특별히 아담과 이브에 대한 여호와의 선포와 심판을 강조한다. 미카엘이 나팔을 불자 천군들이 집합한다. 하나님은 그룹들이 끄는 마차를 타시고 천사의 노래 가운데 에덴 동산에 들어가시며 낙원의 모든 나무들이 꽃을 피운다. 이 후에는 창세기 3:9~19이 부연된다. 아담과 이브의 사망과 장례로 본서는 끝이 난다.

(2) 본서의 저작 시기와 장소

본서는 A.D. 70년 이전에 저작되었다고 믿어지는데 그 이유는 저자의 시대까지 일어난 사건들을 말하는 29:4~10의 작은 묵시록에서 예루살렘의 멸망에 대한 언급이 전혀 암시되어 있지 않기 때문이다. 본서의 저작된 장소가 어딘지 단언하기는 어렵다.

8. 모세 승천서

모세 승천서(The Assumption of Moses)는 고대의 문헌들에서 그것에 대한 언급이 발견되는 어떤 대단히 큰 작품의 한 단편만이 전해지고 있다. 본서는 1861년 케리아니(Ceriani)에 의하여 밀란의 도서관에서 발견되었다. 모세의 몸을 두고 벌어진 천사장 미가엘과 사단 사이의 투쟁을 말하는 유다서 9절의 암시가 모세의 승천에 대한 언급이라고 많은 학자들이 추측하고 있다. 모세의 승천서라는 이름으로 알려진 단편은 오직 라틴어판에만 남아 있다. 어떤 헬라어 본문에서 번역된 현재의 라틴어 번역본은 모세의 승천을 언급하지 않지만 모세가 죽기 전에 여호수아에게 말하였다는 일종의 묵시록이다. 외경의 초기 목록에 두 가지 작품, 즉 모세의 유언과 모세의 승천서가 언급되어 있다. 모세 승천서에 담겨 있는 내용은 오히려 모세의 유언의 특성을 보여 준다. 본서는 모세가 하늘로 들리워짐을 포함하고 있지 않는다. 모세의 꿈 속의 승천 개념이 배제되어 있는 듯이 보인다.

(1) 본서의 내용

본서는 모세가 여호수아에게 들려주는 하나의 강화를 전하려는 취지를 갖고 있다. 본서에는 모세가 임종이 다가오자 어떻게 여호수아에게 성문서를 전하였는지에 대한 묘사가 있다. 모세는 자기가 기록을 남기라는 명령을 받았으나 히브리 국가에게 정해진 때가 이를 때까지는 그것을 비밀에 부쳐두라는 명령을 받았다고 그의 후계자에게 설명한다. 저자의 시대에 이르는 유대 역사의 파노라마가 서술되고 있다.

그는 한 지파가 다른 지파에게 어떻게 말할 것인지를 예언한다. "보라 이것은 모세가 전에 우리에게 예언으로 말하였던 것이 아니냐? 그렇다. 우리는 그가 중재하였던 여호와의 명령을 어겨서는 안된다고 그가 선포하였고 우리에 대하여 하늘과 땅을 증인으로 삼았었도다." 본서에는 B.C. 587년의 예루살렘 멸망과 안티오쿠스의 박해, 하스모니안 왕가의 통치, 바리새파와 사두개파 사이의 구분, 헤롯의 통치에 대한 언급이 나타난다. 결론 부분에서 행복한 미래의 약속이 제시되면서 낙관적인 어조로 끝을 맺는다.

(2) 본서의 연대

저작 연대는 좁게 압축될 수 있을 것이다. 승천서는 독자에게 B.C. 4년의 헤롯의 사망을 전해주며 A.D. 70년의 예루살렘 멸망 이전에 기록되었을 가능성이 가장 크다. 저자는 헤롯의 아들에 대하여 언급하면서 그들의 통치 이전에 기록되었다는 암시를 보여준다. 따라서 저작 시기는 A.D. 1~30년 사이가 될 것이다.

(3) 본서의 원어

토레이는 "탁소"(Taxo)라는 비밀한 이름에서 승천서의 원어를 단정 짓는다. 즉, 그의 주장에 의하면 그것이 마타디아스와 그의 아들들을 지칭하는 "하스모니안"의 암호문이라고 한다.[21] 토레이는 "Taxo"라는 단어의 철자들이 의미하는 수자가 히브리어가 아닌 아람어의 "하스모니안"의 수자와 일치한다고 주장한다. 이 사실은 본서가 아람어로 기록되었음을 의미한다. 그러나 모든 학자들이 본서가 아람어로 기록되었음을 확신하지는 않으며, 토레이의 주장은 인위적이고 "탁소"가 일곱 아들을 가진 반면에 마타디아스는 다섯 명의 아들이 있었다는 사실에서 의구심이 일어난다고 주장한다.

(4) 본서의 종교적 교훈

본서의 주된 관심은 유대의 신학에 대한 교훈에 보다는 일반적인 관점에 담겨 있다. 본서에 의하여 제기된 중요한 질문은 "박해에 대한 경건한 유대인의 태도는 어떠해야 하는가?"이다. 열심당은 힘에는 힘이라고 대답하면서 무력의 사용을 주창하였다. 그들은 수리아의 압제에 굴복하기 보다는 무력으로 회복한 유다마카비의 경우를 찬양하였다. 그러나 모세 승천서는 이 견해에 반대한다. 본서는 마카비의 행적을 논박하며 무저항을 지지하였다. 마카비 시대의 위대한 순교자인 엘르아셀이 추종의 모범으로 제시된다. 메시야의 시대는 무력이 아니라 순교에 의하여 인도된다. 따라서 모세 승천서는 유대인의 정적주의(Jewish quietism)를 주창하는 책이다.

(5) 신약연구를 위한 본서의 가치

승천서는 유다서와 사도행전 7장의 스데반의 설교에 나타나는 몇 가지 문구들에 빛을 던져주기 때문에 신약의 연구자들에게 가치가 있다고 학자들은 믿는다. 또한 팔레스틴의 지배계급(바리새인들)에 대한 저자의 묘사는 예수님 외에도 다른 이들이 당시의 정권이 빠진 타락상을 예민하게 느끼고 있었음을 보여준다.

9. 바룩 묵시록(바룩 2서)

본서는 전체가 수리아 번역본에 보존되어 있기 때문에 일반적으로 "수리아어 바룩 묵시록"(The Syriac Apocalypse of Baruch)으로 알려져 있다. 일부는 헬라어에서 번역되었으며 나머지는 아람어 원어에서 번역된 것으로 믿어지는 것으로 되어 있다. 바룩의 작품으로 전해진 책들 가운데는 또 하나의 묵시록이 있다. 본서는 비교적 최근에 밀란의 도서관에서 발견되었으며 1866년에 이태리 학자인 케리아니(Ceriani)가 라틴어 번역본으로 출간하였다.

(1) 본서의 내용

본서는 예루살렘이 멸망될 때에 바룩에게 일어난 일을 그가 설명한 것으로 추정된다. 목격자는 "유다 왕 여호야긴 25년"의 벽두에 하나님의 계시를 받았다(1 : 1). 만일 이 진술이 사실이라면 하나님의 계시가 B.C. 590년에 있었음을 의미한다. 6 : 1에서 독자는 환상을 보기 전날 바벨론 군대가 도착하여 예루살렘을 포위하였다는 사실을 알게 된다. 그리고 이것은 예언이 B.C. 587년 제10월에 있었음을 의미하였다. 예루살렘에서의 시드기야의 추방이 8 : 5에 언급되고 있다. 학자들은 이 연대들을 조화시키지 못하고 있다. 여호야긴 25년으로 본서의 연대를 잡는 것은 하나의 실수였다. 왜냐하면 이 이스라엘의 왕은 단지 석달 밖에 통치하지 못하였다. 사실은 저자가 A.D. 70년의 예루살렘의 멸망을 말하고 있으면서 동시대의 인물과 이름을 사용하는 대신에 성경에 나오는 옛날의 역사를 상상하여 이 이야기를 꾸미고 있다.

본서는 7부로 나누어진다. 이것은 예언의 모델로 시작한다. "느라야의 아들, 바룩에게 하나님의 말씀이 임하여 가라사대." 제1부에서 예루살렘의 멸망이 선포되지만 바룩은 이스라엘의 패망이 "잠시 동안"일 뿐이라는 말에 위로를 받는다. 제2부에서 바룩은 여호와께 그의 불만을 토로하도록 허락받은 후에 7일 동안 금식하라는 환상을 보게 된다. 바룩은 심판이 이방인에게 임할 것과 특히 의인들을 위하여 있게 될 오는 세상의 영광에 대한 소식을 듣는다. 예루살렘의 멸망이 갈대아 사람들에 의해서가 아니라 천사들의 역사로 묘사되고 있다. 제3부에서 바룩은 역시 에스드라 2서의 주제이기도 한 악의 성질에 대하여 문제를 제기한다. 제4부에서 독자는 미래의 세계가 의인을 위하여 창조되었다는 것을 확신하게 된다. 제5부에서 바룩은 하나님 나라의 지연에 대하여 불평하며 선택될 자의 수효가 찼음에 틀림이 없다고 믿고 있다. 이 일이 이루어진 후에 메시야가 오실 것이다. 제6부는 로마 제국과 메시야의 승리를 상징하는 백향목과 포도나무의 환상을 서술한다. 바룩이 장래의 영광을 누구와 나눌 것인가를 묻자, "믿는 자들"이란 답을 듣는다. 6개의 "검은 강"은 세계 역사에 있어 6개의 악한 기간을 말하며 "6개의 맑은 강"은 선한 기간의 수효를 가리킨다. 저자는 바로 이 부분에서 육체 부활의 교리를 천명하고 있다.

(2) 본서의 연대

바룩 묵시록은 각 부분을 특징짓는 어조와 개관의 다양함에서 볼 수 있듯이 편집된 책이다. 파이퍼는 에스드라 2서가 저술된 직후, 즉 A.D. 90년과 100년 사이에 기원하였다고 추정한다.[22] 벤첸(Bentzen)은 본서가 에스라 4서와 바나바 서신 저작 연대 사이인 A.D. 170년 이전의 어느 때라고 주장한다.[23] 이와는 달리 톰슨은 A.D. 59년이나 60년을 가리키는 세줄의 증거가 있다고 주장하면서 본서의 저작 시기를 A.D. 70년 이전의 어느 때라고 추정한다.[24]

만일 본서가 A.D. 70년과 100년 사이에 기록되었다면 이것은 상당히 많은 분량의 신약문헌과 동시대의 문헌이었을 것이며, 신약을 공부하는 이들에게 상당한 가치를 지닌 책이 된다. 본서는 1세기 후반부에 우세하였던 유대교의 교리와 신앙을 기록하고 있으며 기독교가 유대교에 대하여 도전적인 공격을 감행하였던 동안 한 때 유대교의 지도자들이 변호하고 주장하였던 교리와 신앙이었다.

(3) 본서의 종교적 교훈들

바룩 묵시록의 교훈은 매우 흥미있는 것으로 생각되며 주목해볼 가치가 충분한 교훈들이 상당히 수록되어 있다. 메시야의 개념이 다른 것들과 상이하다. 본서는 이중적인 메시야의 때, 즉 커다란 전쟁 뒤에 있는 시온의 일시적인 회복과 그런 후에 진정한 메시야가 모습을 나타내신다고 가르친다. 이 후에 영원한 메시야 때가 시작된다. 이 견해는 후에 탈무드에 의하여 채택된 것으로 그곳에서는 모든 유대인이 메시야 벤 요셉에 의하여 집결되며, 곡과 마곡이 이스라엘에 대하여 전쟁을 일으키기 위하여 나아온다고 가르쳤다. 이 전쟁에서 그 메시야는 살해되며 그 후에 다윗 가문의 메시야가 나타날 것이다. 그리스도와 성 바울의 교훈들은 대칭에 의하여 설명된다. 구전 율법과 성문 율법을 준수함에 대한 정통적인 바리새파의 견해는 다음의 진술에서 나타난다. "목자와 양과 산은 율법에서부터 오며 비록 우리가 떠날지라도 율법은 남아 있는다." 바룩 묵시록을 주의깊게 읽으면 저자가 선행에 의한 구원을 받으며 이 선행은 다른 사람을 도울 수 있는 공적의 보고를 제공한다고 보여준다. 죄와 자유의지, 예정의 문제들이 바룩 2서에서 모두 다루어지고 있다. 이런 문제들에 대한 교훈이 다음의 진술에 담겨 있다. "우리 각자는 자기의 영혼을 소유한 아담이었다"(54:19). "오, 아담, 당신은 당신에게서 태어난 모두에게 무엇을 하셨는가?" 여기에 저자가 해결할 수 없는 하나의 반명제가 나타나 있다.

10. 에녹서

다니엘 뒤에 나오는 에녹서(The Book of Enoch)는 이 부류의 문헌 가운데서 가장 중요한 묵시문학으로 여겨진다. 본서는 기독교 시대 이전 처음 두 세기에서부터 시작되는 각기 다른 시기에, 각기 다른 저자들에 의하여 저술된 작품들의 결집이다. 본서에서는 항상 서로가 조화를 이루지는 못하지만 어조와 외형에 있어서 하나의 통일성에 의하여 묶여진 다양한 종교적 관념들이 발견된다. 에녹서의 10편의 아람어 단편들의 일부가 쿰란 제4 동굴에서 발견되었다. 에녹 1서는 5개의 부분으로 구성되었는데 그 순서가 논리적으로 정리된 것은 아니다. 이러한 이질적인 작품들의 저자로서 에녹이 선택된 것은 다음과 같은 사실에 의하여 설명된다. 즉, "에녹이 하나님과 동행하더니 하나님이 그를 데려 가심으로 세상에 있지 아니하였더라"는 창세기 5:24의 해석은 에녹이 그의 생애 도중에 하늘로 옮겨졌다는 것을 의미하며 그와 같이 이른 시기에 유대인에게 보편화된 신앙이 있었음을 의미한다. 본서에 수록된 환상은 족장 에녹이 받은 것으로 묘사되고 있다. 본서가 주로 종말론적 성격을 보여주고 있는 반면에, 91~104장은 훌륭한 부분으로 유대인의 지혜문학의 탁월한 예가 된다. 본서의 서론부에서 에녹은 하늘에 계신 거룩하신 이의 환상을 본다. "천사들이 나에게 보여준 것을 그들로부터 설명을 들었으나 그것은 이 세대를 위한 것이 아니라 나로부터 먼 훗날에 다가올 세대를 위한 것이다."

(1) 본서의 편집

찰스는 에녹 1서를 다음과 같이 구분한다. 1~36장(B.C. 170년 이전) ; 37~71장(B.C. 94~64) ; 72~82장(B.C. 110년경) ; 83~90장 (B.C. 166~161) ; 91~105장(B.C. 104~95). [25]·

찰스와는 달리 로울리(Rowley)는 본서 처음 부분의 연대를 다니엘서 저작 직후, 즉 마카비 이전 시대가 아닌 마카비 시대로 잡는다.[26] 그리고 다른 장들(85~90장, 91~105장)이 마카비 시대 이후이자 B.C. 63년 로마의 예루살렘 정복 이전으로 잡는다. 주간의 묵시록(the Apocalypse of Weeks)인 37~71장, 1~5장 ; 83~84장과 108장 ; 12~36 장 ; 181~182장 ; 72~82장은 B.C. 150 이전으로 연대를 추정한다. 이 구절들은 희년서 4 : 17~19에 의하여 그 연대가 추산되고 있다.

(2) 본서의 내용

본서는 시편이나 다른 유대인 문헌들에서와 같이 마지막 편자에 의하여 5개의 구분으로 정리되었다.

제1부(1~36장)는 주로 에녹이 전하는 하나님의 심판, 즉 사람의 딸들과 사랑에 빠진 천사들, 혹은 파수군들에 대한 심판과 그들을 위한 에녹의 중재에 대하여 서술한다. 하데스(지옥, Hades)에 대한 섬뜩한 묘사가 에녹 1서의 이 부분에서 발견된다.

제2부(37~71장)는 에녹이 하늘로 옮기워진 이야기와 함께 세 가지 "비유", 또는 묵시적 계시들이 나타난다.

제3부(72~87장)는 우선적으로 에녹에 계시된 별들의 운동의 신비, 천문학에 대한 일종의 논문을 제공한다. 에녹은 미래 세대의 소식을 전하려는 목적으로 별들이 사라지고 나타나는 모습과 그들의 항로를 자기 눈으로 목도한다.

제4부는 처음 두 부분에서 주장하는 노선과 동일하게 죄와 이스라엘의 고난을 다루고 있다. 에녹은 므두셀라에게 홍수와 천사의 타락, 지하에서의 그들에 대한 심판, 노아의 구원, 출애굽, 율법수여, 가나안 정복, 사사시대, 연합왕국의 수립, 성전건축, 분열된 두 왕국의

이야기, 북왕조의 멸망, 포로에 대한 자신의 환상을 말한다. 이어서 마카비가의 반란, 이방인의 강탈, 대심판의 때까지 천사들이 통치하는 네 기간이 따른다. 제4부의 마지막 부분은 새 예루살렘의 수립과 이방인의 회심, 의인이 부활, 메시야의 강림에 대한 예언을 담고 있다.

제5부는 죄의 기원에 대한 어떠한 해석도 없지만 주로 의인의 고난과 압제하는 죄인의 번영 문제에 할애하는 것 같다. 이 부분은 악을 고발하고, 죄인에 대한 화를 말하며, 의인에 대한 축복을 약속한다. 제5부 안에는 "주간의 묵시록"(93：1~10； 91：12~19)의 옛 형태를 수록하고 있다. 그리고 다음과 같이 결론짓는다. "그 날에 주께서 땅의 아들들을 소환하여 그들이 지혜를 입증하도록 명하셨다. 그들에게 (그것을) 보이라. 이는 너희가 그들의 안내자이며 세상에 대한 보상이기 때문이라. 나와 내 아들이 정직한 자의 길과 생명으로 그들을 하나 되게 하리니 너희가 화평을 누리며, 즐거워 하리라. 너희 정직의 아들들이여. 아멘."

몇 개의 문단(37~71장；72~82장；108장 참조)이 아마도 독립적인 책들인 것 같으며 부분적으로 표제가 붙여 있다. 어떤 문단들(6~11장；39：12a；54：7~55：2；60장；65：1~69；25장；106~107장)은 원래가 독립되었던 것이며, 에녹의 작품이 아니라 노아의 전설로 다루어지는데, 희년서 10：13과 21：10에 언급된 노아서(Book of Noah)인 것 같다.

(3) 본서의 저자와 원어

어떤 학자들은 너무 좁은 의미에서 취급되어서는 안된다고 생각하지만 본서의 확실한 저자는 바리새파에 속하였다고 생각된다. 82：2에서 독신주의가 찬양된다는 사실이 본서가 에세네파의 영향을 받았다는 증거로 취해졌지만 결혼의 반대가 에세네파의 근본교리는 아닌 것이다.

본서의 원어는 히브리어이며 작은 부분만이 아람어로 기록되었다. 후에 알렉산드리아의 유대인에 의하여 헬라어로 번역되었으며, 본서를 보존하는 유일한 번역본인 에디오피아어 번역은 헬라어에서 나왔다.[27] A.D. 8세기의 연대기 학자(Chronographer)인 시넬루스(George Synellus)는 에녹서에서 상당한 인용을 하였으며, 이 단편들에서 뽑은 발췌문을 보존하였다. 그러나 유럽의 학자들은 본서에 대하여 아는 바가 없었다. 18세기의 마지막 4반세기에 에디오피아의 여행가인 브루스(Bruce)가 본서의 에디오피아 번역본 세권을 유럽에 전하였다. 에디오피아 교회에서 에녹서는 정경으로 간주되었으며 지금까지 보존되었다.

11. 솔로몬의 시편

솔로몬의 시편(The Psalms of Solomon)은 18편의 시를 모은 책으로 대단한 종교적 발전의 시기에 살았던 경건한 유대인의 영혼을 이해하고자 열망하는 학자들에게 매우 흥미있는 시편이다. 어떤 학자는 그것들을 "바리새인의 시편"이라고 명명하기도 한다. 초대교회의 정경 목록 가운데 어떤 것은 18편의 "솔로몬의 시편"을 수록하고 있다. 그것들은 시편의 시가들을 연상케 하는 양식과 형식으로 기록되어 있다. 그것들 가운데 많은 시들이 정경의 시편처럼 표제를 갖고 있다. "셀라"란 단어가 그 가운데서 두번 발견되어 의식용으로 사용되었음을 보여준다. 파이퍼는 시들을 영지주의 작품인 피스티스 소피아(The Pistis Sophia)에서 발견되는 5편의 기독교적 송가(ode)와 혼동하지 않도록 주의를 준다.[28] 솔로몬의 시편에 대한 헬라어 사본과 영어 사본이 라일(H.E.Ryle)과 제임스(M.R.James)에 의하여 출간되었다.[29] 유명한 알렉산드리아 사본은 원래부터 이 책을 포함하였다. 몇 명의 초기 목록작성가들은 본서를 권위있는 종교서적으로 분류하였다. 솔로몬의 시편은 이차적 정경의 판정선을 오르내린 위경 가운데 하나였다. 다른 유대교와 기독교 문헌들과 마찬가지로 본서는 중세 동안 망각 속에 빠져버렸다. 회셀(Hoeschel)이 17세기 초에 아우그스부르그(Augusburg)의 도서관에서 어떤 사본들을 보게 되었고 세르다(della Cerda)는 그것을 1626년에 발간하였다. 그 때 이후로 동일한 작품의 헬라어 사본이 4번이나 더 발견되었으며 인쇄본의 근거로서 도움이 되었다.

(1) 본서의 목적

본서의 목적은 "율법을 경시하고" 사두개파와 제휴한 마카비가의 군주들의 최후를 통고하는 것이었다. 이 시들은 이방 나라에서 유대인이 아닌 온 이방인에 대하여 말하고 있는데 그는 유대인에게 강한 타격을 안겨주었다. 학자들은 이러한 역사적인 언급은 폼페이에 대한 암시라고 믿는다. 왜냐하면 시편 2편에서 예루살렘을 정복한 용이 애굽의 해안에서 자멸하였다는 글을 보게 되기 때문이다.

(2) 본서의 내용

솔로몬의 시편은 정경에 속한 시편이 보여주는 양식을 따라 가깝게 모방되어 있다. 시편의 제1편은 선전포고를 선언하지만 주로 위선자의 비난을 다루고 있다. 제2편은 예루살렘의 포위공격을 묘사하며, 그들에게 닥친 역경과 징계가 매우 마땅하다는 사실을 인정하지만, 애굽의 모래 위에서 벌어진 정복자의 죽음에 대한 묘사로 끝맺는다. 제3편은 하나님을 경외하는 자가 지은 한 편의 감사의 시이다. 제4편에서 우리는 예수님께서 자신의 대적에게 발하셨던 위선자에 대한 비난을 강하게 재현하고 있음을 발견한다. 제5편은 하나님의 자비를 구하는 기도이다. 제6편은 주로 의인에 대한 축복을 다루고 있다. 제7편에는 역경의 시기에 여호와께서 장막을 그들 가운데서 옮기지 않기를 구하는 기도가 있다. 제8편은 예루살렘의 포위상황을 묘사하며 그 성읍의 죄악을 비난한다. 제9편에서 포로된 이스라엘은 하나님의 사죄를 간구한다. 제10편은 주님의 채찍을 취하는 자가 얼마나 복된가를 서술한다. 제11편은 포로에서의 귀환을 노래한다. 제12편은 정경 시편 가운데 120편의 한 연(stanza)과 흡사하다. 제13편은 그 주제가 외인에 대한 축복이다. 그 다음의 시는 동일한 감동을 갖는다. 제15편은 "내가 환란을 당할 때 주를 불렀나이다"라고 주장함으로 시작한다. 제16편은 옛 청교도의 체험을 느끼게 한다. 이전의 16편에 달하는 시편들은 메시야에 대한 암시는 전혀 없으나 메시야의 왕국을 가르치고 있다. 그러나 제17편은 성경 형성 이전의 유대교 문학에서 발견되는 주된 메시야적 구절들 가운데 하나로 믿어지는 것을 수록하고 있다.

제18편의 주된 관심은 기독론에 있다. 메시야는 다윗 가문의 후손으로 하스모니안 왕가 몰락 이후에 로마군을 축출하실 것이라고 묘사한다. 메시야의 통치는 지혜로우며, 거룩하고, 의로우며, 영적인 것이다. 또한 의인의 부활에 대한 언급이 있으며 그는 메시야 왕국의 물질적 축복을 누리기 위하여 부활하는 것이 아니라 영혼의 영생을 위한 것이다. 파이퍼는 솔로몬의 시편에 나타난 교훈들은 바리새파 신학의 정신에 입각한 것이라고 주장한다.[29] 시편에 나오는 사람들은 주를 경외하는 의인과, 하스모니안 왕가와 바리새파 고관들로 지칭되는 죄인, 혹은 행악자로 구분된다. 파이퍼에 의하면 다음의 진술이 초기 바리새파의 교훈에 대한 요약이 될 것이라 한다.

> 우리의 행위는 우리 자신의 선택과 능력에 예속되나이다. 선행이나 악행은 우리 자신의 행사에 의거하며 당신은 당신의 의로우심으로 인간에게 찾아오시나이다. 의를 행하는 자는 주님과 함께 삶을 영위케 하며 악을 행하는 자는 그의 생명을 파멸시키나이다(9:7~9).[30]

(3) 본서의 원어

솔로몬의 시편의 원어는 히브리어이지만 다른 작품들과 마찬가지로 원본은 전해지지 않고 있다. 오늘날 그 사본은 헬라어 사본에서만 구할 수 있다(여러 사본들이 있다). 헬라어 사본이 라틴어로 번역되었다는 몇 가지 증거가 있다. 1909년 해리스(J. Rennel Harris)는 그의 『솔로몬의 송가와 시편』(Odes and Psalms of Solomon)에서 수리아어 번역을 간행하였다.

(4) 본서의 저작 연대

솔로몬의 시편이 폼페이의 침략과 B.C. 48년의 애굽에서의 죽음, B.C. 63년의 팔레스틴 정복 이전의 다른 사건들에 대한 언급을 수록하고 있기 때문에 이 시편들의 기원 연대로서 B.C. 1세기의 마지막 4반세기로 생각된다. 아마도 이 시편들은 B.C. 63년에서 40년 사이에 기록되었을 것이다. 파이퍼는 양식상의 통일성이 이 18편의 시 모두가 동일한 저자에 의하여 기록되었음을 가리킨다고 믿으려는 경향이 있다. 30a)

12. 무녀의 신탁서

기독교 시대의 시작 이전에 무녀의 신탁서(Sibylline Oracles)에 대한 다수의 결집이 있었다. 헬라와 로마의 저술가들은 무녀(Sibyls)에 대한 신앙을 유포시켰다. "Sibyl"이란 단어는 "신의 협의체"(the Counsel of God)를 의미한다. 그러나 고전적 의미에서의 sibyl은 신의 영감을 받아 예언하는 여인으로 동굴에 거하는 자이다. 헬라인들 가운데서 통용된 sibylla는 노아의 사위가 되었던, 호머(Homer) 시대 이전에 유포된 소설의 등장인물이었다. 무녀의 신탁서는 그리스적 환경 가운데 특별히 그것들의 전형적인 형식을 갖고 있다.

이와 같은 예언의 은사를 갖고 있다고 주장하는 여인들이 이태리에서 바벨론에 이르는 각기 다른 곳에 거주하였다. 소아시아의 에리드래(Erythrae)가 무녀의 원조가 기거하던 곳이라는 주장도 있다. 초기 로마 역사에서 쿠마인(Cumaean) 무녀가 매우 중요한 역할을 수행하였다. 로마의 10인 위원회(decemvirs)가 열심히 추적하였던 그녀의 신탁서는 B.C. 83년 쥬피터(Jupiter) 신전에서 파괴되었다. 이오니아(Ionia)에서 새로운 신탁서가 출현했으나 그것 역시 파괴되었다. 유명한 신탁서가 쥬피터 신전(the Capitol)의 화재로 불타버리자 술라(Sulla)는 이태리와 그리스를 뒤지며 불타버린 신탁서의 내용을 대신할 신탁서를 찾았다. 그로부터 반세기 후에 어거스틴은 무녀의 신탁서를 추적하는 일을 재개하였다.

애굽에서 또 다른 무녀의 신탁의 결집서가 출현하였으며 그것은 최초로 로마의 신탁서의 영향을 받은 것이었다. B.C. 3세기에 이르러서 많은 유대인들이 무녀의 신탁서와 친숙하게 되었다. 알렉산드리아의 유대인들은 이교의 신탁서의 핵심을 취하여 모세의 율법을 삽입, 수정함으로써 이 이교의 책들 속에 모세의 유일신교를 복합시켰다.

제16장 위경의 각론 217

B.C. 150년 경 알렉산드리아에 살던 어떤 유대인이 6개의 기둥으로 (hexameter line) 편집된 한권의 무녀 신탁서집을 출간하였는데 비유대인들에게 유대교를 진작시키기 위하여 헤시오드와 호머의 시가 사용한 서사시적 용어를 구사하였다. 이 신탁서들은 에리드래의 옛 무녀가 예언한 권위있는 신탁으로 간주되었다. 이방인들은 그들의 신화에 대한 언급과 마찬가지로 그들의 역사에 대한 암시가 담긴 헥사메타에 기꺼이 귀를 기울였을 것이다.

(1) 본서의 목적

무녀의 신탁서는 전도의 목적으로 유대인에 의하여 기록되었다. 이 시들에서 유대교가 찬양되며 유대인의 미래와 영고성쇠가 예언되어 있다. 유대인의 무녀 신탁서들이 유대교로 개종시키는데 얼마만큼 성공을 거두었는지 알 수는 없으나 그것들이 대단한 영향을 끼쳤으리라는 사실은 믿을 수 있다.

알렉산드리아의 유대인에 의하여 시작된 무녀의 신탁서들은 그리스도인들에 의하여 계속 사용되어졌다. 무녀의 신탁서 전체는 15권으로 믿어지며, 제9, 10, 15권은 남아 있지 않다. 제3권의 일부는 B.C. 2세기에 기록되었으며 제4권과 5권은 비록 유대인 저자에 의하여 기록되었을지라도 후에 그리스도인들이 가필하였다. 전 15권의 무녀의 신탁서 가운데서 제2, 4, 5권은 구약의 외경을 언급하는 내용을 수록하고 있다. 현재 출간된 신탁서는 각기 다른 시대에 기록된 단편들을 집대성한 책들로 구성되어 있다. 제3권은 독자들에게 알렉산드리아 유대인이 유대인의 신앙을 전파하려는 목적으로 채용한 방법을 이해하게 하는데 가장 적절한 책이다. 제3권은 유대의 역사를 찬양한 외에도 메시야의 때에 대한 예언을 담고 있다.

(2) 본서의 내용

제1권은 창조에서 시작하여 노아가 방주에서 나올 때까지의 인간의 역사를 언급한다. 이어서 빵의 이적과 십자형, 유대인의 멸망을 묘사하는 그리스도의 인생여정을 서술한다. 본서에 따르면 하데스(지옥)

가 아담으로부터 유래된다[톰슨]. 에녹서와 마찬가지로 본서는 거룩한 파수군과, **구원의 하나님**(Theos Soter)을 통하여 완성될 것 같은 계산표를 언급한다. 제2권은 예수 그리스도의 종말론 강화의 형식을 따르며 본서에서는 이 내용이 주제가 되어 반영되고 있다. 에녹서와 같이 여기서도 미가엘, 가브리엘, 라파엘, 우리엘이란 4명의 천사장들이 소개된다. 제3권은 이전 것보다 더 큰 책이다. 여기서는 혼합된 자료들이 큰 무리를 이룬다. 다수의 역사적 언급이 나타나는데, 예를 들면 바벨탑의 건립, 솔로몬 왕국의 설립, 타국들에게 역사적 중요성을 제시하는 사건들이 있다. 로마에 의한 애굽의 정복, 트로이 함락, 알렉산더 대제의 정복, 고레스 통치에 이르는 유대인의 역사 개관, 바벨론과 애굽, 곡, 마곡, 트로이, 리비아의 우상숭배의 죄에 대한 심판을 예고하는 일련의 신탁들이 다른 문헌보다 이른 시기에 언급되어 있다. 또한 안티오쿠스 에피파네스, 브리기아, 구브로, 헬라인에 대한 직접적인 예언들과 메시야의 강림시 종결될 악한 세계에 대한 미래적 심판의 단언들이 나온다. 이 예언들을 통하여 유대인들은 하나님의 율법에 충실한 백성으로서 칭송받으며, 반대로 이방인의 이교는 비난을 받고, 이교도가 유대교에 들어오도록 권한다.

제4권은 전적으로 유대적이다. 앗수르에서 시작하여 알렉산더 대제에서 끝이 나는 위대한 제국들의 역사에 대한 간략한 고찰이 시도된다. 제5권은 줄리어스 씨저에서 안토니우스로 넘어가는 황제 계승의 이야기를 전한다. 제6권은 십자가를 찬양하는 단 26행의 시로 되어 있다. 제7권은 단편적이다. 제8편은 각행의 첫자가 다음의 문구를 만드는 답관체(acrostic)로 되어 있다. IESOUS CHRISTOS THEOU HUIOS SOTER STAUROS(예수 그리스도 하나님의 아들 구주 십자가).

(3) 본서의 연대

무녀의 신탁서에 편집된 다양한 책들의 연대는 각 책의 내용에 의해 결정될 수 있다. 여러 책들이 각기 다른 시기에 기록되었다. 제3권은 제일 오래된 책으로서 B.C. 140년 경 기록되었다. 제4권은

제16장 위경의 각론   219

B.C. 80년 경에, 제5권은 B.C. 130년 경에 기록되었다. 이 책들은 모두 헬라어로 기록되었으며 이교에 대항하여 유대교를 위한 가장 강경하고 담대한 논쟁을 담고 있다. 그리스도인들이 저작한 책들은 보다 이후에 되었으며, A.D. 5세기까지 추정된다. 현재 전해지는 완전한 결집은 A.D. 6세기에 편집된 것이다.

13. 마카비 3서

외경의 목록에서 발견되는 소위 마카비 3서와 마카비 4서는 마카비 1서나 2서와 전혀 관계가 없다. 그러나 70인경의 사본들은 마카비 3서와 4서를 외경 중의 하나로 구분하고 있다. 그리고 마카비 3서(3 Maccabees)는 마카비 일가와 관계가 전혀 없다. 이 책은 불확실한 역사적 사실에 근거한 소설적인 성격을 띠고 있으며, 알렉산드리아의 유대인을 죽이고 그 신전에 들어가려고 한 애굽의 프톨레미 4세(B.C. 221~203)의 시도를 주로 다루고 있다. 그는 자신이 참석한 가운데 신전이 봉헌되는 것을 유대인으로부터 거절당하나, 그 안에 들어갔다가 하나님의 손에 매맞는다.

이러한 사실들이 얼마나 신빙성이 있는지 학자들은 규명하지 못하고 있다. 본서는 이와 유사한 방법으로 유대인을 징벌하려고 계획하여 시도하려다가 좌절하였던 프톨레미 7세(B.C. 145~117)에 대한 요세푸스의 기록(*Against Apion*, Ⅱ. 5)에 근거하였을 가능성이 있다. 파이퍼는 요세푸스의 책에 있는 이야기가 마카비 3서에도 나온다는 사실을 상기시키면서 본서의 저술을 유발시킨 동기는 유대인을 박해하려는 어떤 시도의 실패였을 것이라고 확신한다.[31]

마카비 3서의 저작 동기는 에스더에서 발견된 것과 유사한 것이다. 즉, 유대인들이 과거에 하나님께 성실할 때 하나님께서 그들을 어떻게 보호하셨는가를 상기시킴으로 말미암아 유대인의 도덕적 성격을 강화시키려는 목적으로 구성된 유대 민족과 그들의 종교에 대한 찬양인 것이다.

(1) 본서의 저작 시기

왁스맨은 칼리굴라(Caligula)의 통치 하에서 유대인에 대한 최초의 박해가 발생하였던 A.D. 30년 경에 이 이야기가 기록되었을 가능성이 있다고 한다.[32] 그러나 마카비 3서가 칼리굴라에 대해 전혀 언급을 하지 않고 있기 때문에 이 이론을 확증하는 증거는 하나도 없다. 페랄(Ferrar)은 문학적 유사성 때문에 함께 묶어서 생각할 수 있는 아리스테아스의 편지와 마카비 2서가 기록된 B.C. 100년 경으로 추정한다.[33] 하다스(Hadas)는 알렉산드리아 유대인들의 특권들이 상실될 위기에 처하였던 B.C. 25~24년에 본서가 기록됐다고 하는 것 같다.[34]

(2) 본서의 언어

마카비 3서의 원어는 헬라어였다. 저자는 그의 어휘구사에 있어서 비범한 어휘수와 뛰어난 수사적 기교를 동원하였다. 그러나 마카비 2서와 알렉산드리아 학파의 책들에서 발견되는 양식상의 오류들이 여기서도 발견된다. 토레이는 이러한 스타일이 "극도의 과장법이며…즐겁게 읽혀질 수 있는 헬라어는 아니다"라고 묘사한다.[35] 이러한 판정에 아이스펠트(Eissfeldt)도 동조한다.[36]

(3) 본서의 저자

본서의 저자는 이름이 알려지지 않은 알렉산드리아의 어떤 유대인이었다. 본서는 다니엘서와 외경인 그 부록을 인용하며 마카비 2서를 반영하고 있는 듯하다. 본서는 역사적인 책으로 간주되는 반면에 이 기간에 살았던 유대인들의 애굽 정복자들에 대한 감정과 B.C. 3~2세기에 애굽에서 취해졌던 반-셈적 태도의 감정에 흥미로운 빛을 비추어준다는 점 때문에 아직도 가치가 있다고 여겨진다.

14. 마카비 4서

(1) 다른 마카비서들과의 관계

본서의 책명은 마카비 일가에 대한 다른 세권의 책들에서 발견되는 것과 유사한 이야기를 담고 있다는 느낌을 준다. 그러나 마카비 4서 (4 Maccabees)는 철학적이며 교훈적 문헌의 부류에 속한다.[37] 본서는 형식에 있어서는 헬라적 패턴을 지닌 일종의 강화, 혹은 비난의 책이거나 "정욕을 극복하는 이성의 규율에 대한" 일종의 소책자이다. 마카비 4서의 저자는 대부분의 예화자료를 마카비 2서 6:18~7:42에서 말해지는 유대인 순교자들의 이야기에서 빌려온다. 서두에서 저자는 경건한 이성(reason)이 잘못된 동기와 정욕을 극복케 하는 절대적인 통치자임을 보여주고자 의도하였다고 말한다. 사람은 그의 정욕을 제어할 수 있을 뿐 아니라 공의에 모순되어서 발생되는 감정들까지도 제어할 수 있다고 그는 말한다. 본서는 처음에는 "이성이 지닌 최상의 능력에 대하여"란 제목(제롬과 유세비우스의 어떤 책에는 이 이름으로 나타난다)으로 명명되었다. 유세비우스의 책들에서 본서는 『이성의 최상권에 대하여』(On the Supremacy of Reason)란 책명으로 나타난다.[38] 그러나 마카비 4서란 명칭 역시 이른 시기에 발견된다.

저작의 목적은 안티오쿠스 에피파네스의 치세에 있었던 유대 국민의 순교가 보여준 영웅심을 회상함으로써 유대인 독자들의 정신을 고양시키는 것인 듯하다.[39]

(2) 본서의 내용

간략한 서론적 문단에서 저자는 자신이 논술하고자 제기한 질문의 범위(1:1~11)와 이 과정에서 그가 사용하려는 방법을 밝히고 있다. 본서는 다음의 두 부분으로 나뉜다. (1) 주된 문제제기에 대한 철학적 토론(1:13~3:18), (2) 순교자들의 이야기와 그로부터 배워야 할 교훈들(3:19~마지막). 마카비 2서 3~7장이 본서 2부의 기본적 자료를 제공한다.

본서는 강론, 혹은 설교의 형태를 띠고 있기 때문에 어떤 특정한 청중에게 강연된 것이었을 가능성이 크다(1:17;2:4;13:10;18:4). 프로이덴탈(Freudenthal)과 다른 학자들은 마카비 4서에서 기록된 유대인의 설교의 예를 보게 된다고 믿고 있다.

유대인 순교자들의 수난과 승리가 5장에서 시작되어 본서의 4분의 3에 걸쳐 다루어지고 있다. 이것은 마카비 3서 6:18~7:42의 확대판이다. 본서의 이 부분을 세분하면 이렇다. (1) 연로한 제사장 엘리에셀에 대한 심문과 고문에 대한 이야기(5:1~6:30), (2) 이 이야기에서 도출된 적용들(6:31~7:23), (3) 일곱 청년들에 대한 고문 묘사(8:1~12:19), (4) 청년들의 용감성에 대한 평가(8:1~12:19), (5) 어머니가 겪는 수난과 절개에 대한 성찰(14:1~17:6), (6) 결론(17:7~18:23).

(3) 본서의 철학적 관점들

저자의 철학적 입장은 마카비 4서가 이성이 정욕을 지배해야 한다는 스토아 학파의 원리를 강조한다는 의미에서 스토아적이다.[40] 저자는 철학의 대가로서 나타나며(1:1), 사려깊은 독자라면 비록 저자가 종교적 교훈 제시에 더욱 관심을 갖고 있을지라도 자신의 철학적 입장의 우수성을 드러내고 싶어하는 그의 의도를 간파하게 된다. 절제, 극기, 공정, 강직의 4대 덕목에 대한 그의 교리는 스토아 철학(Stoicism)에서 유래한 것이다. 모든 것을 통제하는 그의 이성은 하나님이 계시하던 율법, 즉 순교자들이 위하여 죽은 것과 동일한 율법에 의하여 인도함을 받는다. 1:15~18에 의하면 네 가지 주요 덕목은 단지 참 지혜의 형태들일 뿐이다. 스토아 철학과는 정반대로 정욕은 하나님이 인간에게 심어주셨기 때문에 제거되어야 하는 것이 아니라 단지 규제되어야 하는 것이다(1:16;3:5). 마카비 4서의 저자는 스토아 학파 보다는 더 온건하고 인간적이다.

인간은 네 가지 스토아적 덕목을 정당한 기준으로 설정함으로써 성격의 균형을 구하여야 한다는 그의 논조에 따라서 요셉과 야곱, 모세, 다윗의 생애를 예로 들고 이어서 안티오쿠스에 의한 엘리에셀과 일곱 형제, 그의 어머니의 순교에 대한 이야기를 상세하게 서술한다.

저자는 안티오쿠스와 그의 희생자들, 즉 노인과 일곱 형제와 그들의 어머니 사이에 주고받은 비극적인 대화를 재현시키는데, 이 대화의 주인공들은 모두 사람들이 자기들의 신념이 참되다고 동조하게 만드는 이성의 힘을 가진 자로서 예증되고 있다. 일곱 형제는 의식적인 율법을 지켰다고 그들의 지지자들에 의하여 찬양된다. 천국에서의 영원하며 복된 생명을 확신하는 부활의 교리가 비록 중간사 시기의 규범적인 교리와는 다소 차이가 있을지라도 여기서는 강조되고 있다. 본서에서는 의인의 순교가 그 세대의 죄를 대속하는 역할을 한다는 사상도 발견되며 이것은 후에 탈무드에서도 채용된 사상이다.

(4) 본서의 저자

제롬과 다른 초대교회의 저술가들은 요세푸스가 마카비 4서의 저자라고 한다. 요세푸스의 작품들의 헬라어판에서 그는 마지막 장에 "플라비우스 요세푸스의 강론, 혹은 이성의 최상권에 대하여"란 책명을 부기하고 있다. 그러나 이러한 주장은 본서가 요세푸스의 작품과 양식과 방법에 있어서 유사하지 않다는 사실로 인하여 완전히 논박되고 있다.

많은 학자들은 저자가 바리새파에 속한 알렉산드리아의 한 유대인이었으며(4:7을 보라), 또한 헬라 철학의 영향이 분명히 예증하듯이 헬라파였다고 믿는다. 마카비 4서에 대한 최초의 언급이 알렉산드리아에서 기원된 작품들에서 나타나며 마카비 4서의 저자는 알렉산드리아에서 기록되었던 마카비 2서를 상당히 이용하고 있다.

(5) 본서의 언어

본서는 원래 헬라어로 기록되었으며 헬라 철학 용어들을 많이 사용하고 있다. 또한 알렉산드리아에서 구사된 헬라어의 일반적인 특징들을 보유하고 있다. 마카비 4서는 주요한 사본들, 즉 S, A, V에서 발견되며 암브로시우스 사본의 페쉬타 역본(수리아역)에서 발견된다. 옛 라틴 번역본들은 전혀 전해지고 있지 않다.

15. 필로크라테스에게 보내는 아리스테아스 편지

아리스테아스 편지(The Letter of Aristeas)는 프톨레미 필라델푸스(Ptolemy Philadelphus, B.C. 285~247)의 한 신하의 작품이라고 주장하며, 그의 이름은 아리스테아스로 자기 형제인 필로크라테스(Philocrates)에게 저자의 동시대로 추정되는 사건들을 서술하고 있다. 본 서신은 모세오경의 헬라어 번역본의 기원에 대하여 설명하려는 의도를 갖고 기술되었다. 그러나 현대 학자들은 서신의 진정성을 부정하면서 본 서신은 작자미상이거나 남의 이름을 도용한 작품으로 단정짓는다. 파이퍼는 아리스테아스 편지를 알렉산드리아인의 선전문학에 속한다고 분류한다. 즉, 그는 "이것의 이야기는 단지 유대인과 그들의 종교를 찬미하려는 구실에 지나지 않으며, 비록 모세오경이 B.C. 250년 경에 헬라어로 번역되었다는 것을 의심할 이유는 없을지라도 여기서 이야기되는 사건들은 전설적이거나 허구적인 내용이다"라고 말한다. [41)]

현대학자들은 비록 본 서신이 이방인의 작품으로 돌려지고 있을지라도 그 목적은 유대인의 종교를 호의적인 색채로 묘사함으로써 이방인 속에 유대교의 세력을 진작시키려고 하는 것이었다는 점에 동의한다. 아리스테아스는 하나의 목적을 가지고 집필된 현대의 소설에 비교되어왔다. 필로크라테스에게 편지한 한 가지 이유는 정치적인 것으로 정치범인 유대인들을 석방한 프톨레미의 관대한 처사를 찬양하는 것이다. 또 다른 목적은 종교적인 것인데 프톨레미 왕에 제시한 72개의 질문에 대한 설명과 함께 72명의 번역자들에 의하여 성취된 히브리어 성경의 번역을 서술함으로써 이방인들의 눈에 유대교가 귀하게 비쳐 찬양케 하려는 것이었다.

비판학자들은 아리스테아스 편지의 저자가 유대교 역사상에서 진정으로 놀라운 사건, 즉 히브리어 모세오경을 코이네 헬라어로 번역한 일을 이용하였다는데 동의한다. 이방인의 유대교도의 개종의 측면에서 볼 때 70인경은 부패로 특징지워진 세계에서 개종자를 얻는 놀라운 수단이 되었다.

(1) 본서의 내용

아리스테아스 편지는 발신인의 형제인 필로크라테스에게 보내진 것이며 그는 다음과 같이 묘사하고 있다. "피와 함께 성격을 나눈 형제이며 선을 추구함에 있어서 나와 하나인 형제." 본 서신은 왕 프톨레미 필라델푸스(B.C. 285~247)가 유대인의 성경을 제외한 20만권의 장서를 그의 도서관에 비치하고 있는데 어떻게 유대인의 율법을 번역할 것인지에 대한 도서관 담당자의 조언을 소개함으로 시작한다(1~8절). 프톨레미는 아리스테아스를 대제사장 엘리에셀(Eliezer)에게 파송하는 대사로 선정하여 유대인의 성경을 헬라어로 번역할 일단의 학자들을 보내주도록 부탁하려고 한다. 아리스테아스는 왕에게 그의 선왕이 변방의 파견대에 근무케 하기 위하여 팔레스틴에서 징병한 3천명의 유대인을 석방하라고 제언하는 기회를 갖게 된다(17~27절). 왕은 유대인들의 석방에 찬동하여 그들을 소유한 군주들에게 일인당 20드라크마로 계산하여 총 660달란트를 지불한다(28~40절).

엘리에셀은 프톨레미의 요청에 우호적으로 답변한다(41~50절). 그러자 왕은 성전 제사를 위하여 엘리에셀에게 100달란트의 금을 보내는데 그 내역은 거룩한 단(51~72절), 금과 은으로 된 기명들(73~78절), 금 항아리들(79~82절)이다.

이어서 성전과 성읍과 나라에 대한 매우 흥미있는 설명이 나오는데(107~120절) 이것은 헤카테(Hecate)의 분실된 작품에서 유래된 것으로 믿어진다. 대제사장이 선발한 번역자들이 애굽을 향하여 떠난다(121~127절). 뒤이어 음식에 대한 율법의 제정을 언급하면서 풍유적인 방법으로 정당화시킨다(128~171절). 프톨레미는 유대의 장로들에게 대단한 경의를 표시하며(172~186절), 그들에게 연속 7일간의 연회를 베풀어주고, 팔레스틴에서 온 이들 지도자들이 묻는 72가지의 질문에 답하는 것을 즐거워한다(187~200절).

그 주간이 끝나자 장로들은 바로스(Pharos)섬에 체류하면서 매일 작업하여 72일 만에 그들의 번역을 마친다(201~311절). 이 번역본이 유대인 군중들 앞에서 낭독되고 그들이 그 정확성을 인정하였다(312~317절). 장차 이 번역성경에 대하여 부정된 일을 하는 자에게는 형이 부과되게 되었다. 왕은 대단히 만족하여 그 두루마리들을 받고는 예루살렘으로 번역자들을 귀국시키면서 값비싼 예물들을 하사한다 (318~322절).

(2) 본 서신에 대한 비평적 평가

시간이 경과하면서 믿기 어려울 정도로 내용이 첨가된 이 이야기는 그 원래의 형태대로 요세푸스의 작품에 수록되었다. 아리스테아스 편지에 실린 이야기가 유대인들에 의하여 수세대에 걸쳐 참된 내용으로 받아들여져 이 헬라어 역본은 70인경으로 불리워졌다. 그 이유는 나머지 2명은 선발된 번역진의 지도자들에 지나지 않아 수에는 포함되지 않았기 때문이다.

아리스테아스 편지를 비평적으로 평가한 최초의 유명한 학자는 호디(Humphrey Hody)였으며, 18세기 옥스포드의 헬라어 교수였던 레기우스(Regius)는 70인경이 아리스테아스 편지가 말하는 대로 왕의 명령에 의하여 번역된 것이 아니라 대중의 요청에 부응하여 번역된 것이라고 주장하였다.[42] 19세기 말에는 학자들이 아리스테아스의 것으로 알려진 작품을 B.C. 150~100년에 기원된 다른 저자의 작품으로 규정짓는 경향이 짙었다. 최근에 미참(H.G.Meecham)은 이 서신에 대하여 보다 호의적인 평가를 한다. 파피루스의 해독은 아리스테아스 편지의 허구성에 대한 호디의 비평을 수정케 하는데, 즉 그 안에서 저자는 알렉산드리아의 관습을 보여주고 있다는 사실이다. 미참은 본 서신이 프톨레미 왕조 후기에 쓰여진 유대인 변증서의 일부라고 주장한다. 하다스(Moses Hadas)는 본서의 언어용법에서 B.C. 150년 이후의 연대를 연상케 할 것이 전혀 없다고 주장한다.[44]

(3) 본서의 저작 연대

아리스테아스 편지의 저작 연대는 B.C. 200년에서 A.D. 33년 사이의 어느 곳으로 추정되고 있다. 쉬러(Schürer)는 B.C. 200년 경으로 추정하여 권위있는 학자들 가운데 가장 이른 연대를 제시하며, 반면에 어떤 독일학자들은 A.D. 33년에 저술되었다고 믿고 있다. 아리스테아스 편지의 표준판 중의 하나를 간행한 벤트란트(Wendland) 박사는 이것이 B.C. 96~93년에 기록되었다고 주장한다.[45] 찰스는 본 서신의 대부분이 B.C. 170~130년의 시기에 유래되었으며 그 보다 조금 후에 확대되어 편집된 부분을 포함하고 있다고 생각한다.[46] 벤첸은 언어비교학에 근거하여 본서가 B.C. 145~100년의 기간에 기록된 것이 확실하다고 주장한다.[47]

제 17 장

필로와 그의 저작들

1. 필로의 생애

온 시대를 통틀어 뛰어난 유대인 철학자 중의 하나이자 헬레니즘의 대표자는 바로 필로(Philo)였다. 고대의 다른 필로들과 구별하기 위하여 그는 항상 필로 유대우스(유대인, Philo Judaeus), 혹은 알렉산드리아의 필로라고 불리운다. 일반적으로 그는 알렉산드리아 학파의 가장 위대하고 가장 영향력있는 저술가로 꼽힌다. 헬라적 유대교에 대하여 연구하는 학자들은 해외에 분산된 유대교의 특징을 잘 드러내 주는 필로의 저술에서 큰 도움을 얻는다.

어떤 역사가들은 필로가 애굽의 알렉산드리아에서 B.C. 13년에 출생하였다고 하며, 다른 학자들은 B.C. 20년경, 혹은 심지어 B.C. 30년이라고 하기도 한다. 그의 사망 연대는 클라우디우스 통치(A.D. 41~54)의 말년이었다고 믿어진다. 그는 평생의 대부분을 알렉산드리아에서 보낸 것처럼 보인다. 따라서 필로는 예수님, 그리고 성 바울과 동시대인이었다. 필로는 부유하고 유명한 친족관계, 즉 아마도 제사장의 가문에 속하였을 것이다. 그는 진정한 아론의 후예의 혈통을 이은 유대인이었다. 그의 형제인 리시마쿠스(Alexander Lysimachus)는 알라바흐(alabarch, 또는 arabarch—나일강의 아랍측에 세금을 내는 지도자적 농부인듯)였다. 필로의 조카 중의 하나는 왕 아그립바 1세의 사위였다. 또 다른 조카인 알렉산더(Tiberius Julius Alexander)는 유대에 파견된 로마측 지방수세관이자 애굽의 사령관이었으며 후에 유대인과 전쟁이 발발하자 참전한 장군들 중의 하나로 활약하였다.

필로는 뛰어난 유대인 교육을 받았으며 문법, 수사학, 철학, 기하, 시, 음악, 그리고 이방의 학문을 훈련받았다. 이러한 준비 외에도 그는 계속하여 물리학과 윤리학, 논리학의 세 가지 철학 분야로 연구하였으며, 그의 작품들이 보여주는 바와 같이 헬라의 철학적 학문을 깊이있게 파악하기 보다는 폭넓게 이해하였다. 알렉산드리아의 유대인 공동체가 로마제국에 지대한 영향을 행사하였기 때문에 필로가 속해 있던 인척관계가 해외에 분산되어 있던 유대인들에게 어떻게 영향을 끼쳤는지를 알 수 있을 것이다. A.D. 39~40년에 필로는 로마제국 전역에 내려진 황제숭배의 교시에 강한 반대를 전달하기 위하여 파송된 사절단의 대변인이 되어 로마에 갔다. 필로는 이 임무에 대한 이야기를 그의 『데 레가티오네 아드 가이움』(De Legatione ad Gaium)에 자세히 기록하였다. 이 연대는 필로의 생애에 대하여 학자들이 명확히 단언할 수 있는 유일한 것이었다. 필로와 그의 두 동료가 위임받은 사명은 성공을 거두지 못하였다. 즉, 황제 칼리굴라는 황제숭배에 대한 대표단의 반대의사를 무시하고 필로를 굴욕적으로 대하였으며 일단의 군중들이 그 대표단에 대하여 폭동을 일으켰다. 애쉬(Scholem Asch)는 그들의 사명에 대하여 『사도』(The Apostle)에서 논평하고 있다. 필로는 정치적 활동에는 관심이 없었으며 잘 알려진 바대로 그 이상의 활동에 어떠한 형태로든 관여하지 않았다. 그러나 헬라적 개념들을 유대교에 적용시키려는 그의 열심과 철학에 대한 그의 관심 이외에도 그는 자신의 국가가 지닌 이상에 대하여 충실한 유대인 귀족이었다. A.D. 50년에 필로는 또 한번 로마로 여행하였다. 이상의 몇 가지 사실들이 필로의 개인생활에 대하여 알려진 전부이다.

필로가 생존하였던 세계사적 시대는 유대와 세계사에 있어서 중요한 신기원과 일치하였다. 이에 대하여 웬리(Wenley)는 다음과 같이 말하였다.

그 시대는 로마의 제국적 구조의 정착 뿐 아니라 그것의 지배적 사상들 가운데서 고대의 고전적 문명의 종말이 시작된 것과 기독교의 발흥을 목격하였다. 그 시대는 문화의 의미심장한 위치전환(그리스에서 로마로-역자주)에 의하여 일대 변화의 시대로 두드러지게 특징지워졌으며 그 영향은 심지어 지금까지 계속하여 인류를 동원시킨다.[1]

이 시대는 고대 이교의 종교들을 부활시키려는 시도와 기독교의 출현, 영지주의와 신플라톤주의가 발생한 혼합주의 운동에 의하여 특징지워졌다. 필로 당시의 로마제국에서 로마의 집정자들은 역사가들이 "세계주의"(universalism)라고 부르는 현상에 대하여 관용하였다. 즉, 정치적 틀 속에서 상이한 종교적이며 철학적인 구조와 사상들을 허용하였다. 필로라는 개인 속에서 수많은 동시대의 물결들이 만나고 혼합된 셈이다.

2. 필로의 작품들

아마도 필로는 그의 로마의 첫 여행 이전에 글을 쓴 것 같다. 그는 그리스 철학적 관념들을 유대교의 역사와, 관습, 신앙들에 조화시키려고 시도하였다. 그의 작품 가운데 대부분이 A.D. 38년 이전에 저술되었다. 그의 언어는 최선의 고전적 모델들, 특히 플라톤에서 유래되었다. 그리스의 시에서 인용한 것이 그의 작품들에 자주 나타나지만 그리스 철학이 그의 주된 연구였다. 비록 그는 주로 철학자였지만 38권에 달하는 그의 작품 가운데 대부분이 모세오경에 대한 계속적인 주석들이거나, 또는 모세오경에서 취한 정선된 주제들에 대한 산문이었다. 따라서 이것은 필로가 성경의 역사를 모세의 때로 거슬러 올라간다는 점을 의미한다. 1세기에 현존하였던 두권에 달하는 분량의 작품들은 모세오경과 모세 율법에 대한 주석서들이다. 이 작품들은 교육받은 헬라파에게 주려는 교훈을 위한 것이지 훈련된 초보자를 위하여 의도된 것이 거의 아니었다.

필로의 작품은 다음의 네 가지로 분류될 수 있다. (1) 분량이 적으면서 아마도 초기에 집필되었을 준수한 철학적 작품들: *De aeternitate mundi, Quod omnis probus liber sit, De providentia, De Alexandra*; (2) 모세오경에 대한 주석들: *De opi ficio mundi, De Abrahamo, De Josepho, De decalogo, De specialibus legibus, De virtutibus, De praemiis et poenis*; (3) 역사서 및 변증서: *In Flaccum, De legatione ad Gaium, De vita Contemplativa, Apologia pro Iudaeis, De vita Mosis*; (4) 학자들이 필로의 가장 중요한 작품으로 간주하는 창세기에 대한 풍유적 주석:

필로는 그의 모세 전기에서 그를 가장 중요한 입법자로 묘사한다. 성경역사는 *De vita Mosis*에서 서술되며 다른 작품들은 그의 철학적 개관으로 윤색되어 있다. *Da vita contemplativa*에서 필로는 테라퓨태(Therapeutae)의 종파에 대하여 묘사하고 있다. 그들은 명상의 생활에 전념하는 금욕적 은둔자 집단으로서 모세 율법에 풍유적 해석을 취하였다.

*De virtutibus*는 단편만이 전해지는데 A.D. 1세기의 정치사를 이해하는데 중요한 작품이다. 유세비우스는 그의 『교회사』(*Ecclesiastical History*)에서 이 작품에 대한 간략한 요약을 하고 있다(II, 5, 1; 후편 5, 6~6; 3). 『덕목론』(*De virtutibus*)의 다섯권 가운데서 단지 삼권인『플라쿠스에 대하여』(*Against Flaccus*)와 사권인 『칼리굴라에 파견된 사절단』(*Embassy to Caliqula*)만이 현존한다. 『덕목론』의 주된 주제는 유대인에 대한 주된 박해자들, 즉 세야누스, 플라쿠스, 칼리굴라와 아한 빌라도의 비참한 최후를 다룬다. 하나님의 보복에 대한 관념이 이보다 이전에 기록된 유대의 역사서들, 즉 열왕기하 19:36 이하와 마카비 2서 3:22~40; 5:6~10; 13:4~8; 15:28~35에서도 강조되었다.

3. 필로의 의도

필로는 범상치 않은 혼합물의 용해를 대변한다. 출신과 양육에 있어서는 유대인이며, 알렉산드리아의 거주민으로서는 신비주의자이고, 고도의 교육에 의해서는 헬라적 인문주의자이며, 인간관계와 사회적 지위로는 로마 귀족들의 동료였다. 필로는 그의 저작을 통하여 이중적 목적을 달성하고자 시도하였다. (1) 그는 그리스—로마 사회의 개화된 사람들에게 유대인의 종교를 정당화시키고자 노력하였다. 이교의 사회와 종교가 사양길에 접어든 당시에 그는 "모든 나라의 욕구"를 충족시켜주는 것으로 유대의 신앙을 묘사할 특기할 만한 기회를 가졌다. (2) 또 한편으로, 그는 그리스 철학과 학문이 사실은 히브리 종교의 교리에 해악을 끼치거나 상반되지가 않으며 오히려 양자는 실제로 동일한 원리들을 위하여 존립한다는 것을 엄격한 유대교도들에게 보여주고 설득하고자 노력하였다. 따라서 필로는 절충식 관점, 즉 구약의 신학적 개념들을 그리스 철학원리들과 혼합하는 관점을 채용하였다. 카쯔(Katz)는 "필로는 철학이 종교적이 되고 종교가 철학적이 되는 발전을 증언한다"라고 주장한다.[2] 필로가 교리적이며 윤리적 진리를 본국에 유입시키려는 의도로써 철학적으로 말하는 동안 그는 하나님의 계시가 갖는 종교적 본질을 약화시키는 일을 수행하였다. 마찬가지로 그의 종교적 확신들도 철학적 유산에 의하여 수정되었다.

필로의 작품과 견해들을 자세히 관찰해보면 비록 필로가 유대교의 교훈에 충실하다고 주장하였을지라도 서기관과 바리새인들이 의미하는 참된 유대인이 아니었음을 보게 된다. 이방인의 철학과 유대인의 신학적 교훈을 융합시키는 것이 그의 목적이었다. 이상하게도 그는 이방인의 철학과 유대인의 토라가 모두 진리를 소유하고 있다고 생각하여 자신의 융합에 대한 시도를 설명한다. 필로는 피타고라스, 플라톤, 아리스토텔레스, 스토아학파들과 같은 철학자들의 다양한 견해들을 조화된 것처럼 보이는 하나의 조직 안에 짜넣었다. 필로에게 있어서 플라톤은 "위인 중의 가장 위대한 인물"이었지만 동시에 그는 이스라엘보다 더욱 거룩한 민족은 없으며, 또한 다윗은 "위인 중의 가장 위대한 인물"이었다고 주장하였다. 세기들의 위대한 현자들은 그들의 지혜를 모세와 선지자, 구약에서, 특히 모든 진리가 발견되는 모세오경에서 얻었다는 것이 필로의 확신이었다. 동시에 그는 그리스인들이 "진리"를 소유한다고도 믿었다. 건전한 철학과 계시된 종교 사이에는 완전한 일치가 있으며 그들은 단지 진리의 양면에 불과하다는 것을 증명하고자 필로는 노력하였다. 무어(Moore)는 필로에 대하여 이렇게 말한다. "만일 우리가 그의 철학에 하나의 이름을 붙여야만 한다면, 우리는 그것을 피타고라스의 수자적 요술의 경향을 띤 스토아화된 플라톤주의라고 해야 할 것이다. 그러나 우리는 그러한 융통성에다가 그의 개인적 절충주의에 포함된 선택의 한 요소로서 삽입된 유대교의 신학을 추가해야만 한다."[3]

4. 필로의 방법

그리스 철학을 유대교에 조화시키기 위하여 이전에 필로와 동일한 종교가들에 의하여 사용되었던 것과 다른 해석학의 채용이 불가피하였다. 해석학 역사가들은 그의 것을 "풍유적 방법"이라고 부른다. 필로는 진리가 성경에 기록된 모든 문자로부터 발견되어야 한다고 확신하였다. 제한된 의미에서 풍유적 방법이 유대의 랍비들에 의하여 사용된 반면에 필로는 다른 유대인 해석가들보다 더 멀리 나아가 이러한 유형의 해석원리를 완성시키고 조직화하며 공식화시켰다. 융합을 위한 의도가 필로 당시 이전의 300년간 있었음이 분명하다. 헬라적 그리스 철학자들, 특히 스토아 학파가 이 방법을 헤시오드와 호머의 신화에 적용하였다. 웬리에 의하면 이 방법의 유리한 점은, 그것이 해석을 "유순하게" 하며 그 시대의 "지적 필연성"이라고 판단되는 것에 해석을 조절하도록 하는 것이다. 필로는 그의 철학적-신학적 작품들에서 분명한 기초적 원리들을 사용하였다. 그는 히브리어 성경과 마찬가지로 헬라어 번역본도 문자적으로 영감되었다고 주장하였다. 나아가 그는 구약은 한편 문헌적이며 역사적인 면에서 참되며 또 다른 면으로 철학적이며 풍유적으로 받아들일 만한 것이라고 가르쳤다. 풍유적 방법은 성경의 진리들을 생리적이며 심리적이고 윤리적이며 신비적인 교리들과 관련시킬 때 사용되었다. 필로는 심지어 그가 귀하게 여기는 모세오경에서까지 신화적 경향을 허용하였으며 대단한 열심으로 신인동형동성설(anthropomorphisms)을 반대하며 논쟁하였다. 그러나 그는 성경의 문자적 의미가 풍유적 의미를 지지함에 있어서 무시되어서는 안된다는 사실을 강조하였다.

필로의 풍유적 해석의 한 예를 들면 다음과 같다(*Sacred Allegories*, I, 39에서).

왜냐하면 마음은 영혼의 비이성적인 부분을 생성시키게 되는데 이로써 비이성적인 부분까지도 하나님으로부터 받은 일부분이 되게 된다. 마음은 하나님에 의하여 생기를 받게 되고(besouled), 반면에 비이성적인 부분은 마음에 의하여 생기를 받게 되는데, 이런 도식은 마치 성경이 모세를 지칭하면서 바로에 대하여 하나님이 되었노라고 주저함이 없이 말하는 것과 똑같다.

필로는 자신이 해석방법의 발전역사에서 최상의 수준에 이르러 하나님이 사용하시는 수레가 되었다고 주장하였다. "그는 말한다. '하나님의 영감에 힘입어서 나는 감정이 심오하게 고양되기 시작하였다…그러자 나는 해석의 풍요로움, 빛으로 인한 기쁨, 가장 강력하게 침투하는 안력, 가장 현저한 힘을 의식하는데 그 수준은 있어야 할 최상의 것이었다.' 다시 말하기를, '나는 지혜의 빛으로 찬란히 빛났다', 그리고 '모든 지성은 하나님의 영감이다'라고 한다. 따라서 우리가 철학과 종교, 이성주의와 경건, 명백한 그리스적 지성주의와 모호한 동양적 신비주의가 갖는 범상치 않은 혼합을 대하게 된 것에 그렇게 놀라움이 있지는 않다."[4]

"만일 문자적 의미가 어떤 것을 무의미하거나 불가능하게, 혹은 이성에 상반되게 한다면…그것은 전적으로 배제되어야만 한다. 이 원리를 엄격히 적용하자면 분명히 모든 신인동형동성설적 문구들을 제거할 뿐 아니라 해석상의 어려움이 극복될 수 없는 듯이 보이는 곳의 매듭을 잘라버릴 것이다."[5] 카츠에 의하면, "필로의 해석학적 방법은 성경에 나타난 인명들의 가장 깊이있는 어원적 연구보다도 자주 풍유적 방법을 사용하여 성경 역사상의 윤곽이 뚜렷한 인물을 심리학적인 차원에서 분석하려는" 전환을 말하는 것이다.[6]

5. 연구의 주제들

필로는 다음의 세 가지 주된 연구 주제에 몰두하였다. (1) 하나님의 개념, (2) 하나님과 세상과의 관계, (3) 인간의 본성.

(1) 하나님의 개념

필로가 그 견해를 받아들였던 신플라톤 학파와 마찬가지로 그는 "철저히 이원론적"이었다(웬리). 그는 인간의 육체가 살아있기 위하여 영혼이 필요하듯이 하나님의 존재는 세상을 통치하기 위하여 필요하다고 주장하였다. 또한 인간의 영혼은 평생에 걸친 육체적 변화에도 불구하고 시종 변하지 않고 남아 있는 것처럼, 변화하는 세상의 배후에는 변화하지 않는 존재가 있어야만 한다. 그러나 인간에 대한 유추가 하나님의 존재에까지 확대될 수는 없다. 필로에게 있어서 하나님은 모든 인간적 성질이 결여되신 분이며, 어떠한 명확한 것도 그에 대하여 예언될 수 없다. 신인동형동성설은 하나님을 묘사할 때 회피되어야 한다.

필로는 하나님이 존재하시지만 어느 누구도 그가 어떤 분이신지는 말할 수 없다고 하였다. 필로는 완전하신 하나님의 플라톤적 개념을 채용하면서 하나님은 세상에 직접 관여하시지 않고 거룩하신, 혹은 중보적인 힘을 통하여 세상을 다루신다고 가르쳤다. 필로는 이렇게 기술하였다. "하나님은 불변하시어 전혀 타자를 필요로 하지 않으시기 때문에 만물이 그 분에게 속해 있다. 아니, 엄격히 말하자면 그 분은 아무 것에도 속하지 않으신다"(웬리가 인용한 내용). 이와 같은 하나님의 초월교리가 플라톤 철학의 중요한 매듭이었다. 하나님은 모든 불완전을 구축하시기 때문에 모든 인간이 갈망하는 존재가 되신다. 인간들은 이 존재와 필요한 관계에 서 있는 반면에 그 분은 인간들과의 어떠한 관계에도 서 계시지 않는다. "인간은 하나님께로 돌아가야만 하지만 그 분은 매우 먼 곳, 즉 순수한 명상과 완전의 영역에 거하시기 때문에 그 분이 인간에게 접근하실 수가 없다"(웬리).

(2) 하나님과 세상과의 관계

하나님은 세상으로부터 매우 멀리 초월하신 분이기 때문에 그 분은 이해할 수가 없으며 비물질적이시다. 하나님과 세상 사이에는 직접적인 관련이 없다. 이것은 하나님과 세상을 동일시 하는 스토아 철학에 반대하는 플라톤적 주장이었다. 필로의 말에 의하면 하나님은 **중재적인 힘들**, 또는 **관념들**(logoi)을 통하여 세상을 창조하셨고 유지시키신다. 필로는 이러한 중재적인 힘들을 플라톤의 이데아에서 따왔으며 이것들을 의인화시켜서 그의 로고스 교리에 포함시켰다(웬리).

하나님에게서 유출된 *logoi*와 성경의 **베네-엘로힘**(bene-Elohim), 혹은 "하나님의 아들"을 동일시 하기는 쉬웠다. 이들 *logoi*와 하나님 사이의 정밀한 관계에 대한 필로의 철학에는 어떤 사상적 유동성이 있다. 필로는 성경에 나오는 "하나님의 말씀"이란 문구에다 플라톤이 사용한 **이데아**(idea) 대신에 **로고스**(logos)란 용어를 사용하였다"(고등비평의 신약학자들은 요한복음의 저자가 1:1~14에 나오는 로고스 개념을 필로에게서 빌려왔다고 믿고 있다).

필로의 로고스 개념에 대하여 레빙켈(Rehwinkel)은 이렇게 주장하였다. "필로의 로고스는 탈굼에 나오는 로고스가 아니며, '원형 이데아'(Archetypal idea)를 말하는 플라톤의 로고스 개념도 아니고, 만물을 압도하는 '세계 이성'으로서의 스토아적 개념도 아니었다. 오히려 필로의 로고스는 그의 독창적인 개념으로 여기 저기서 그 내용들을 조금씩 끌어왔을 뿐이다. 그의 로고스는 완벽한 인격체가 아니라 오히려 하나님에 대한 단순한 반영이었다. 그것은 한 인격이 아니라 하나님의 마음을 드러내는 그림자적 비실체의 소리이다."[7]

벤트위치(Bentwich)는 필로의 로고스와 요한복음 서두의 로고스의 관계에 대하여 이렇게 주장하였다. "제1절에서 우리는 필로가 썼을 가능성이 다분히 있다는 생각을 갖는다. '태초에 말씀이 계시니라 이 말씀이 하나님과 함께 계셨으니 이 말씀은 곧 하나님이시니라' 그러나 제14절에서 분명하고 예리한 차이가 나타난다. '말씀이 육신이 되어 우리 가운데 거하시매 우리가 그 영광을 보니 아버지의 독생자의 영광이요 은혜와 진리가 충만하더라.' 여기의 단어 배후에는 고상한 영적 사상이 있을 수 있겠으나 성육신의 개념은 유대적이 아니며, 철학적인 것이나 필로적인 것도 아니다."[8]

필로는 그의 로고스 교리에서 하나님의 내재와 마찬가지로 그의 초월을 보존하려고 노력하였다. 과거의 철학과 종교의 역사 속에서 필로는 인간들의 신적 존재의 신비성을 매우 강조함으로 하나님을 세상으로부터 추방하거나 유한한 특성들을 신성과 혼합하였던 사실을 주목하였다. 필로는 두 경향을 융합함으로써 범신론과 이원론의 극단을 피하려고 노력하였다. 하나님을 묘사함에 있어서 필로는 존귀와 영광을 돌릴 수 있는 어떤 존재를 묘사하였으나(이 점에 있어서 필로는 유대인이다) 동시에 그는 하나님과 그의 피조물 사이에 존재하는 분명한 관계를 규명하고자 하였다(이것은 동양적 사고의 영향이다). 하나님과 그의 피조물을 연결하기 위하여 하나의 중개자가 필요하였다. 웬리는 필로의 이러한 시도에 대하여도 논평하고 있다. "그러나 필로는 동시대의 사상에 특별한 대조를 이룬다는 어려움을 극복할 수 없었다. 그는 하나님을 피조물과 직접 관련시켜 흠이 없는 그의 순전하심을 보존할 수는 없었다. 따라서 로고스의 개념은 그것의 인격성에 대한 그의 우유부단함과 마찬가지로 모호함으로 쌓이게 되었다."9) 결국 과거의 철학적 유산이 그의 해석에 영향을 끼친 것이다. 이따금 플라톤의 이데아론이 필로의 사고를 통제하였으며, 어떤 때는 그가 내재적인 세계—이성을 말하는 스토아 철학을 지지하였다. 또한 필로가 갖는 랍비적인 사랑은 그로 하여금 로고스에다가 제사장적 기능, 혹은 사죄하는 자의 기능을 부여토록 하였다. 이 알렉산드리아 출신의 유대인에게 있어서 로고스는 하나님과 인간 사이의 중개자, 도덕과 물질세계에 대한 하나님의 위대한 대리자, 하나님이 인간에게 자신을 계시하신 유일한 형태가 되었다. 인간들이 하나님을 감각하고 그 분을 친히 찬양할 수 있는 것은 역시 바로 로고스를 통하여, 로고스로 말미암아, 로고스 안에서 있어진다.

 로고스는 하나님과 인간들 사이의 중보자, 세상을 위한 대제사장과 중재기도자로서 묘사되고 있다. 그는 역시 인간, 특히 하나님의 형상대로 지음받은 인간이다. 그러나 필로는 결코 로고스를 메시야와 일치시키지 않았다. 필로는 로고스와 하나님 사이의 관계에 대하여 미정의 상태에 있었다. 따라서 필로는 이렇게 썼다. "그것은 하나님처럼 탄생되지 않은 것도 아니며 우리들처럼 탄생된 것도 아니다. 단지 이 양극단의 중간에 위치할 뿐이다"(Guignebert에서 인용). 필로의 개념은 유동적이어서 그의 로고스 개념이 "허황되고 유동적"이었다는 지적을 받기도 한다(웬리).

 죄에 대하여 필로는 어느 정도 명확한 관념들을 가졌다. 악은 하나님으로부터 오는 것이 아니라 물질, 혹은 저급한 힘, 즉 하나님의 질서에 따라 물질을 작동시키는 불완전한 **로고이**에서 온다. **로고이**는 비록 형체가 없고 스스로는 힘이 없지만 창조를 연출하는 생명의 영을 하나님과 같이 영원한 속성을 지닌 물질에 투입시킨다.

(3) 인간론

그의 인간론에서 필로는 플라톤주의와 스토아 철학의 영향을 보여준다. 그는 그리스적 이원론의 용어로 인간을 생각하며 서로 상대방이 없이는 존재할 수 없는 영혼과 육체를 구분하여 언급한다. 영혼들은 세상과 하나님 사이의 공간을 가득 메우며 오직 그들이 지상에 접근할 때에만 그것들은 상호적 실재성을 지니게 되며 동시에 죄가 물질의 불완전성과 함께 그것들 안에 진입한다. 인간의 영혼은 자력으로 이러한 타락의 결과를 피할 수 없으며, 그들이 어떤 선행을 행할 수 있는 것은 오직 하나님의 **은혜**(charis)를 통하여서만 이루어진다.

필로는 구원론에 있어서 스토아 철학과 현격한 차이를 가졌다. 스토아 철학에 의하면 인간은 자신을 구원해야만 하였다. 그러나 필로의 구원론은 인간의 모든 노력은 물질의 족쇄에서 영혼을 자유케 하는데 집중되어야 하며 다시 한번 신격에 있었던 그 근원을 찾으려는 노력에 의하여 원래의 순수성을 찾도록 인도되어야 한다고 주장하였다. 귀네베르트(Guignebert)는 이렇게 말한다. "따라서 생명의 목적과 방편은 '행복한 삶'이다. 이것은 **아스케시스**(askesis―실천, phusis, mathesis와 함께 교육과정의 3요소를 이룬다고 스토아 학파는 설명한다―역자주)를 획득하는 것, 혹은 물질에서 분리되는 것을 의미하며, 따라서 **황홀경을 체험**하게 하거나 직접적인 이해와 증거를 통하여서 하나님을 완전히 이해하도록 해준다."[10] 인간은 하나님의 환상을 보고 육체의 감금에서 스스로 풀려나서 황홀경의 상태에 들어가야만 한다. 이러한 결과를 성취하기 위하여 하나님의 영이 인간의 내부에 거하며 하프의 현과 같이 그를 진동시킨다. "인간은 모든 감각적인 것을 포기하고 욕망과 정욕의 근절을 성취해야 한다." 도피가 영혼을 위한 유일한 희망이다. 여기서 필로는 영화롭지 못한 육체의 부활을 가르치는 유대교의 외경과 커다란 차이를 연출한다.

필로의 변증법적인 구조는 현대의 철학자들이 용납할 수 없는 철학적 방법을 사용하여 혼합시킨 성경과 철학적 교훈들의 혼합물이었다. 귀네베르트는 말한다. "순전히 용어상의 교묘함 위에 기초하여 세워진 필로의 변증법적 구조는 오늘날 우리가 보기에는 완전히 독단적이다. 그러나 그것이 그를 만족시켰으며 그의 방법들은 그의 주변 세계와 그가 살던 시대의 정신과 일치되었다."

귀네베르트에 의하면 필로의 형이상학적 사상은 여러 가지 흥미있는 결과를 초래하였다. (1) 필로가 해석한 대로의 성경이 로마제국의 비유대인들에게는 더욱 지성적인 것이 되었다. (2) 국제적인 마음을 지니게 된 필로는 종족에 관계없이 율법을 준수하는 모든 의인들의 운명에 축복이 있다고 가르쳤다. (3) 해외거주의 유대인들은 의식(ritualism)을 종교에 있어서 팔레스틴의 랍비들 보다 더 낮은 위치로 끌어내렸다. (4) 필로의 추종자들은 "팔레스틴에서 통용되는 모세적 관념들을 거절하지는 않았지만 그것들을 약화시켰다." 필로주의자들은 메시야 왕국의 실현 보다는 "영혼의 운명에 대하여 더 큰 관심을 가졌다."12)

필로(Philo)의 업적이 야기한 계속적인 결과를 평가하기 위하여 마샬(Marshall)은 "필로는 실패되도록 예정된 인과와 투쟁하였다"라는 쉬러(Schuerer, *The Jews in the Time of Jesus*)의 말을 인용하고 있다. 13) A.D. 70년의 예루살렘 멸망과 함께 헬레니즘은 유대인들 가운데서 쇠잔해져 갔다. 대신에 랍비적 유대교가 그 자리를 대치하였다. 헬라적 유대인의 저작들의 보존이 유대인에게는 타당하지 않았으나 그리스도인에게는 그렇지 않았다. 유대인의 활기찬 포교가 디도 장군이 이룩한 예루살렘 멸망에 의하여 저지되었으며 곧 그리스도인의 선교전략의 실행이 그 자리를 대신하였다. 그러나 양자의 발전이 필로의 철학이 잔존하는데는 방해가 되었다.

하이네만(F.H. Heinemann)은 필로가 그의 해석방법과 종교철학이 주된 요소들을 통하여 기독교 신학에 지대한 영향을 끼쳤다고 주장한다. 신플라톤주의에 대한 그의 영향은 일반적으로 인정되는 것보다 더욱 큰 것이었다. 필로가 어떤 조직을 창출하지 않은 반면 그는 그리스 사상에서 주장하는 것과는 상이한 새로운 관념들과 원리들을 소개하였다. 그는 서양의 사상이 생각하였던 것보다 새로운 세계관을 제안하였다. 필로는 계시의 제일 원리와 함께 시작하여 계시의 권위를 증명하려고 노력하지는 않고 그것을 받아들였다.

필로는 구약에서 다음의 교리들을 추론해냄으로써 중세의 신학의 길을 열었다. (1) 하나님은 존재하신다. (2) 오직 한분 하나님만이 계신다. (3) 세상은 그에 의하여 창조되었다. (4) 오직 하나의 세계만이 있다. (5) 하나님은 우주의 섭리자이시다.

필로가 신약의 저자들에게 전혀 영향을 주지 않았거나 반대로 그가 신약의 교훈에 영향을 받지 않았다는 사실은 일반적으로 일치된 견해이다. 그러나 그는 교회의 알렉산드리아 교부들의 사고에 영향을 끼쳤으며, 알렉산드리아의 클레멘트와 오리겐을 통하여 그 이후의 상당한 기독교 신학이 그가 이룬 신학과 철학의 융합에 빚을 졌다. 초대교회는 필로의 방법 가운데 많은 것을 채용하였다. 초기의 저자들이 비록 그의 교훈들을 심각할만큼 변조시켰을지라도 아직 필로를 연구하는 것은 많은 교부들의 저작들을 보다 잘 이해하는데 도움을 준다.

제 18 장

요세푸스와 그의 저작들

예수님과 사도들 보다 조금 나이어린 동시대인이었던 요세푸스(Flavius Josephus)는 아마도 고대세계에서 유대인과 이방인에 의하여 가장 널리 읽혀진 헬라적 유대인 작가였을 것이다. 요세푸스의 대중성에 대한 이유 한 가지는 그의 작품이 예수님의 탄생 이전 세기와 기독교의 제1세기 동안에 걸친 팔레스틴과 디아스포라 유대인 역사의 보다 넓은 부분을 연구하기 위한 유일한 자료이기 때문이었다. 요세푸스는 2천년에 걸친 기간의 연속적이고 완전한 역사를 우리에게 제공해준다. 그의 작품들은 또한 그리스-로마 역사의 다양한 사건들을 전해주기 때문에도 가치가 있다.

중간사를 연구하는 학자들은 요세푸스의 일대기를 위해서는 이 역
사가가 쓴 자서전적인 자료에 거의 의존하고 있다. 그의 『유대인 전
쟁사』에서 그의 완전한 전기와 분산적인 언급이 부분적으로 발견된
다. 대전쟁(A.D. 66~70)이 요세푸스의 일생을 거의 균등하게 양분하
고 있다. 처음의 33년은 팔레스틴에서의 제사장, 애국자, 장군, 죄수
의 모습으로 연속되며 후반부는 로마제국의 수도인 로마에서 지낸 한
시민이자 작가로서의 생애였다.

요세푸스는 가이우스 칼리굴라(Gaius Caligula)가 즉위한 해인
A.D. 37~38년에 태어나 2세기 초에 사망하였다. 본디오 빌라도는 전
해에 유대로부터 소환되었으며 헤롯 아그립바 1세가 곧 새 황제로부
터 왕국을 분할받는 동안에 자유의 몸이 되었다. 요세푸스의 부친의
이름은 마타디아스로 제사장이었으며, 그의 모친은 하스모니안 지도
자인 요나단의 후손으로 왕족 출신이었다. 그의 양친은 모두 제사장
을 배출한 귀족 출신이었다. 이러한 배경을 생각하면 요세푸스가 뛰
어난 교육을 받았고 어린 나이에 유대와 헬라의 학문과 문화를 소개
받았다는 사실은 놀라운 일이 아니다. 그의 양친은 그를 제사장으로
만들 생각을 하였고 매우 어린 나이에 유대의 율법과 문학을 교육시
켰다. 그의 특출한 재능 때문에 학식있는 랍비들이 그에게 와서 의견
을 물었다. 16세 때 그는 유대인의 지도적 종파, 즉 바리새파, 사두
개파, 그리고 에세네파의 회합에 참석하였으며 그들 가운데 어느 하
나에 가입하기 위하여 세 종파 모두의 교훈을 배웠다. 그는 또한 광
야에 체류하였던 은자 바누스(Benus)와 함께 어느 정도의 시간을 보
내었다. 율법 연구의 조숙함을 보인 뒤 19세가 되어 그는 바리새파의
일원이 되었다. A.D. 64년 그의 나이 26세, 혹은 27세 때 그는 로마
로 여행하였다가, 로마 통치에 반대한 에세네파의 반란계획에 가담한
죄목으로 로마로 소환된 다수의 제사장들을 석방시키는 일을 성사시
켰다. 유명한 유대인 배우이자 네로의 아내가 된 황후 포페아
(Poppea)가 요세푸스를 도와 그의 사명을 성취케 하였다. 로마에 체
류하면서 그는 로마의 국력과 문화에 두려움과 존경을 느끼게 되었고
로마의 천하무적의 위력에 크게 감동받았다. 요세푸스가 팔레스틴으
로 돌아온지 얼마되지 않아 유대인들이 팔레스틴에 대한 로마의 권력
행사에 반대하여 무기를 들었다. 그러나 유대인들이 거의 승리할 수

제 18 장 요세푸스와 그의 저작들 *241*

없다고 확신한 요세푸스는 이러한 유대인의 반란을 지지하지 않았다. 유대의 소란한 국내사정은 곧바로 수리아 총독인 케스티우스 갈루스 (Cestius Gallus)에게 기회를 허용하였다. 갈루스는 거의 예루살렘 정복의 문턱에 도달하였으나 어떤 설명할 수 없는 이유로 그의 군대를 철수시켰다. A.D. 66년 로마군단은 벳호론(Bethhoron)의 협로에서 참패의 무릎을 꿇었고 이 패전은 유대인의 반란을 분쇄하기 위하여 로마가 조치를 취하게 하였다. 학자들에게는 분명히 알려지지 않은 몇 가지 이유에서 당시에 요세푸스는 갈릴리에 주둔한 유대군의 사령관이 되어 있었다.

29세에 이미 제사장에 임명된 요세푸스는 로마군의 최초의 공격지가 되었다고 믿어지는 갈릴리의 행정관에 임명되었다. A.D. 66~68년의 갈릴리 전투의 서전 상황에 대하여는 상이한 두 가지 이야기가 전해지기 때문에 쉽게 판정하기가 어렵다. 『생애』편에서 요세푸스는 분명하지는 않지만, 자신과 예루살렘의 정책과 목적에 대하여 논하였다. 『생애』에서 우리는 요세푸스가 반란의 책임이 있다고 비난한 유대인 역사가에 대하여 자신의 변호하는 말을 듣게 된다. 『유대 전쟁사』에서 우리는 로마인의 후원 아래 기록된 동일한 사건에 대한 보다 짧은 진술을 보게 된다. 요세푸스 자신은 다른 두 명의 제사장과 함께 산헤드린 공회의 파송을 받았다고 말하고 있다. 비록 주지사의 자격을 갖추지 않았을지라도 친구의 영향을 힘입어 요세푸스는 이 직책에 임명받았다. 열심당은 그의 지도에 불만을 가졌으며, 그가 갈릴리를 방어하기 위한 적절한 준비를 수행하지 못하리라고 확신하였다. 그들은 그가 그 직책에서 물러나기를 기다렸으나 성공하지 못하였다.

마르쿠스(Marcus)는 이 기간의 요세푸스의 생애에 대하여 이렇게 주장한다. "그는 그의 군사적 경력에 모순되는 이야기들을 전해주기 때문에 우리는 그의 태도와 상황이 어떠하였는지에 대하여 정확히 확인할 수가 없다."[1] 그에 대한 불안에도 불구하고 그는 로마군에 대항하여 갈릴리 주(province)를 방어하기 위하여 신중히 대처하였다.

B.C. 67년 로마군이 요타파타(Jotapata)에서 포위 공격을 당하자 요세푸스와 그의 군대는 갈릴리 바다 근처의 어떤 곳으로 피하였다. 47일 후에 로마의 장군 디도는 요새를 강타하는데 성공하여 수비대를 학살하였다. 요세푸스와 일단의 무리가 동굴을 통하여 피신함으로 그

는 협살의 위기에서 교묘히 도피하였다. 요세푸스는 로마군의 총사령 관인 베스파시안이 즉위하기 전에 그가 황제가 되리라는 예언을 함으로써 로마의 장군의 환심을 샀다. 베스파시안은 요세푸스를 알렉산드리아로 보내었다가 후에 로마로 불렀으며 그는 여기에서 황제 측근의 지지와 후원을 누렸다.

대전쟁(A.D. 66~70) 당시 요세푸스는 로마군과 유대인 사이의 중개자 역할을 하였다. 그의 동료들은 그를 혐오하였으며 반면에 디도는 그의 처사를 의심하였으며 로마군이 역전으로 고생할 때면 그들은 그가 배반하였다고 의심하였다. 디도는 승전하여 로마로 귀국할 때 요세푸스는 로마 장군과 동행하였다.

요세푸스는 로마에서 30년 이상을 살았지만 이곳의 생활에 대해서는 거의 전하는 말이 없다. 그는 플라비우스의 호의를 입고 역시 유대인에 대한 로마군의 승리 역사를 기록하도록 위임받았다. 요세푸스는 로마의 시민권을 부여받았으며, 베스파시안의 이전 궁전에서 거주하도록 허락을 받았으며, 동일한 황제에 의하여 연금을 받았다. 로마에 거주하면서 요세푸스는 상당수의 승리의 행군을 증언하였다. 그리스도인들에 대한 참혹한 박해와 십자형을 불러일으킨 네로 황제의 화재에서 새 로마가 일어난 것을 목도한 이외에도 요세푸스는 콜로세움, 베스파시안과 디도의 광장, 평화의 신전의 건축과 완공을 목격하였다.

로마에서의 그의 고요한 생활은 그가 구레네의 유대인 반란에 자금을 조달하였다는 그의 대적들의 고발에 의하여 중단되었다. 그는 자신의 아들을 지도한 가정교사에 의하여 살해되었다. 그와 대적 관계에 있는 역사가인 티베리우스의 유스투스(Justus)가 A.D. 1세기 말에 한권의 책을 쓰면서, 요세푸스는 로마에 대항한 유대인의 전쟁에 책임이 있거나 적어도 그의 고향 도시인 티베리우스가 로마에 대하여 반란을 일으키도록 선동하였다고 고발하였다. 이러한 공격들은 요세푸스의 책이 판매되는 것을 금지시키도록 위협하였다. 자서전은 티베리우스의 유스투스가 행한 이러한 공격들을 논박하려는 요세푸스의 시도였다.

A.D. 79년 디도가 사망하자 요세푸스도 그의 후원자를 잃고 저술활동에 변화를 가져오게 되었다. 이 때부터 그는 자기 고국을 위한 변

호자가 되었다. 그러나 그의 동족은 그에게 보복하는 의미에서 요세푸스를 용서하지 않았다. 그리스도인 역사가인 유세비우스는 로마에서 동상을 세우고 공공도서관에 그의 책을 비치함으로써, 그의 추억을 영속시키려는 사람은 유대인이 아니라 로마인이었다고 전하고 있다. 요세푸스는 베스파시안, 디도, 도미티안 황제들의 통치 하에서 호의적인 궁정생활을 하였다. 가정적으로 요세푸스는 심각한 결혼생활의 어려움을 겪었다. 그는 세번에 걸쳐 결혼을 하였는데 한 부인은 그를 버렸고 다른 한 여인과는 이혼하였다.

A.D. 71년부터 죽을 때까지 요세푸스는 저작생활을 시작하여 계속하였다. 그의 목적은 그리스인과 로마인들에게 유대인의 역사와 종교를 더 잘 이해시키고자 하는 것이었다. 그는 주로 팔레스틴에서 배웠던 헬라어로 저술하였으나 양식에 있어서 실수하지 않기 위하여 경험 있는 저술가들과 협의하였다. 요세푸스가 어떤 구절에다 리비(Livy)의 작품에서 인용한 것을 보아 라틴어 지식도 있었던 것 같다.

요세푸스는 로마에 거주하는 동안 현존하는 4권의 책을 썼다.

1. 유대 전쟁사

택커레이(Thackeray)는 본서의 최초의 사본이 아람어로 기록되었으며 북쪽 갈릴리(Upper Galilee, 혹은 수리아 내륙지방)의 거민들에게 보내어졌다. 이 사본판은 전해지지 않으나 택커레이는 두 가지 추측이 그것을 가능하게 한다고 믿고 있다. 첫째, 아람어 번역본이 헬라어 번역본보다 짧다. 둘째, 유대인 독자들은 대전쟁 200년 전으로 이야기를 거슬러 올라가는 비상하게 긴 역사 소개를 필요치 않는다. 그런데 헬라어 사본에는 이 분량이 두 권에 달하고 있다.

현존하는 헬라어 사본은 로마제국의 후원자에 의하여 기록되었다. 비록 『유대 전쟁사』(The Jewish War)가 헬라어에서 번역된 것이라고 요세푸스가 말할지라도 그것이 어떤 셈계통의 언어로 되었는지에 대한 증거가 전혀 없다. 『아피오넴에 반대하여』(Contra Apionem)에서 요세푸스는 "그가 헬라어의 형식을 지키기 위하여 어떤 협력자들을 고용하였다(1:50)"라고 말하고 있다. 이 헬라인 조수들은 헬라어의 형식을 위하여 그리고 새로운 판(new edition)과 동등한 것을 만들기 위하여 채용된 것이다.『유대 전쟁사』는 부분적으로 출간되었으며 요세푸스와 헤롯 아그립바 2세 사이의 오랜 서신왕래가 그 주체가 되었다. 완전한 작품은 베스파시안의 통치 말엽인 A.D. 75~79년에 나타났으며 사본들이 한번에 여러 제국의 후원자들에게 배본되었다. 황제 디도는 그에게 발행을 허락하였다. 디도는『유대 전쟁사』가 대전쟁의 사실을 확증하는 공식적인 저작이 되기를 열망하였다.

본서는 모두 7권으로 구성되었다. Ⅰ. 안티오쿠스 에피파네스(B.C. 175년)에서 헤롯 대왕(B.C. 4년)에 이르는 기간, Ⅱ. 로마군과의 초기 전쟁에서 발생한 사건들을 다룬 B.C. 4년에서 A.D. 66년에 이르는 기간, Ⅲ. A.D. 67년에 갈릴리에서 발생한 일들, Ⅳ. 예루살렘 포위 때까지 전쟁의 경과, Ⅴ. 예루살렘 봉쇄와 함락, Ⅵ. 반란의 여파.

요세푸스는 유대인에 대한 로마군의 전쟁행위에 대하여 믿을 만한 정보를 보존시킬 수 있는 절호의 기회를 가졌다. 처음에는 갈릴리에 주둔한 유대군의 지휘관으로서, 그리고 후에는 예루살렘 함락시에는 로마군의 협조자로서 요세푸스는 예외적으로 신빙성있는 정보 확보의 기회가 있었다. 예루살렘을 배반한 사람들은 요세푸스가 로마군의 진영에 머무는 동안 예루살렘에서 발생한 사건들에 대한 정보를 그에게 제공하였다. 요세푸스는 자신의 관찰과 정보수집에 로마 제국의 비망록까지도 사용할 수 있었다.

베버(Wilhelm Weber)는 이 유대인 역사가가 베스파시안 황제의 야전 기록에 기초한 공식기록인 라틴어 비망록(Memoirs)도 접하였을 것이라고 믿고 있다. 로마군의 조직에 대한 그의 유명한 언급도 이 황제의 기록에서 인용하였을 것이라고 생각되어진다. 택커레이는『유대 전쟁사』의 신빙성에 대하여 이렇게 주장한다. "그러나 직접적인 자료들을 접하고, 그의 제국의 후원자들과 헤롯 왕의 막중한 권위가 그를 뒷받침하며, 훌륭한 저작상의 조력자들로 인한 그 이상의(아마도 더욱 의문스러운) 유리한 점이 있음에도 불구하고 나는 요세푸스의 진술이 일반적인 신뢰를 획득하는데 그칠 수 밖에 없다고 생각한다.[2)]

『유대 전쟁사』의 역사적 가치를 평가함에 있어서『비망록』이 로마인의 관점에서 기록되었다는 사실이 망각되어서는 안된다. 더우기 요세푸스가 제국의 후원 아래서 작품을 저술하고 있다는 사실은 본서가 친로마적 편향을 띠도록 의도하였다. 『유대 전쟁사』와 『생애』는 갈릴리 전투에 대하여 일치된 묘사를 하고 있지 않다. 『유대인 역사가 플라비우스 요세푸스』(*Der juedische Historiker Flavius Josephus*)에서 라크베르(Laquer)는 요세푸스가 세부 사항들에서 고의적인 실수를 하여 그의 또 다른 후원자인 아그립바 2세 왕에 대한 그의 호의를 발견할 수 있었다고 생각한다. 택커레이는 우호적인 환경에서 요세푸스의 젊은 시기에 기록되었던 『유대 전쟁사』가 전반적으로 "훌륭한 책"으로 인정되어야 한다고 주장한다.

2. 유대 고대사

본서는 『유대 전쟁사』가 출판되고 16년 후에 출판되었다. A.D. 94년에 기록된 본서는 요세푸스의 걸작품(*magnum opus*)이다.[3] 본서는 교육받은 이방인들에게 유대인의 위대한 군사적이며 문화적인 업적으로 감동을 일으키려고 쓰여진 20권에 달하는 책이다. 『유대 고대사』(*The Jewish Antiquities*)는 초기에서 A.D. 66년에 이르는 유대의 역사를 전하려는 의도가 있었다. 20권의 내용은 다음의 5가지로 구분된다. 1) Ⅰ-Ⅸ는 선사시대부터 포로기까지 ; 2) Ⅺ는 고레스의 시대 ; 3) ⅩⅡ-ⅩⅣ는 알렉산더대제에서 시작되는 헬레니즘의 발현 4) ⅩⅦ-ⅩⅩ는 헤롯 사후에서 A.D. 66년의 전쟁발발까지.

처음 10권은 내용상 창세기에서 다니엘까지를 의역한 것으로 주로 70인역을 따르나, 그 외에 알렉산드리아와 팔레스틴에서 발간된 설화체로 엮어진 판이 쓰여졌다. 페르샤의 통치 시기에 대하여 요세푸스는 그의 주된 자료로서 성경의 에스라, 느헤미야, 에스더를 이용하였다. 헬라어 번역본의 아리스테아스 편지와 마카비 1서는 초기 헬라적 기간을 서술하기 위하여 요세푸스가 이용한 자료였다. 제14권에서 20권에 이르는 하스모니안과 헤롯 왕가의 통치 기간을 서술하기 위하여 요세푸스가 주로 이용한 자료는 다메섹의 니콜라스와 지리학자 스트라보(Strabo)의 작품들이었다.

3. 아피온에 반대한 소논문(아피온에 반대하여)

본서는 요세푸스의 가장 영감어린 책이다. 제롬 시대 이전에는 『유대인의 상고시대에 대하여』(Concerning the High Antiquity of the Jews)로 알려졌었다. 택커레이는 『아피온에 반대하여』(Contra Alpionem)에 대하여 이렇게 평한다. "본서는 이 저자의 작품 가운데서 가장 매력적인 책이다. 잘 계획된 구상, 대단한 문학적 기교, 그리스 철학과 시에 대한 깊은 지식, 우리가 다른 어느 곳에서 발견하는 것보다 더욱 진지하고 감동적인 고국에 대한 열정."[4] 본서는 이교의 공격에 대한 유대인의 변증서로서 2권으로 구성되었다. 또한 A.D. 1세기의 반 셈족 종교에 대한 흥미로운 안목을 제공한다. 본서에서 저자의 성격이 가장 잘 드러나는데 그는 아피온과 다른 반 유대적 소책자의 저자들이 가하고 있는 비방을 정열적으로 논박한다. 본서의 적극적인 부분은 요세푸스가 윤리적이며 정치적 사고의 모형으로서 묘사하고 있는 모세 율법을 보호하고 있다. 『아피온에 반대하여』는 지금은 알려지지 않고 있는 저자들의 많은 인용문을 수록하고 있으며 이것이 이 작품을 가치있는 것으로 만들었다.

4. 요세푸스의 생애

요세푸스의 이 마지막 저작은 『비타』(Vita, 생애), 혹은 『자서전』(Autobiography)류이며, 『유대 고대사』 2판의 부록으로 발표되었다. 본서는 갈릴리에서의 옛 일을 회상하는 것이며 갈릴리 전투와 연관하여 자신의 행위를 비난하는 자들을 겨냥한 것이다. 이 『자서전』은 그가 60세가 넘어서 요세푸스에 의하여 집필되었다. 본서는 다른 곳에서는 A.D. 100년에 발생한 것으로 암시되고 있는 헤롯 아그립바 2세의 죽음에 대하여 언급하고 있다. 『전기』에 요세푸스는 자기를 변호하면서 역사가 유스투스에게 자신을 밝힌다. "왜 당신은 황제 베스파시안과 디도가 생존해 있고 아그립바 왕과 그의 모든 왕족들이 아직도 우리 가운데 있는 동안 그 책(역사책)을 발행하지 않고 있는가?" 『자서전』은 사실은 30년 이전에 갈릴리에서 요세푸스가 행한 행위를 기술

제18장 요세푸스와 그의 저작들 *247*

한 유스투스의 역사서에 의하여 제기된 공격을 논파하기 위하여 쓰여진 『그의 생애의 변증서』(*apologia pro vita sua*)이다.

5. 제안된 작품들

『유대 고대사』의 권말에서 요세푸스는 그가 저술을 계획하고 있는 두 가지 제목이 있다고 말한다. (1) 유대인의 전쟁과 후기 역사의 간략한 개요화, (2) "하나님과 그의 존재, 율법에 관한 주제로서 4권으로 구성된 책에서 왜 어떤 것이 우리에게는 허용되고 다른 사람에게는 금해지는가?" 이 책들은 결코 완성되지 못하였다. 『유대 고대사』에서 분산된 암시들을 종합해보면 "관습과 동기들"이란 주제의 제2권이 그의 마음 속에서 이미 틀을 잡기 시작하였다는 것을 알게 된다. 택커레이는 이 책이 저술되지 않았음을 유감스럽게 생각하는데 그 이유는 이 책이 알렉산드리아에 팔레스틴의 해석학 관계에 이해의 빛을 비추어주었을 것이기 때문이다. 유세비우스(H.E. iii, 10)와 다른 학자들이 마카비 4서를 요세푸스의 것으로 간주한 것은 잘못이다.

6. 동시대인들과 요세푸스의 관계

요세푸스는 아마도 여행하며, 그리고 팔레스틴과 로마에서 살면서 세 가지 부류의 사람들과 접촉하였을 것이다. (1) 유대인 유대교도들, (2) 헬라어를 말하는 보다 광범위한 사람들, (3) 로마인들. 동시대인들과의 요세푸스의 관계를 살피면서 택커레이는 또한 유대교, 헬레니즘, 기독교와 그와의 관계를 평가한다.

『유대 전쟁사』를 저술한 원어인 아람어를 요세푸스는 능통하게 사용하였을 것이다. 비록 그가 제사장이며 저술가였지만 에발트(Ewald)와 에더샤임(Edersheim)의 주장에 동조하는 택커레이는 요세푸스가 "히브리어에 취약"하였다고 믿고 있다.[5] 요세푸스의 작품 가운데서 여러 가지 예를 들어, 그가 히브리 언어학에 능통하지 못하였음을 보여준다.[6]

그럼에도 불구하고 한번 이상 히브리어에서 직접 번역을 하였다고 주장한다. 『유대 고대사』에서 그는 이렇게 말하고 있다. "본서는 히브리어 기록들에서 번역된 것으로 우리의 고대 역사와 제도를 완전하게 이야기할 것이다."『아피온에 반대하여』의 초두에서 요세푸스는 주장한다. "본서를 개관하면서…나는 단순히 히브리어 책을 헬라어로 번역하고 있으며 내 편에서 어떤 것을 첨가하거나 삭제하지 않고 이야기를 반복하도록 약속함을 밝힌다."

요세푸스는 어떤 성경 사본을 사용하였는가? 택커레이는 이 문제에 대한 특별 연구에서 다니엘서를 중점적으로 탐사하여 요세푸스가 70인경을 사용하였다는 결론을 얻었다. "팔경(Octateuch)은 구약의 다른 책들과 구분된다." 택커레이에 따르면 이 유대인 역사가는 전 저서를 통하여 70인경을 사용하였는데, 에스드라 1서와 마카비 1서와 같은 외경까지도 포함하고 있다. 요세푸스가 사용했던 사본은 그가 죽은지 200년 후에 나타난 안디옥의 루키안(Lucian)이 발행한 70인경에 더 가깝다. "그것은 보다 많은 고대의 자료를 보존한 것으로 알려져 있으며" 비판학자들이 "루키안 사본의 원형"이라 불리우는 필사본에 의존하고 있다. 모세오경 부분에서 70인경이 다소 덜 사용되었다. 택커레이는 여호수아, 사사기, 그리고 룻기에서는 70인경의 이용을 찾을 수 없었으며, 여기서 요세푸스가 어떤 아람어 탈굼을 사용하였을 가능성이 있다고 주장한다.

7. 헬레니즘과의 관계

이미 지적한 대로 요세푸스의 작품들은 주로 교육받은 그리스인 독자들을 대상으로 하였기 때문에 그는 훌륭한 문학형식을 사용하여 자신의 책을 신중하게 저술하였다. 헬레니즘의 성행기에 그리스 저술가들은 코이네 헬라어를 경시하고 페리클레스(Pericles) 시대의 아틱 헬라어(the Attic)로 복귀하려는 경향이 있었다. 요세푸스도 아틱 헬라어 부흥에 동조하여서 당시에 통용되던 코이네 헬라어를 회피하려고 노력하였다. 그는 자기의 작품들 가운데서 어떠한 아람어적 요소도 배제하고, 모든 상스러운 말을 근절하며, 70인경 번역본의 어떤 단어들은 보다 문학적인 단어들로 대치하였다.

세련된 형식을 취하기 위하여 그는 그리스적 문학형식과 언어에 뛰어난 사람들로부터 도움을 받았다. 『아피온에 반대하여』(Ⅱ:50)에서 그는 25년 전에 『유대 전쟁사』의 헬라어판을 준비하면서 그리스적 형식 때문에 수명의 협력자를 고용하였음을 밝히고 있다. 『유대 전쟁사』는 고전적 헬라어-형식에 있어서 특출하게 뛰어난-로 저술되었다. 『유대 고대사』는 그 형식이 더욱 더 고르지가 않다. 택커레이는 두 부분으로 구분하여 처음의 5권은 거의가 요세푸스의 작품이 아니라고 믿고 있다. 이 부분에 속하는 것은 제15~16권(보조 a로 불리움)과 제17권, 제18권, 제19권의 1~275(보조 b로 불리움)이 있다. 『기독교의 태두』(Beginnnigs of Christianity)의 "요세푸스" 연구와 해스팅(Hasting)의 『성경사전』에 기고한 그의 글, 『인간 요세푸스와 역사가』(Josephus, The Man and Historian)에서 택커레이는 두 보조 내용의 특징이 무엇인지를 보여준다.

요세푸스는 그의 작품들에서 그리스 문학과 상당히 친숙함을 보여준다. 그는 자신의 형식을 발전시키기 위하여 어떤 작가들 다수를 참고했음에 틀림이 없다. 요세푸스는 상당한 정도에까지 투키디데스(Thucydides)를 모방하였는데, 특히 『유대 고대사』 XⅦ-XⅨ에서 뚜렷이 나타나며 같은 작품의 다른 곳에서도 발견된다. 요세푸스 이전의 여러 역사가들 역시 투키디데스에게 상당한 교훈을 취하였다. 그외에도 요세푸스는 헤로도투스(Herodotus), 크세노폰(Xenophon), 폴리비우스(Polybius), 할리카르나수스의 디오니시우스(Dionysius of Halicannassus)를 인용하였다.

그리스의 시인들이 자유롭게 요세푸스의 작품들에서 인용되고 있다. 그는 호머와 비극 작가들(Tragedians), 소포클레스(Sophocles), 유리피데스(Euripides), 그리고 다른 시인들과 친숙함을 보여주었다. 이 유대인 역사가의 마음 속에는 그리스적 표현과 사상체계가 가득하였다. 그는 유대인의 세 종파, 즉 바리새파, 사두개파, 에세네파와 그리스의 스토아 학파, 에피쿠로스 학파, 피타고라스 학파들과 비교하였다.

8. 기독교와 요세푸스의 관계

요세푸스는 팔레스틴이나 로마 어느 곳에서건 그리스도의 생애와 기독교의 교훈을 친히 접할 수 있는 기회를 가졌다. 요세푸스가 살아

있는 동안 그리스도인들에 대한 끔직한 박해가 두번 있었다. 요세푸스가 그의 여러 작품들을 저술하고 있던 동안에 기독교는 A.D. 2세기 초에 가졌던 것과 동일한 영향력을 행사하지는 못하였지만 그럼에도 불구하고 그가 기독교의 주장에 무지하였다는 것은 거의 불가능한 일이다.

『유대 고대사』에서 그는 세례 요한과 "주의 형제" 야고보에 대하여 두번 언급하고 있다. 예수 그리스도와 접촉하였던 두 인물에 대한 두 곳의 언급이 사실임은 의심의 여지가 없다. 『유대 고대사』 XVIII, 116 ~ 119에서 요세푸스는 분봉왕 요한에 의하여 세례 요한이 투옥되어 살해된 것을 묘사하였다. 그 내용이 복음서들의 것과 상이하기는 하지만 구태여 모순된다고 하기 보다는 오히려 복음서 기자들의 내용을 보충한다고 봐야 한다.

다른 곳인 『유대 고대사』 XX. 200~203에서 최근에 대제사장에 임명된 아나누스(Ananus)가 그리스도라 불리운 예수의 형제 야고보를 산헤드린 공회에 출두시켜 그가 율법을 범하였다고 고소하여 돌에 맞아 죽는 형을 언도받게 하였다고 기술되어 있다. 아나누스의 이러한 행위가 많은 유대인 고관들의 분노를 자극하여 그들은 아그립바 왕에게 비밀 서한을 보내어 대제사장이 장래에는 그러한 짓을 하지 못하게 해주기를 청원하였다. 어떤 이들은 또한 새로운 지방 총독 알비누스(Albinus)가 알렉산드리아에서 유대로 오는 도중에 그에게 불평을 호소하였다. 그 결과 아나누스는 알비누스에게 견책을 당하고 아그립바 왕에 의하여 그 지위를 박탈당하였다.

『유대 고대사』 XVIII에서 그리스도에 대한 언급이 나오는데 많은 논란이 여기에 대하여 있어왔다. 많은 학자들은 그것을 어떤 그리스도인의 삽입으로 보아 거절하지만 다른 학자들은 그것의 진정성을 옹호하였다. 그 내용은 다음과 같다.

> 만일 그가 한 인간으로 불리워야 한다면 이제까지 예수는 현명한 인간으로 살았다. 왜냐하면 그는 경이로운 행동을 실행한 자였고, 기쁨으로 진리를 받는 자들의 선생이었으며, 많은 유대인과 또한 그리스 여러 국가의 많은 사람들도 그의 사람으로 만들었다. 그는 그리스도였다. 그리고 우리 가운데 유력한 인물들이 전하는 말에 따르면

빌라도가 그에게 십자가형을 선고하자 한 때 그를 사랑하였던 자들이 그에 대한 사랑을 멈추지 않았다. 그런데 그는 그들 앞에 3일만에 다시 나타났다. 이것은 그에 대하여 하나님의 선지자들이 예언한 — 이들과 일만가지 이적들이 — 대로였다. 그리고 지금까지 그의 이름에서 명칭을 딴 그리스도인이란 민족(혹은 "지파")은 소멸하지 않고 있다(『고대사』. XVIII. 63 이하).

영국의 버키트(Burkitt)와 독일의 하르낙(Harnack)은 이 내용의 진정성을 변호하였다. 이것의 진정성을 부인하는 학자들은 쉬러(Schürer), 니제(Niese), 노르덴(Norden)이며, 이들은 바울의 작품들이 그리스도인들의 노력을 통하여 현대에 전해졌다고 믿고 있다.[7]

—신구약 중간사·끝—

각 주

CHAPTER II
1. Robert & Tricot, eds. *Guide to the Bible* (Paris: Desclee & Co., 1955), II, 229–230.
2. E. J. Bickerman, "The Historical Foundations of Postbiblical Judaism," Louis Finkelstein, *The Jews, Their History, Culture, and Religion* (New York: Harper & Bros., 1949), p. 70.

CHAPTER III
1. E. R. Bury, "Alexander the Great," *Encyclopedia Britannica*, I, 571a.
2. Harold Lamb, "Alexander the Great," *The Encyclopedia Americana*, I, 370b.
3. As quoted by Dorothy Ruth Miller, *A Handbook of Ancient History in Bible Light* (New York: Fleming H. Revell Company, 1937), p. 197.
4. Lamb, pp. 370-371.

CHAPTER IV
1. Ralph Marcus, *Josephus, Jewish Antiquities, Books XII–XIV* (Cambridge: Harvard University Press, Reprinted 1957), Book xii (1.1), pp. 8–9.
2. Moses Hadas, *Aristeas to Philocrates* (New York: Harper & Brothers, 1951), pp. 98–101.
3. Dorothy Ruth Miller, *A Handbook of Ancient History in Bible Light* (New York: Fleming H. Revell Co., 1937), p. 212.

CHAPTER V
1. Conservative students hold chapter 11 of Daniel to be a prophecy, while critical scholars claim a 2nd-century Jewish author is recording historical happenings of his day.
2. Bo Reicke, *The New Testament Era, The World of the Bible from 500 B.C. to A.D. 100*, Trans. David E. Green (Philadelphia: Fortress Press, 1968), p. 51.

CHAPTER VII
1. N. Turner, "Hasmoneans," *The Interpreter's Dictionary of the Bible*, E-J, p. 530–531.
2. Ibid.

CHAPTER VIII
1. H. E. Dana, *The New Testament World*, 3d ed., rev. (Nashville: Broadmann Press, 1937), pp. 89–106.
2. "Herod," in *Dictionary of the Bible*, ed. James Hastings, rev. ed. by Frederick C. Grant and H. H. Rowley (New York: Charles Scribner's Sons, 1963), p. 379.
3. Harold H. Rowdon, "The Historical and Political Background and Chronology of the New Testament," in G. C. D. Howley, general editor, *A New Testament Commentary* (Grand Rapids: Zondervan Publishing House, 1969), pp. 57–66.

CHAPTER IX
1. Norman H. Snaith, *The Jews from Cyrus to Herod* (Nashville: Abingdon Press, 1957), p. 195.
2. A. Robert and A. Tricot, *Guide to the Bible* (Paris: Society of St. John the Evangelist, 1955), II, 288.
3. Elmer W. K. Mould, *Essentials of Bible History* (New York: The Ronald Press, 1951), p. 475.

NOTES

4. Henry Snyder Gehman, *The New Westminster Dictionary of the Bible* (Philadelphia: The Westminster Press, 1970), p. 742.
5. Ibid. p. 817.
6. As cited by Snaith, p. 197.
7. W. E. Oesterley, *The Jews and Judaism During the Greek Period* (London: S.P.C.K., 1941), pp. 240 ff.
8. Charles T. Fritsch, *The Qumran Community* (New York: The Macmillan Co., 1956), pp. 90–103.
9. Frank Moore Cross, *The Ancient Library of Qumran* (Garden City, N.Y.: Doubleday & Co., 1961), pp. 100–103.
10. H. St. J. Thackeray, *Josephus. The Jewish War*. Bks. I–III (New York: G. P. Putnam's Sons, 1927), II, 11, 381–382.
11. Merrill C. Tenney, *The New Testament, An Historical and Analytical Survey* (Grand Rapids: Wm. B. Eerdmans Pub. Co., 1953), p. 140.
12. F. F. Bruce, *Second Thoughts on the Dead Sea Scrolls* (Grand Rapids: Wm. B. Eerdmans Pub. Co., 1956).
13. Robert F. Pfeiffer, *History of New Testament Times* (New York: Harper & Bros., 1949), p. 36.

CHAPTER X

1. W. O. E. Oesterley, "Angelology and Demonology in Early Judaism," T. W. Manson, *A Companion to the Bible* (Edinburgh: T. & T. Clark, 1947), p. 340.
2. G. R. Beasley-Murray, "The Apocryphal and Apocalytic Literature," R. Davidson, (ed.) *The New Bible Commentary* (Grand Rapids: Wm. B. Eerdmans Pub. Co., 1953), p. 54.
3. Robert C. Dentan, *The Apocrypha, Bridge of the Testaments* (Greenwich: The Seabury Press, 1954), p. 107.
4. Ibid., p. 109.
5. Ibid., p. 111.
6. A. Robert and A. Tricot, *Guide to the Bible*, II, 268.
7. Beasley-Murray, pp. 55–56.
8. Ibid., p. 56.
9. As cited by W. O. E. Oesterley, *The Jews and Judaism During the Greek Period* (London: S.P.C.K., 1941), p. 131.

CHAPTER XI

1. Moses Hadas, *Aristeas to Philocrates (Letter of Aristeas)* (New York: Harper & Bros., 1951), pp. 92–227; H. St. J. Thackeray, *The Letter of Aristeas* (London: S.P.C.K., 1917), pp. 21–87. Frederick W. Danker, *Multipurpose Tools for Bible Study* (St. Louis: Concordia Publishing House, 1960), pp. 63–67.
2. W. F. Howard, "The Greek Bible," in H. Wheeler Robinson, *The Bible in Its Ancient and English Versions* (Oxford: Clarendon Press, 1940), p. 44.
3. F. F. Bruce, *The Books and the Parchments* (London: Pickering & Inglis, Ltd., 1950), pp. 146–147.
4. Robert H. Pfeiffer, *Introduction to the Old Testament* (New York: Harper & Bros., 1948), p. 114.
5. Ibid., p. 107.
6. Bleddyn J. Roberts, *The Old Testament Text and Versions* (Cardiff: University of Wales Press, 1951), p. 103.
7. John L. McKenzie, *Dictionary of the Bible* (Milwaukee: Bruce Publishing Co., 1965), p. 787.
8. Ibid., p. 787.
9. B. Wevers, "The Septuagint," *The Interpreter's Dictionary of the Bible, R–Z*, p. 276.

NOTES

10. Sidney Jellicoe. *The Septuagint and Modern Study* (Oxford: Clarendon Press. 1968). pp. 314–329; Wevers. p. 277.
11. McKenzie. p. 787.
12. Henry Snyder Gehman. *The New Westminster Dictionary of the Bible.* (Philadelphia: The Westminster Press. 1970). p. 972.
13. Menahem Mansoor. *The Dead Sea Scrolls* (Grand Rapids: Wm. B. Eerdmans. 1966). pp. 84–85; F. M. Cross. *The Ancient Library of Qumran* (Garden City. N. Y.: Doubleday & Co.. 1961). pp. 163–194.
14. J. de Fraine. "Septuagint." Louis F. Hartman. *Encyclopedic Dictionary of the Bible* (New York: McGraw-Hill Book Co.. 1963). p. 2169.
15. Sir Frederick Kenyon. *The Text of the Greek Bible* (London: Duckworth. 1949). pp. 29–30.
16. Harry M. Orlinsky. "Current Progress and Problems in Septuagint Research." Harold R. Willoughby (ed.). *The Study of the Bible Today and Tomorrow* (Chicago: The University of Chicago Press. 1947). p. 152.
17. Roberts. at the request of Paul Kahle. made this appraisal. cf. Paul Kahle. "Der gegenwärtige Stand der Erforschung der in Palästina Neugefundenen Handschriften." *Theologische Literaturzeitung*, 79. cols. 81–94. 1954.
18. D. Barthelmy. "redecouverte d'un Chainon Manquant de L'Histoire Septant." *Revue Biblique*. 60:18–29. 1953.
19. Wevers. p. 277.

CHAPTER XII

1. Robert G. Boling. "Twenty Years of Discovery." in *New Directions in Biblical Archaeology*. ed. David Noel Freedman and Jonas C. Greenfield (Garden City. Y. Y.: Doubleday & Co.. Inc.. 1969). pp. 81–88.
2. Frank M. Cross. "Dead Sea Scrolls." *Encyclopedia Britannica*. (1971 ed.) VII. 117–120.
3. Frank Moore Cross. "Papyri of the Fourth Century B. C. from Daliyeh." in *New Directions in Biblical Archaeology*. pp. 45–69.
4. ——. "The Oldest Manuscripts from Qumran." *Jour. of Biblical Literature*. 74:164. September 1955.
5. J. A. Fitzmeyer. "Dead Sea Scrolls." *The New Catholic Encyclopedia*, IV. 678. 680.
6. Cf. the discussion in Menahem Mansoor. *The Dead Sea Scrolls* (Grand Rapids: Wm. B. Eerdmans Pub. Co.. 1966). pp. 137–142.
7. Merrill Unger. "Manuscripts. Dead Sea." *Unger's Bible Dictionary* (Chicago: Moody Press. 1958). p. 693.
8. John Marco Allegro. *The Dead Sea Scrolls* (Baltimore: Penguin Books. 1956). p. 102.
9. Ibid.. p. 105.
10. Ibid.. p. 106.
11. J. T. Milik. *Ten Years of Discovery in the Wilderness of Judea* (Naperville. Ill.: Alec R. Allenson. Inc.. 1959). p. 38.
12. W. H. Brownlee. "A Comparison of the Covenanters' Dead Sea Scrolls with Pre-Christian Jewish Sects." *Biblical Archaeologist*. (1950). XIII. 50–52.
13. Milik. p. 38.
14. Edward Blair. "The Dead Sea Scrolls." *The Interpreter's One Volume Commentary on the Bible*. ed. Charles M. Laymon (Nashville and New York: Abingdon Press. 1971). pp. 1066–1067.
15. Milik. p. 39.
16. Menahem Mansoor. *The Thanksgiving Hymns* (Grand Rapids: Wm. B. Eerdmans. 1961). pp. 99–104.
17. Theodore H. Gaster. *The Dead Sea Scrolls in English Translation* (New York: Garden City: Doubleday & Co.. Inc.. 1956). p. 111.
18. Ibid.. p. 112.

NOTES

19. Cf. Joseph Augustine Fitzmeyer. *The Genesis Apocryphon of Qumran Cave I; A Commentary* (Rome: Pontifical Biblical Institute. 1966).
20. Cf. John Marco Allegro. *The Treasure of the Copper Scroll* (Garden City. New York: Doubleday & Co.. Inc.. 1960). 191 pp.
21. Frank M. Cross. *The Ancient Library of Qumran and Modern Biblical Studies* (New York: Doubleday Doran. 1961). p. 21.
22. Mansoor. pp. 88–97.
23. Ibid., pp. 88–94.
24. Yigael Yadin. "The Temple Scroll." in *New Directions in Biblical Archaeology*. pp. 139–148.
25. Ibid., p. 143.
26. Cross. "The Dead Sea Scrolls." *The Encyclopedia Britannica* (1971 ed.). VII. 118.
27. Cf. Mansoor. pp. 164–193.

CHAPTER XIII

1. F. W. Filson. *Which Books Belong in the Bible?* (Philadelphia: The Westminster Press. 1957). pp. 73–100.
2. F. F. Bruce. *The Books and the Parchment* (Westwood. New Jersey: Fleming H. Revell and Co.. 1955). p. 157.
3. Edgar J. Goodspeed. *The Story of the Apocrypha* (Chicago: The University of Chicago Press. 1939). p. 11.
4. Merrill F. Unger. *Introductory Guide to the Old Testament* (Grand Rapids: Zondervan Pub. House. 1951). p. 96.

CHAPTER XIV

1. A. Robert and A. Tricot. *Guide to the Bible. An Introduction to the Study of Holy Scriptures* (Rome: Society of St. John the Evangelist. 1951). I. 123.
2. W. O. E. Oesterley. "The Apocrypha and Pseudepigrapha." in T. W. Manson. *A Companion to the Bible* (Edinburgh: T. & T. Clark. 1947). p. 81.
3. Robert Dentan. *The Apocrypha, the Bridge of the Testaments* (Greenwich. Conn.: The Seabury Press. 1954). p. 44.
4. Bruce M. Metzger. *An Introduction to the Apocrypha* (New York: Oxford, University Press. 1957). pp. 11–12.
5. Meyer Waxman. *A History of Jewish Literature*. (New York: Bloch Publishing Co.. 1930). I. 41.
6. Oesterley. *An Introduction to the Books of the Apocrypha*. p. 155–156.
7. Waxman. p. 39.
8. Ibid., p. 41.
9. G. H. Box. "IV Ezra." R. H. Charles. *The Apocrypha and Pseudepigrapha of the Old Testament* (Oxford: At the Clarendon Press. 1913). II. 552.
10. W. O. E. Oesterley. *An Introduction to the Books of the Apocrypha* (London: S.P.C.K.. 1953). pp. 179–180.
11. Bruce M. Metzger. *An Introduction to the Apocrypha* (New York: Oxford University Press. 1957). p. 31.
12. W. K. Lowther Clarke. *Concise Bible Commentary* (New York: The Macmillan Co.. 1953). p. 640.
13. Meyer Waxman. *A History of Jewish Literature* (New York: Bloch Pub. Co.. 1930). I. 13.
14. Clarke. *Concise Bible Dictionary*. p. 645.
15. Goodspeed. *Story of the Apocrypha*. p. 63.
16. Waxman. *History of Jewish Literature*. I. 16.
17. Ibid., p. 17.
18. Otto Eissfeldt. *Einleitung in das Alte Testament unter Einschluss der Apokryphen und Pseudepigraphen* (Tübingen: Verlag J. C. B. Mohr. 1956). p. 739.

19. Meyer Waxman, I, 22.
20. Frederick L. Moriarity, *Foreword to Old Testament Books* (Weston, Mass.: Weston College Press, 1934), p. 103.
21. Edgar J. Goodspeed, *The Story of the Apocrypha* (Chicago: The University of Chicago Press, 1939), p. 101.
22. Bruce M. Metzger, *An Introduction to the Apocrypha*, p. 107.
23. Charles Cutler Torrey, *The Apocryphal Literature* (New Haven: Yale University Press, 1945), p. 56.
24. W. K. Lowther Clarke, *Concise Bible Commentary*, p. 661.
25. Ibid., p. 661.
26. Greek text in Pitca, *Analecta sacra;* quoted in R. H. Charles, *The Apocrypha and Pseudepigrapha of the Old Testament: I Apocrypha* (Oxford: Clarendon Press, 1971), 645.
27. Metzger, *An Introduction to the Apocrypha*, p. 115.
28. Edgar J. Goodspeed, *The Story of the Apocrypha* (Chicago: The University of Chicago Press, 1939), p. 74.
29. W. O. E. Oesterley, *An Introduction to the Books of the Apocrypha* (London: S.P.C.K., 1953), p. 292.
30. Torrey, *The Apocryphal Literature*, p. 69.
31. Metzger, p. 125.
32. W. O. E. Oesterley, *The Books of the Apocrypha* (New York: Fleming H. Revell Company, 1914), p. 412.
33. Waxman, *A History of Jewish Literature*, I, 10.
34. Goodspeed, *The Story of the Apocrypha*, p. 79.
35. Ibid., p. 81.
36. Cf. Clarke, p. 679.
37. Ibid., p. 678.
38. L. H. Brockington, *A Critical Introduction to the Apocrypha* (London: Gerald Duckworth & Co., Ltd. 1961), p. 118.
39. Paul Heinisch, *Theology of the Old Testament*, English ed. by Rev. William Heidt (Collegeville, Minn., 1950), p. 266.

CHAPTER XV

1. H. S. Miller, *General Biblical Introduction* (Houghton, New York: The World-Bearer Press, 1944), p. 120.
2. R. H. Charles, *The Book of Enoch* (London: SPCK, 1952), pp. ix, x.
3. R. H. Charles, *The Apocrypha and Pseudepigrapha of the Old Testament* (Oxford: at the Clarendon Press, 1913), II, v.
4. Torrey, *Apocryphal Literature*, pp. 135–145.
5. Waxman, *A History of Jewish Literature*, p. 27.
6. Henry Snyder Gehman, ed., *The New Westminster Dictionary of the Bible* (Philadelphia: The Westminster Press, 1970), p. 776.

CHAPTER XVI

1. Pfeiffer, "The Literature and Religion of the Pseudepigrapha," p. 421.
2. R. H. Charles, *Religious Development between the Old and New Testaments* (London: Oxford University Press, rpt. 1956), p. 228.
3. J. E. H. Thomson, "Apocalyptic Literature," *International Standard Bible Encyclopedia*, I, 176b.
4. R. H. Charles, *Religious Development between the Old and New Testaments* (London: Oxford University Press, 1956), p. 230.
5. E. Littmann, "Das Buch der Jubiläen," *Die Apokryphen und Pseudepigraphen des Alten Testaments* (Tübingen: Verlag von J. C. B. Mohr, 1900), II, 37.
6. J. E. H. Thomson, "Apocalytic Literature," *International Standard Bible*

Encyclopedia (Grand Rapids: Wm. B. Erdmans Pub. Co., 1939), I, 173b.
7. Robert H. Pfeiffer, "The Literature and Religion of the Pseudepigrapha," *The Interpreter's Bible* (Nashville: Abingdon-Cokesbury Press, 1952), I, 422b.
8. Charles Cutler Torrey, *The Apocryphal Literature* (New Haven: Yale University Press, 1944), pp. 127–129.
9. William John Ferrar, *The Uncanonical Jewish Books* (London: SPCK, 1925), p. 66.
10. Pfeiffer, *Interpreter's Bible*, I, 424.
11. Charles, *The Apocrypha and Pseudepigrapha of the Old Testament*, II, 158.
12. Charles C. Torrey, *The Lives of the Prophets* (Journal of Biblical Literature. Monograph Series, Vol. I; (Philadelphia: Society of Biblical Literature and Exegesis, 1946.)
13. ———. *The Apocryphal Literature: A Brief Introduction* (New Haven, Yale Univ. Press, 1945), p. 139.
14. Ibid., p. 139.
15. Thomson.... *Bible Encyclopedia*, p. 177b.
16. Torrey, p. 143.
17. Robert H. Pfeiffer, *History of New Testament Times* (New York: Harper & Bros., Publishers, 1949), p. 70.
18. M. R. James, *Apocrypha Anecdota*, 2nd Series (Cambridge: at the University Press, 1897), pp. lxxii–cii, as cited by Torrey, p. 141.
19. Torrey, *The Apocryphal Literature*, p. 131.
20. R. Pfeiffer, *Interpreter's Bible*, p. 426.
21. Torrey, *Apocryphal Literature*, p. 116.
22. R. Pfeiffer, *Interpreter's Bible*, p. 431.
23. Aage Bentzen, *Introduction to the Old Testament* (Copenhagen: G. E. C. Gads Forlag, 1948), II, 248.
24. Thomson.... *Bible Encyclopedia*, p. 168a, b.
25. R. H. Charles, *The Book of Enoch* (London: SPCK, 1952), pp. 31, 56, 95, 129. Cf. also pp. xix–xxviii.
26. H. H. Rowley, *The Relevance of Apocalyptic*, p. 54.
27. Torrey, *Apocryphal Literature*, p. 110.
28. Pfeiffer, "The Religion and Literature of the Pseudepigrapha," *Interpreter's Bible*, I, 426.
29. *Psalmoi Solomontos: Psalms of the Pharisees, Commonly Called the Psalms of Solomon* (Cambridge: Cambridge University Press, 1891). (Noted in Pfeiffer, p. 426.)
29a. Pfeiffer, *Interpreter's Bible*, I, 426.
30. Ibid., p. 427.
30a. Ibid., p. 426.
31. Ibid., pp. 433–434.
32. Waxman, Meyer. *A History of Jewish Literature from the Close of the Bible to Our Own Days* (New York: Bloch Pub. Co., 1938), I, 11.
33. Ferrar, p. 20.
34. Moses Hadas, *The Third and Fourth Book of the Maccabees* (New York: Harper & Bros., 1953), p. 3.
35. Torrey, *The Apocryphal Literature*, p. 82.
36. Otto Eissfeldt, *Einleitung in das Alte Testament*. 3., neubearbeitete Auflage (Tübingen: Verlag J. C. B. Mohr, 1964), p. 721.
37. Waxman, p. 25.
38. Ferrar, p. 102.
39. Torrey, p. 104.
40. R. H. Charles, *Religious Development Between the Old and New Testaments*, p. 219.
41. Pfeiffer, *The Interpreter's Bible*, I, 432.

42. Bleddyn J. Roberts. *The Old Testament Text and Versions* (Cardiff: University of Wales Press. 1951). p. 102.
43. H. G. Meecham. *The Oldest Version of the Bible: Aristeas on its Traditional Origin* (London: Holborn Publishing House. 1932.)
44. Moses Hadas. *Aristeas to Philocrates (Letter to Aristeas)* (New York: Harper & Bros.. 1951). p. 18.
45. As given by Ferrar. p. 57.
46. R. H. Charles. *Religious Development between the Old and New Testaments* (London: Oxford University Press. 1956). p. 227.
47. Bentzen. p. 237.

CHAPTER XVII

1. R. M. Wenley. "Philo. Judaeus." *The International Standard Bible Encyclopedia*. IV. 2380a.
2. Peter Katz. "Philo of Alexandria." Lefferts A. Loetscher (editor). *Twentieth Century Encyclopedia of Religious Knowledge*. II. 877.
3. George Foot Moore. *Judaism in the First Centuries of the Christian Era. The Age of the Tannaim* (Cambridge: Harvard University Press. 1954; Schocken 1971). I. 211–212.
4. Wenley. p. 2381a.
5. Alfred Edersheim. *The Life and Times of Jesus the Messiah* (Grand Rapids: Wm. B. Eerdmans Pub. Co.. 1936). I. 41.
6. Katz. p. 877.
7. Alfred Martin Rehwinkel. *New Testament World* (St. Louis: Concordia Mimeo Company. 3rd revised ed.. no date). p. 162.
8. Norman Bentwich. *Philo-Judaeus of Alexandria* (Philadelphia: The Jewish Publication Soc. of America. 1910). pp. 165–166.
9. Wenley. p. 2382.
10. Ch. Guignebert. *The Jewish World in the Time of Jesus* (New York: E. P. Dutton & Co.. 1939). p. 226.
11. Ibid.. p. 227.
12. Ibid.. p. 227.
13. Frank H. Marshall. *The Religious Background of Early Christianity*. (St. Louis: The Bethany Press. 1931). p. 112.
14. Ibid.. p. 112.

CHAPTER XVIII

1. Ralph Marcus. "Hellenistic Jewish Literature." *The Jewish People: Past and Present* (New York: Jewish Encyclopedic Handbook. 1952). III. 45.
2. H. St. John Thackeray. "Josephus." in A. Cohen. ed.. *Judaism and the Beginnings of Christianity* (New York: Bloch Pub. Co.. 1924). p. 178.
3. H. St. John Thackeray. *Josephus, the Man and the Historian* (New York: Jewish Institute of Religion Press. 1929). Cf. chap. 3. pp. 51–74.
4. Thackeray. "Josephus." in *Judaism* etc.. pp. 187–188.
5. Ibid., pp. 190–191.
6. Ibid., pp. 191–192.
7. Cf. also Joseph Klausner. *Jesus of Nazareth. His Life. Times. and Teaching*. trans. Herbert Danby (New York: The Macmillan Co.. 1929). pp. 55–59.

참 고 문 헌

CHAPTER I

Bickerman. *From Ezra to the Last of the Maccabees.* New York: Schocken Books. 1962.

Bruce. F. F. "Between the Testaments." *The New Bible Commentary: Revised.* Ed. D. Guthrie and J. A. Motyer. Grand Rapids: Wm. B. Eerdmans Pub. Co.. 1970. Pp. 59 – 63.

Charles. R. H. *Religious Developments Between the Old and New Testaments.* New York: Oxford University Press. 1919.

Grant. Frederick C. "The World into Which Christianity Came." *The Bible Companion.* ed. William Neil. New York. Toronto. London: McGraw-Hill Book Co.. Inc.. 1961. Pp. 73 – 94.

Mantey. Julius Robert. "New Testament Backgrounds." *The Biblical Expositor,* ed. Carl F. Henry. Philadelphia: A. J. Holman Company. 1960. III. 3 – 14.

Peters. F. E. *The Harvest of Hellenism.* A History of the Near East from Alexander the Great to the Triumph of Christianity. New York: Simon and Shuster. 1970. 800 pp.

Russell. D. S. *Between the Testaments.* Philadelphia: Fortress Press. 1960.

Schalit. Abraham. ed. *The Hellenistic Age.* New Brunswick: Rutgers University Press. 1972.

Sloan. W. W. *A Survey Between the Testaments.* Paterson. N. J.: Littlefield Adams & Co.. 1954.

Wallace. David H. "Between the Testaments." *The Holy Bible. Revised Standard Version.* Verse Reference Edition. Philadelphia: A. J. Holman Company. 1962. Pp. 1207 – 1213.

CHAPTER II

Ackroyd. Peter R. *Israel under Babylon and Persia.* New York: Oxford University Press. 1970. Pp. 162 – 292.

Daniel-Rops. Henry. *Sacred History.* Trans. K. Madge. New York: Longmans. Green and Co.. 1949. Pp. 241 – 276.

Driver. G. R. *Aramaic Documents from the Fifth Century.* Oxford: At the Clarendon Press. 1957. 106 pp.

Förster. Werner. *Palestinian Judaism in New Testament Times.* Trans. by Gordon E. Harris. Edinburgh and London: Oliver and Boyd. 1964. Pp. 11 – 21.

Gordon. Cyrus H. *Introduction to the Old Testament.* Ventnor. N. J.: Ventnor Publishers. Inc.. 1953. Pp. 257 – 268.

Harrison. R. K. *A History of the Old Testament.* Grand Rapids: Zondervan Pub. House. 1957. Pp. 225 – 235.

Heinisch. Paul. *History of the Old Testament.* Trans. William Heidt. Collegeville. Minn.: St. John's Abbey Press. 1952. Pp. 308 – 353.

Margolis. Max L.. and Marx. Alexander. *A History of the Jewish People.* Philadelphia: The Jewish Publication Society of America. 1927. Pp. 119 – 133.

Moore. George Foot. *Judaism.* Cambridge. Mass.; Harvard University Press. 1927. I. 3 – 36.

BIBLIOGRAPHY

Mould, Elmer W. K. *Essentials of Bible History*. Rev. ed. New York: The Ronald Press, 1951. Pp. 345–372.

Myers, J. M. *The World of Restoration*. Englewood Cliffs, N. J.: Prentice Hall, 1968. 182 pp.

Noth, Martin. *The History of Israel*. New York: Harper & Bros., 1958. Pp. 299–343.

Oesterley, W. O. E. *A History of Israel*. Oxford: At the Clarendon Press, 1932. II, 33–172.

Olmstead, A. T. *History of the Persian Empire*. Chicago: The University of Chicago Press, 1948. Pp. 343–479.

Price, I. M. and Sellers, O. R., and Carlson, E. L. *The Monuments and the Old Testament*. Philadelphia: The Judson Press, 1958. Pp. 313–343.

Robinson, H. Wheeler. *The History of Israel*. London: Duckworth, 1938. Pp. 143–165.

Rogers, Robert William. *A History of Persia*. New York: Charles Scribner's Sons, 1929. Pp. 35–260.

Snaith, Norman H. *The Jews from Cyrus to Herod*. Nashville: Abingdon Press, (no date). Pp. 7–20.

Willett, Herbert L. *The Jews Through the Centuries*. Chicago: Willett, Clark and Co., 1932. Pp. 132–165.

CHAPTER III

Albright, William Foxwell. *From the Stone Age to Christianity*. Garden City, New York: Doubleday and Co., 1957. Pp. 334–379.

Bevan, Edwyn Robert. "Alexander III Known as the Great." *Encyclopedia Britannica*. Chicago: Encyclopedia Britannica, Inc., 1957. I, 561–571.

Bickerman, Elias J. "The Historical Foundations of Postbiblical Judaism." In Finkelstein, Louis, (ed.) *The Jews, Their History, Culture, and Religion*. New York: Harper & Bros. Publishers. 1949. I, 86–114.

Botsford, G. W. and Robinson, C. A. *Hellenic History*. New York: The Macmillan Co., 1956. Pp. 287–341.

Curtius, Rufus Quintus. *History of Alexander*. Trans. by J. C. Rolfe. Cambridge, Mass.: Harvard University Press, 1946. 2 vols.

Davis, W. Hersey and MaDowell, Edward A. *A Source of Interbiblical History*. Nashville: Broadman Press, 1948. Pp. 3–10.

Heinisch, Paul. *History of the Old Testament*. Trans. William Heidt. Collegeville, Minn.: St. John's Abbey, 1952. Pp. 354–359.

Laistner, G. A. *History of the Greek World from 479 to 323 B C*. London: Methuen & Co., 1947. Pp. 291–327.

Lamb, Harold. "Alexander the Great." *The Encyclopedia Americana*. New York: Americana Corporation, 1957. I, 367–371.

Matthews, Shailer. *New Testament Times in Palestine*. New York: The Macmillan Co., 1933. Pp. 3–38.

Miller, Dorothy Ruth. *A Handbook of Ancient History in the Light of the Bible*. New York: Fleming H. Revell Co., 1937. Pp. 186–199.

Oesterley. W. O. E. *The Jews and Judaism During the Greek Period*. London: SPCK. 1941. Pp. 1 – 11.

——. *A History of Israel*. Oxford: At the Clarendon Press. 1932. II. 175 – 187.

Olmstead. A. T. *History of the Persian Empire*. Chicago: The University of Chicago Press. 1948. Pp. 486 – 524.

Pfeiffer. Charles F. *Between the Testaments*. Grand Rapids: Baker Book House. 1959. Pp. 67 – 70.

Reicke. Bo. *The New Testament Era*. Trans. David E. Green. Philadelphia: Fortress Press. 1968. Pp. 35 – 41.

Ricciotti. Giuseppe. *The History of Israel*. Trans. C. D. Penta and R. T. H. Murphy. Milwaukee: Bruce Publishing Co.. 1958. 2nd ed. II. 206 – 235.

Robinson. Charles A. *Alexander the Great: the Meeting of East and West in World Government and Brotherhood*. New York: E. P. Dutton and Co. 1953 (?). 252 pp.

Rogers. Robert William. *A History of Persia*. New York: Charles Scribner's Sons. 1929. Pp. 261 – 376.

Savill. Agnes. *Alexander the Great and His Times*. New York: The Citadel Press. 1955. 300 pp.

Tarn. W. W. "The New Hellenistic Kingdoms." In *The Cambridge Ancient History*. New York: The Macmillan Co.. 1928. VII. pp. 75 – 108.

——. *The Greeks in Bactria and India*. New York: The Macmillan Co.. 1938.

Taylor. Lily Ross. *The Divinity of the Roman Emperor*. Middletown. Conn.: American Philosophical Assn.. 1931. Pp. 1 – 35.

Tcherikover. V. "The Hellenistic Environment." In Schalit. Abraham. *The Hellenistic Age*. New Brunswick: Rutgers University Press. 1972. Pp. 5 – 114.

CHAPTER IV

Bailey, Albert E.. and Foster. Charles E. *History of the Hebrew Commonwealth*. New York: Charles Scribner's Sons. 1920.

Bevan. Edwyn. *Jerusalem Under the High-Priests*. London: Edward Arnold. Ltd.. 1958 printing. Pp. 21 – 27; 45 – 48.

Box. C. H. *Judaism in the Greek Period*. London: Oxford University Press. 1932.

Daniel-Rops. *Sacred History*. Trans. K. Madge. New York: Longmans, Green, and Co.. 1949. Pp. 333 – 343.

Hadas. Moses. *Aristeas to Philocrates*. New York: Harper & Bros., 1951. Pp. 98 – 101.

Heinisch. Paul. *History of the Old Testament*. Trans. William Heidt. Collegeville. Minn.: St. John's Abbey Press. 1952. Pp. 357 – 363.

Marcus. Ralph. ed.. *Josephus. Jewish Antiquities*. Bk. XII. Cambridge: Harvard U. Press. 1943. rpt. 1957. Pp. 8 – 9.

Miller. Dorothy Ruth. *A Handbook of Ancient History*. New York: Fleming H. Revell and Co., 1937. Pp. 209 – 219.

Oesterley, W. O. E. *A History of Israel*. Oxford: At the Clarendon Press, 1951. II. 189 – 201.

Pfeiffer. Charles F. *Between the Testaments*. Grand Rapids: Baker Book House. 1959. Pp. 71-76.

Radin, Max. *The Jews among the Greeks and Romans*. Philadelphia: The Jewish Publication Soc. of America. 1915. Pp. 90 – 117.

Reicke, Bo. *The New Testament Era. The World of the Bible from 500 B. C. to A. D. 100*. Trans. David Green. Philadelphia: Fortress Press. 1968. Pp. 41 – 48.

Robinson, H. Wheeler. *The History of Israel*. London: Duckworth, 1938. Pp. 166 – 173.

Rostovzeff, M. "Ptolemaic Egypt." In *Cambridge Ancient History*. New York: The Macmillan Co., 1928. VII. 109 – 154.

Snaith, Norman H. *The Jews from Cyrus to Herod*. New York: The Abingdon Press. 1956. Pp. 25 – 30.

Tarn, W. W. "The Hellenistic Kingdoms." *The Cambridge Ancient History*. VII. 75 – 108.

Thompson, J. A. *Archaeology and the Pre-Christian Centuries*. Grand Rapids: Wm. B. Eerdmans Pub. Co., 1958. Pp. 80 – 99.

CHAPTER V

Albright, William Foxwell. *From the Stone Age to Christianity*. Baltimore: Johns Hopkins Press, 1940. Pp. 256 – 275.

Bentwich, Norman. *Hellenism*. Philadelphia: The Jewish Publication Soc. of America, 1919. 386 pp.

Bevan, E. R. *The House of Seleucus*. London: Arnold, 1902. Vol. 1, 300 pp. Vol. II, 332 pp.

Bickermann, Elias. *From Ezra to the Last of the Maccabees*. New York: Schocken Books, 1962. Pp. 93 – 112.

Förster, Werner. *Palestinian Judaism in New Testament Times*. Trans. George E. Harris. Edinburgh & London: Oliver and Boyd, 1964. Pp. 31 – 37.

Heinisch, Paul. *History of the Old Testament*. Trans. William Heidt. Collegeville, Minn.: St. John's Abbey, 1950. Pp. 357 – 362.

Iliffre, J. H. "Seleucidae." *Chamber's Encyclopedia*. XII, 405 – 406.

Joughet, P. *Macedonian Imperialism and the Hellenization of the East*. New York: Alfred Knopf, 1928.

Margolis, Max L., and Marx, Alexander. *A History of the Jewish People*. Philadelphia: The Jewish Publication Soc. of America, 1927. Pp. 134 – 141.

Oesterley, O. W. E. *History of Israel*. Oxford: at the Clarendon Press, 1951. II, 202 – 214.

Peters, F. E. *The Harvest of Hellenism*. New York: Simon and Schuster, 1970. Pp. 220 – 260.

Pfeiffer, C. H. *Between the Testaments*. Grand Rapids: Baker Book House, 1959. Pp. 77 – 82.

Reicke, Bo. *The New Testament Era. The World of the Bible from 500 B. C. to A. D. 100*. Trans. David E. Greene. Philadelphia: Fortress Press, 1968. Pp. 49 – 57.

Ricciotti, Guiseppe. *The History of Israel. From the Exile to A. D. 135*. Trans. Penta, C. D., and Murphy, R. T. A. 2nd ed., Milwaukee: Bruce Pub. House, 1958. II. 37 – 52.

Schürer, Emil. *A History of the Jewish People in the Time of Jesus Christ*. Edinburgh: T. & T. Clark, 1890. First Division, I. 117 – 186.

BIBLIOGRAPHY

Snaith, Norman H. *The Jews from Cyrus to Herod.* New York: Abingdon Press, (no date). Pp. 31–44.

Tcherikover, Victor. *Hellenistic Civilization and the Jews.* Philadelphia: The Jewish Publication Soc., 1959. 566 pp.

Turner, M. "Seleucus." *The Interpreter's Dictionary of the Bible,* R-Z. Pp. 266–267.

——. "Antiochus." *The Interpreter's Dictionary of the Bible,* A-D. Pp. 149–152. 152.

CHAPTER VI

Baron, Salo Wittmayer. *A Social and Religious History of the Jews.* 2nd rev. ed. New York: Columbia University Press, 1952. Vol. I., Part 1.

Baron, Salo W. and Blau, Joseph L. *Judaism, Postbiblical and Talmudic.* New York: The Liberal Arts Press, 1954. Pp. 3–14.

Bevan, Edwyn. *Jerusalem under the High Priests.* London: Edward Arnold, 1958 printing. Pp. 69–99.

Bickerman, Elias. *From Ezra to the Last of the Maccabees.* New York: Shocken Books, 1962. Pp. 112–135.

Davis, W. Hersey and McDowell, Edward A. *A Source Book for Interbiblical History.* Nashville: The Broadman Press, 1948. Pp. 43–216.

Harrison, R. K. *A History of Old Testament Times.* Grand Rapids: Zondervan Pub. House, 1957. Pp. 237–251.

——. *Old Testament Times.* Grand Rapids: Wm. B. Eerdmans Pub. Co., 1970. Pp. 309–333.

Heinisch, Paul. *History of the Old Testament.* Trans. William Heidt. Collegeville, Minn.: St. John's Abbey, 1952. Pp. 363–369.

Hutchison, J. "Maccabaeus, Maccabees." In *The International Standard Bible Encyclopedia.* Grand Rapids: Wm. B. Eerdmans Pub. Co., 1939. III, 1946a–1947b.

Margolis, M. L. and Marx, Alexander. *A History of the Jewish People.* Philadelphia: The Jewish Publication Soc. of America, 1927. Pp. 142–149.

Orlinsky, H. M. "Maccabees, Maccabean Revolt." *The Interpreter's Dictionary of the Bible,* K-Q. Pp. 197–201.

Pfeiffer, Charles F. *Between the Testaments.* Grand Rapids: Baker Book House, 1959. Pp. 91–95.

Radin, Max. *The Jews among the Romans.* Philadelphia: The Jewish Publication Soc. of America, 1915. Pp. 118–190.

Reicke, Bo. *The New Testament Era. The World of the Bible from 500 B. C. to A. D. 100.* Trans. David E. Green. Philadelphia: Fortress Press, 1968. Pp. 63–76.

Ricciotti, Giuseppe. *The History of Israel.* Trans. by Penta, C. D., and Murphy, R.T.A. 2nd ed. Milwaukee: Bruce Pub. House, 1958. II, 236–279.

Riggs, James Stevenson. "The Maccabees." In *Funk and Wagnall's New "Standard" Bible Dictionary.* New York: Funk and Wagnalls Co., 1936. Pp. 531–532.

Schürer, Emil. *A History of the Jewish People in the Time of Jesus Christ.* Edinburgh: T. & T. Clark, 1890. First Division. I, 219–272.

BIBLIOGRAPHY

Snaith, Norman. *The Jews from Cyrus to Herod.* New York and Nashville: Abingdon Press, no date. Pp. 31–44.

CHAPTER VII

Baron, Salo, W. *A Social and Religious History of the Jews.* New York: Columbia University Press, 1952. I, 212–233.

Bevan, Edwyn. *Jerusalem Under the High Priests.* London: Edward Arnold, 1958 Printing. Pp. 100–131.

Cornfeld, Galyahu, et al. *Pictorial Biblical Encyclopedia.* New York: The Macmillan Co., 1964. Pp. 370–377.

Dosker, Henry E. "Asmoneans." In *The International Standard Bible Encyclopedia.* I, 283a–286b.

Farmer, W. R. *Maccabees: Zealots and Josephus.* New York: Columbia University Press, 1956. 239 pp.

Förster, Werner. *Palestinian Judaism in New Testament Times.* Trans. Gordon E. Harris. Edinburgh and London: Oliver and Boyd, 1964. Pp. 68–81.

Goldin, Judah. "The Period of the Talmud." In Finkelstein, Louis, ed. *The Jews, Their History, Culture, and Religion.* New York: Harper & Bros., 1949. I, 119–127.

Heinisch, Paul. *History of the Old Testament.* Trans. William Heidt. Collegeville, Minn.: St. John's Abbey, 1952. Pp. 369–374.

Margolis, M. L. and Marx, Alexander. *A History of the Jewish People.* Philadelphia: The Jewish Publication Soc. of America, 1927. Pp. 150–168.

Oesterley, W. O. E. *A History of Israel.* Oxford: At the Clarendon Press, 1932. II, 273–303.

———. *The Jews and Judaism During the Greek Period.* London: S.P.C.K., 1941. Pp. 26–36.

Pfeiffer, Charles F. *Between the Testaments.* Grand Rapids: Baker Book House. Grand Rapids: Baker Book House, 1959. Pp. 97–102.

Reicke, Bo. *The New Testament Era. The World of the Bible from 500 B. C. to A. D. 100.* Trans. David E. Green. Philadelphia: Fortress Press, 1968. Pp. 67–73.

Ricciotti, Giuseppe. *The History of Israel.* Trans. Penta, C. D., and Murphy, R. T. A. 2nd ed. Milwaukee: Bruce Pub. House, 1958. II, 280–303.

Schürer, Emil. *A History of the Jewish People in the Times of Jesus Christ.* Edinburgh: T. & T. Clark, 1890. I, 212–399.

Turner, N. "Hasmoneans." *The Interpreter's Dictionary of the Bible.* E-J. Pp. 529–535.

CHAPTER VIII

Balsdon, J.P.V.D. "The Roman Empire in the First Century." *Peak's Commentary of the Bible.* Pp. 699–704.

Baron, Salo W. *A Social and Religious History of the Jewish People.* New York: Columbia University Press, 1952. I, 238–285.

Corbishley, T. "The History of Israel (130 B. C. – A. D. 70)." *A Catholic Commentary on Holy Scriptures.* Thomas Nelson & Sons, 1953. Pp. 96–102.

Davis, W. Hersey and McDowell, Edward A. *A Source Book for Interbiblical History.* Nashville: The Broadman Press, 1948. Pp. 217–612.

BIBLIOGRAPHY

Förster, Werner. *Palestinian Judaism in New Testament Times.* Trans. Gordon E. Harris. Edinburgh and London: Oliver and Boyd, 1964. Pp. 92–105.

Grant, Michael. *The Jews in the Roman World.* New York: Charles Scribner's Sons, 1973. Pp. 1–260.

Hadas, Moses. *Hellenism.* New York: Columbia University Press, 1959.

Heinisch, Paul. *History of the Old Testament.* Trans. William Heidt. Collegeville, Minn.: St. John's Abbey, 1952. Pp. 375–383.

Hoehner, Harold. *Herod Antipas.* Cambridge: At the University Press, 1972. 437 pp.

Jones, A. H. M. *The Herods of Judea.* Oxford: At the Clarendon Press, 1938. 271 pp.

Oesterley, W. O. E. *A History of Israel.* Oxford: At the Clarendon Press, 1932. II, 400–407.

Perowne, Stewart *The Life and Times of Herod the Great.* London: Hodder and Stoughton, 1957. 186 pp.

——. *The Later Herods.* Nashville: Abingdon Press, 1959. 232 pp.

Pfeiffer, Charles F. *Between the Testaments.* Grand Rapids: Baker Book House, 1959. Pp. 103–110.

Radin, Max. *The Jews Among the Greeks and Romans.* Philadelphia: The Jewish Publication Soc. of America, 1915. Pp. 210–327.

Reicke, Bo. *The New Testament Era. The World of the Bible from 500 B. C. to A. D. 100.* Translated by David E. Green. Philadelphia: Fortress Press, 1968. Pp. 77–107.

Ricciotti, Giuseppe. *The History of Israel.* Trans. Penta, C.D. and Murphy, R. T. A. 2nd ed. Milwaukee: Bruce Pub. House, 1958. II, 304–320; 366–401.

Sandmel, Samuel. *The First Christian Century in Judaism and Christianity. Certainties and Uncertainties.* New York: Oxford University Press, 1969.

Schürer, Emil. *A History of the Jewish People in the Times of Jesus Christ.* Edinburgh: T. & T. Clark, 1890. Vol. II, Division I, 1–248.

Thompson, J. A. *Archaeology and the Pre-Christian Centuries.* Grand Rapids: Wm. B. Eerdmans Pub. Co., 1958. Pp. 95–133.

CHAPTER IX

Baron, Salo. W. and Blau, Joseph L. *Judaism Postbiblical and Talmudic Period.* New York: Liberal Arts Press, 1954. Pp. 72–100.

Black, M. "The Development of Judaism in the Greek and Roman Periods." *Peake's Commentary on the Bible.* Pp. 693–698. Rev. by Matthew Black and H. H. Rowley, New York, Edinburgh, London: Thomas Nelson and Sons, Ltd., 1962.

Cross, Frank Moore. *The Ancient Library of Qumran.* Garden City, New York: Doubleday & Co., Inc., 1961.

Guignebert, C. *The Jewish World in the Time of Jesus.* Trans. S. H. Hooke. London: Routledge & Kegan Paul, Ltd., 1935. Pp. 161–210.

Herford, R. Travers. "The Significance of Pharisaism." In *Judaism and the Beginnings of Christianity.* New York: Block Publishing Co., 1924. Pp. 125–166.

——. *Pirke Aboth.* New York: Block Publishing Company, 1930. 176 pp.

——. *The Pharisees.* New York: The Macmillan Co., 1924. 248 pp.

Johnson, Sherman E. *Jesus in His Homeland.* New York: Charles Scribner's Sons. 1957. Pp. 10–67.

Kohler, Kaufmann. *The Origins of the Synagogue and the Church.* New York: The Macmillan Company. 1929. Pp. 29–52; 108–150.

LaSor, William. *Amazing Dead Sea Scrolls.* Chicago: Moody Press. 1956. Pp. 177–203.

Leaney, A. R. C., ed. Hanson, R. P. C., and Posen, J., *A Guide to the Scrolls.* Naperville, Ill.: SCM Book Club. 1958. Pp. 54–78.

Levison, N. *The Jewish Backgrounds for Christianity.* Edinburgh: T. & T. Clark. 1932. Pp. 143–185.

Moore, George Foot. *Judaism.* Cambridge: Harvard University Press. 1954. I, 37–47; 56–71.

Odeberg, Hugo. *Pharisaism and Christianity.* Trans. J. M. Moe. St. Louis: Concordia Publishing House. 1964. 112 pp.

Pfeiffer, Charles. *Between the Testaments.* Grand Rapids: Baker Book House. 1959. Pp. 111–120.

Riddle, Donald. *Jesus and the Pharisees.* Chicago: The University of Chicago Press. 1928. 193 pp.

Russell, D. S. *Between the Testaments.* Philadelphia: Muhlenberg Press. 1960. Pp. 48–57.

Schürer, Emil. *A History of the Jewish People in the Time of Jesus Christ.* Edinburgh: T. & T. Clark. 1890. Volume II, Part II, 4–43; 188–218.

Schubert, Kurt. *Die Religion des nachbiblischen Judentums.* Freiburg: Verlag Herder Wien. 1955. Pp. 69–79.

Tenney, Merril C. *The New Testament. A Historical and Analytical Survey.* Grand Rapids: Wm. B. Eerdmans Pub. Co. 1953. Pp. 137–143.

Tricot, A. "The Jewish World at the Time of Our Lord." In Robert, A., and Tricot, A., *Guide to the Bible.* Paris: Desclee & Co. 1955. II, 287–296.

Vermes, Geza. *Discovery in the Judean Desert.* Paris: Desclee Company. 1956. Pp. 64–75.

CHAPTER X

Beasley-Murray, G. R. "The Apocryphal and Apocalyptic Literature." In Davidson, F. ed. *The New Bible Commentary.* Grand Rapids: Wm. B. Eerdmans Co. 1953. Pp. 53–57.

Bonsirven, J. *Le Judaisme Palestinien au Temps de Jesus-Christ.* Paris: Beauchesne. 1950. 250 pp.

———. "Judaism in the Christian Era." In Robert, A., and Tricott, A., *Guide to the Bible.* Paris: Desclee & Co. 1955. II, 468–484.

Bruce, F. F. *Second Thoughts on the Dead Sea Scrolls.* Grand Rapids: Wm. B. Eerdmans Pub. Co. 1956. Pp. 70–84.

Charles, R. H. *Religious Development Between the Old and New Testaments.* London: Oxford University Press. 1914. Pp. 12–183.

Clarke, W. K. Lowther. *Concise Bible Commentary.* New York: The Macmillan Co. 1953. Pp. 99–117.

Dana, H. E. *The New Testament World.* Fort Worth, Tex.: Pioneer Pub. Co., 1928. Pp. 125–139.

Davies, W. D. *Torah in the Messianic Age and/or Age to Come.* Philadelphia: Soc. of Biblical Literature, 1952. 99 pp.

"Development of Jewish Religion in the Period Between the Old and New Testaments." Dummelow, J. R. *A Commentary on the Holy Bible.* New York: The Macmillan Co., 1946. Pp. lxvi–lxxiii.

Edersheim, Alfred. *The Life and Times of Jesus the Messiah.* New York: Longmans, Green and Co., 1899. I, 1–92.

Fairweather, F. W. "Development of Doctrine in the Apocryphal Period." *Hasting's Dictionary of the Bible.* V, 272–309.

Fuller, Leslie E. "The Religious Development of the Intertestamental Period." Eiselen, F. L., Lewis, Edwin, and Downey, David G. *The Abingdon Commentary.* Nashville: Abingdon-Cokesbury Press, 1929. Pp. 200–213.

Hawley, Charles Arthur. *The Teachings of the Apocrypha and Apocalypse.* New York: Association Press, 1925. 165 pp.

Heinisch, Paul. *History of the Old Testament.* Trans. William Heidt. Collegeville, Minn.: St. John's Abbey, 1952. Pp. 410–422.

Johnson, Norman B. *Prayer in the Apocrypha and Pseudepigrapha. A Study in the Jewish Concept of God.* Philadelphia: Soc. of Biblical Literature, 1948.

Marcus, Ralph. *Law in the Apocrypha.* New York: Columbia University Press, 1927. 116 pp.

McKenzie, J. L. "The Jewish World in New Testament Times." *A Catholic Commentary on Holy Scriptures.* New York: Thomas Nelson & Sons, 1953. Pp. 736–741.

Oesterley, W. O. E. *An Introduction to the Books of the Apocrypha.* London: SPCK, 1955. Pp. 74–110.

Pfeiffer, Robert H. *History of New Testament Times.* New York: Harper & Bros., Publishers, 1949. Pp. 46–59.

Russell, D. S. *Between the Testaments.* Philadelphia: Fortress Press, 1960. Pp. 119–162.

Rylaarsdam, J. Coert. *Revelation in Jewish Wisdom Literature.* Chicago: The University of Chicago Press, 1946. 128 pp.

Snaith, Norman H. *The Jews from Cyrus to Herod.* New York: Abingdon-Cokesbury Press, no date. Pp. 195–203.

Wicks, Henry J. *The Doctrine of God in Jewish Apocryphal Literature.* London: Hunter & Longhurst, 1915. 371 pp.

CHAPTER XI

Bentzen, Aage. *Introduction to the Old Testament.* 2nd ed., Copenhagen: G. E. C. Gads Vorlag, 1952. I, 75–92.

Bruce, F. F. *The Book and the Parchments.* Westwood, New Jersey: Fleming H. Revell Co., 1953. Rev. ed. Pp. 141–155.

Conybeare, F. C., and Stock, George. *Selections from the Septuagint.* Chicago: Ginn & Co., 1905. Pp. 1–98.

BIBLIOGRAPHY

Danker, Frederick W. *Multipurpose Tools for Bible Study*. St. Louis: Concordia Pub. House. 1960. Pp. 63–95.

Deismann, C. Adolf. *Bible Studies*. Edinburgh: T. & T. Clark. 1901. 384 pp.

Dodd, C. H. *The Bible and the Greeks*. London: Hodder and Stoughton. 1935. 264 pp.

Eissfeldt, Otto. *Einleitung in das Alte Testament*. Tübingen: Verlag J. C. B. Mohr (Paul Siebeck). 1956. Pp. 855–869.

Filson, Floyd V. "The Septuagint and the New Testament." *The Biblical Archaeologist*, 9:34–42. (May 1946).

Gautier, Lucien. *Introduction a L' Ancien Testament*. Lausanne: Libraire Payot & Cie. 1939. II, 467–476.

Harrison, Everett F. "The Importance of the Septuagint for Biblical Studies." *Bibliotheca Sacra*, 112:344–355, October 1955; 113:37–45, January 1956.

Howard, F. W. "The Greek Bible." In *The Bible in Its Ancient and Modern Versions*, Robinson, H. Wheeler, ed. Oxford: at the Clarendon Press. 1940. Pp. 39–82.

Jellicoe, Sidney. *The Septuagint and Modern Study*. Oxford: at the Clarendon Press, 1968. 423 pp.

Kahle, P. E. *The Cairo Geniza*. London: Oxford University Press. 1947. Pp. 189–264.

———. *Die Massoreten des Westens*. Stuttgart: Verlag von W. Kohlhammer, 1927. I, 89 pp.; (1930), II, 68 pp.

Kenyon, F. *Our Bible and the Ancient Manuscripts*. New York: Harper & Bros., Publishers, 1941. Pp. 91–134.

———. *The Text of the Greek Bible*. London: Duckworth, 1949. Pp. 24–65.

Klein, Ralph. *Textual Criticism of the Old Testament. From the Septuagint to Qumran*. Philadelphia: Fortress Press, 1974. Pp. 11–50.

Meecham, H. G. *The Old· · Version of the Bible*. London: Oxford University Press, 1932.

Metzger, E. E. "The Septuagint." In Flack, E. E. *The Text, Canon and Versions of the Bible*. Grand Rapids: Baker Book House, 1956. Pp. 50–53.

Muser, C. A. *The Septuagint Bible. The Oldest Version of the Old Testament*. Indian Hills, Colorado: The Falcon's Wing Press, 1954. 1426 pp.

Nestle, Ed. "Septuagint." *A Dictionary of the Bible*. Hastings, James, ed. New York: Charles Scribner's Sons, 1911. IV, 437b–454a.

Orlinsky, Harry M. "Current Progress and Problems in Septuagint Research." In Willoughby, Harold R. ed. *The Study of the Bible Today and Tomorrow*. Chicago: The University of Chicago Press, 1947. Pp. 144–161.

———. "The Septuagint and the New Testament." *Biblical Archaeologist*, 9:21–34, May 1946.

———. *On the Present State of Proto-Septuagint Studies*, New Haven: American Oriental Soc. Offprint Series, No. 13. Pp. 81–91.

Ottley, Richard C. *A Handbook of the Septuagint*. New York: E. P. Dutton & Co., 1919. 296 pp.

———. "Septuagint." *Encyclopedia Britannica*, 1957. XX, 335–337.

Paret, Oscar. *Die Bibel, Ihre Überlieferung in Druck und Schrift.* 2te Durchgesehene Auflage. Stuttgart: Privileg. Württ. Bibelanstalt, 1950. Pp. 59–59; 65–75.

Pfeiffer, Robert H. *Introduction to the Old Testament.* New York: Harper & Bros., Publishers, 1948. Pp. 114–119.

Price, Ira Maurice. *The Ancestry of the English Bible.* 3rd revised ed. by William A. Irwin and Allen P. Wikgren. New York: Harper & Bros., Publishers, 1956. Pp. 50–82.

Ralfs, A. *Septuaginta.* Würtemberg: Würtembergische Bibelgesellschaft, 1935. 2 vols.

Roberts, Bleddyn J. *The Old Testament Text and Versions.* Cardiff: University of Wales Press, 1950. Pp. 101–187.

Swete, Henry Barclay. *An Introduction to the Old Testament in Greek,* Cambridge: at the University Press, 1914. 626 pp.

The Septuagint Version of the Old Testament with an English Translation. London: Samuel Bagster and Sons Ltd., no date. 1132 pp.

Unger, Merrill F. *Introductory Guide to the Old Testament.* Grand Rapids: Zondervan Pub. House, 1950. Pp. 148–164.

Wevers, J. W. "Septuagint," *The Interpreter's Dictionary of the Bible.* R–Z, pp. 273–278.

Würthheim, Ernst. *The Text of the Old Testament.* Trans. Peter R. Ackroyd. Oxford: Basil Blackwell, 1957. Pp. 34–55.

CHAPTER XII

Allegro, John M. *The Dead Sea Scrolls.* Baltimore: Penguin Books, 1956. Pp. 83–93.

Bruce, B. B. *Second Thoughts on the Dead Sea Scrolls.* Grand Rapids: Wm. B. Eerdmans Pub. Co., 1956. Pp. 70–84.

———. *Biblical Exegesis in the Qumran Texts.* Grand Rapids: Wm. B. Eerdmans Pub. Co., 1959. Pp. 7–36.

Burrows, Millar. *The Dead Sea Scrolls.* New York: The Viking Press, 1956. Pp. 371–415.

———. *More Light on the Dead Sea Scrolls.* New York: The Viking Press, 1958. Pp. 177–187; 387–404.

Cross, Frank Moore. *The Ancient Library of Qumran and Modern Biblical Studies.* New York: Doubleday & Co., 1961. Pp. 1–37.

———. "The Dead Sea Scrolls," *The Interpreter's Bible.* Buttrick, George Arthur, general ed. New York: Abingdon Press, 1957. XII, 650–667.

Danielou, Jean. *The Dead Sea Scrolls and Primitive Christianity.* New York: New American Library, 1962. 128 Pp.

De Waard, J. A. *Comparative Study of the Old Testament Text in the Dead Sea Scrolls and in the New Testament.* Leiden: E. J. Brill, 1965. 101 pp.

Dupont-Sommer, A. *The Dead Sea Scrolls.* New York: The Macmillan Co., 1952. Pp. 25–96.

———. *The Essene Writings from Qumran.* Trans. G. Vermes. Cleveland and Chicago: Meridian Books, 1961.

BIBLIOGRAPHY

———. *The Jewish Sect of Qumran and the Essenes.* Trans. R. D. Barnett. London: Valentine, Mitchell & Co., Ltd., 1954. Pp. 38–76.

Eissfeldt, Otto. *Einleitung in das Alte Testament.* 2te Aulage. Tübingen: Verlag J. C. B. Mohr (Paul Siebeck), 1956. Pp. 788–822.

Fitzmeyer, J. A. "Dead Sea Scrolls." *The New Catholic Encyclopedia.* IV, 676–681.

———. "Qumran Community." *The New Catholic Encyclopedia.* XII, 33–35.

Freedman, David Noel, and Greenfield, Jonas, C. *New Directions in Biblical Archaeology.* Garden City, New York: Doubleday & Co., 1969. Pp. 63–148; 167–170.

Fritsch, Charles T. *The Qumran Community.* New York: The Macmillan Co., New York: 1956. Pp. 16–76.

Gaster, Theodore H. *The Dead Sea Scriptures in English Translation.* New York: Garden City: Doubleday Co., 1956. Pp. 1–327.

Graystone, Geoffrey. *The Dead Sea Scrolls and the Originality of Christ.* New York: Sheed E. Ward, 1956. 117 pp.

Howie, Carl G. *The Dead Sea Scrolls and the Living Church.* Richmond, Va.: John Knox Press, 1958 Pp. 15–44.

La Sor, William Sanford. *Amazing Dead Sea Scrolls.* Chicago: Moody Press, 1956. Pp. 1–86.

Leaney, A. R. C. *The Rule of Qumran and Its Meaning.* London: SCM Press, 1966. 310 pp.

Mansoor, Menahem. *The Dead Sea Scrolls.* Grand Rapids: Wm. B. Eerdmans, 1964. 210 pp.

Murphy, Roland E. *The Dead Sea Scrolls and the Bible.* Westminster, Md.: The Newman Press, 1957.

Rabin, Chaim. *Qumran Studies.* London: Oxford University Press, 1957. Pp. 1–135.

———. *The Zadokite Documents.* Oxford: at the Clarendon Press, 1954. 95 pp.

Ringgren, Helmer. *The Faith of Qumran.* Trans. Emilie T. Sander. Philadelphia: Fortress Press, 1963. 310 pp.

Rowley, H. H. *The Zadokite Fragments and the Dead Sea Scrolls.* Oxford: Basil Blackwell, 1952. Pp. 1–30.

Thompson, J. A. *Archaeology and the Pre-Christian Centuries.* Grand Rapids: Wm. B. Eerdmans Pub. Co., 1958. Pp. 100–120.

Unger, Merrill F. *The Dead Sea Scrolls and Other Amazing Archaeological Discoveries.* Grand Rapids: Zondervan Pub. House, 1957. Pp. 5–15.

Van der Ploeg, J. *The Excavations at Qumran.* Trans. Kevin Smith. New York: Longmans, Green & Co., 1958. Pp. 1–29; 150–188.

———. *Le Rouleau de la Guerre.* Translation, Connotation, and Introduction in French. Leiden: E. J. Brill, 1959. 198 pp.

Vermes, Geza. *Discovery in the Judean Desert.* New York: Desclee Co., 1956. Pp. 157–204.

Wernberg-Moeller, P. *The Manual of Discipline.* Grand Rapids: Wm. B. Eerdmans Pub. Co., 1957. 180 pp.

Yadin, Yigael. *The Message of the Scrolls.* New York: Simon and Schuster, 1957. 192 pp.

CHAPTER XIII

Bentzen, Aage. *Introduction to the Old Testament.* Copenhagen: G. E. C. Gads Forlag, 1952. II. Pp. 218–236.

Bonsirven, Joseph. *La Bible Apocryphe en Marge de L'Ancien Testament.* Paris: Libraire Artheme Fayard, 1953. 335 pp.

Brockington, Leonard Herbert. *A Critical Introduction to the Apocrypha.* London: Duckworth, 1961. 170 pp.

Bruce, F. F. *The Books and the Parchments.* Westwood, New Jersey: Fleming H. Revell Co., 1955. Pp. 156–167.

Charles, R. H., ed., *The Apocrypha and Pseudepigrapha of the Old Testament.* New York: Oxford University Press, 1913. I, 684 pp.

———. *Religious Development Between the Old and New Testaments.* London: Oxford University Press, 1914. Pp. 184–219.

Clarke, W. K. Lowther. *Concise Bible Commentary.* New York: The Macmillan Co., 1953. Pp. 629–684.

Conway, Joan. *Who's Who in the Old Testament Together with Apocrypha.* New York, Chicago, San Francisco: Holt, Reinhart & Winston, 1971.

Davies, Thomas Witton. "The Apocrypha." *The International Standard Bible Encyclopedia.* I, 179–183.

Dentan, Robert D. *The Apocrypha-Bridge of the Testaments.* Greenwich, Conn.: The Seabury Press, 1954. 122 pp.

———. "Apocrypha, Old Testament." *Encyclopedia Britannica,* 1971, II, 117–119.

Dimmer, Catherine, *The Old Testament Apocrypha.* New York: Hawthorne Books, Publishers, 1964. 154 pp.

Dosker, Harry E. "Between the Testaments." *The International Standard Bible Encyclopedia* I, 455a–458b.

Eissfeldt, Otto. *Einleitung in das Alte Testament unter Einschluss der Apokryphen, Pseudepigraphen sowie der apokryphischen and pseudepigraphischen Qumran-Schriften.* 2te Auflage. Tübingen: J. C. B. Mohr (Paul Siebeck), 1956. Pp. 707–745.

Ferrar, William John. *The Uncanonical Jewish Books.* London: S.P.C.K., 1918. Pp. 11–48.

Frey, J. B., F. Vigheuk, ed. "Apocryphes de L'Ancien Testament." in L. Pirot's *Supplement au Dictionnaire de la Bible.* I, cols. 354–459.

Fritzsche, Otto Fridolin, und Willibald Grimm. *Kurzgefasstes Exegetisches Handbuch zu den Apokryphen des Alten Testaments.* Weidmannsche Buchhandlung, 1851-60. 6 volumes.

Goodspeed, Edgar J. *The Story of the Apocrypha.* Chicago: The University of Chicago Press, 1939. 150 pp.

Harrison, R. K. *Introduction to the Old Testament.* Grand Rapids: Wm. B. Eerdman's Pub. Co., 1969. Pp. 1173–1276.

BIBLIOGRAPHY

Kautzsch, Emil. *Die Apokryphen und Pseudepigraphen des Alten Testaments.* Tübingen: Verlag von J. C. B. Mohr (Paul Siebeck). 1900. Band I. 506 pp.

Malden R H. "The Books of the Apocrypha. Introduction." *The Story of the Bible: Told by Living Writers of Authority.* New York: Wiseman & Co., 1948. III. 845–891.

Manz, K. G. "The Opinions of Modern Scholars on the Origin of the Various Apocryphal Books." *Concordia Theological Monthly.* 12:658–686, September 1941; 12:744–768, October 1941.

Marcus, Ralph. "The Future of Intertestamental Studies." In *The Study of the Bible.* Willoughby, Harold. ed. Chicago: The University of Chicago Press. 1947. Pp. 190–208.

McCown, C. C. "Apocrypha." *The Universal Jewish Encyclopedia.* I, 422–424.

Marcus, Ralph. "Hellenistic Jewish Literature." in *The Jewish People, Past and Present.* New York: Jewish Encyclopedia Handbooks, Inc., 1952. III. 40–53.

Oesterley, W. O. E. *An Introduction to the Books of the Apocrypha.* London: SPCK. 1953. Pp. 133–327.

———. "The Influence of the Apocrypha on New Testament Thought." *The Story of the Bible.* New York: Wiseman & Co., 1948. III. 934–942.

———. *The Books of the Apocrypha. Their Origin, Teaching and Contents.* New York: Fleming H. Revell Co., 1914. 553 pp.

———. "The Apocrypha and Pseudepigrapha." in *A Companion of the Bible.* Manson, T. W., ed. Edinburgh: T. & T. Clark, 1947. Pp. 78–97.

———. "The Witness of the Apocrypha to Religious, Eternal Verities." *The Story of the Bible.* New York: Wiseman & Co., 1948. III. 892–910.

Pfeiffer, R. H. "Apocrypha." *The Twentieth Century Encyclopedia of Religious Knowledge.* I, 50b–52a.

———. *History of New Testament Times, with An Introduction to the Apocrypha.* New York, Harper & Bros., Publishers, 1949. Pp. 233–524.

———. "The Literature and Religion of the Apocrypha." Buttrick, George, ed. *The Interpreter's Bible.* Nashville: Abingdon Press, 1952. I, 391–419.

Rylaarsdam, J. Coert. "Intertestamental Studies Since Charles' Apocrypha and Pseudepigrapha." In Willoughby, Harold R. ed. *The Study of the Bible Today and Tomorrow.* Chicago: The University of Chicago Press. 1947. Pp. 32–51.

Ryle, H. E. "Introductions to the Books Called Apocrypha." in Barnes, W. Emery, ed. *A Companion to Biblical Studies.* Cambridge: at the University Press, 1916. Pp. 154–162.

Steinmueller, John E. *A Companion to Scripture Studies.* New York: Joseph F. Wagner, Inc., 1941. II, 103–155.

Torrey, Charles Cutler. *The Apocryphal Literature.* New Haven: Yale University Press, 1945. Pp. 1–103.

Tricot, A. "The Apocrypha of the Old and New Testaments." In Robert, A., and Tricot, A., *Guide to the Bible.* Paris: Desclee & Co., 1951. I, 61–66.

Unger, Merrill. *Introductory Guide to the Old Testament.* Grand Rapids: Zondervan Pub. House, 1951. Pp. 81–114.

Young, C. Douglas. "The Apocrypha." in Henry, Carl F. H. ed., *Revelation and the Bible.* Grand Rapids: Baker Book House, 1959. Pp. 169–185.

Walker, Thomas. "The Historical Background of the Books of the Apocrypha." *The Story of the Bible*. New York: Wiseman & Co., 1948. III, 911–933.

CHAPTER XIV
The Complete Apocrypha Available in English Versions

The Apocrypha According to the Authorized Version. London: Oxford University Press, no date. 292 pp.

The Apocrypha, King James Version, with an introduction by Robert H. Pfeiffer. New York: Harper & Bros., no date. 295 pp.

The Apocrypha, The Revised Standard Version. Oxford University Press, 1885.

The New English Bible with the Apocrypha. Oxford and Cambridge: at the University Press, 1970. Pp. 1–275 (Apocrypha Section).

Goodspeed, E. J., *The Apocrypha. An American Translation*. Chicago: The University of Chicago Press, 1938. 493 pp.

The Apocrypha, Revised Standard Version. New York: Thomas Nelson & Sons, 1957. 250 pp.

Monsignor Knox. *The Holy Bible. A Translation from the Latin Vulgate in the Light of Hebrew and Greek Originals*. New York: Sheed and Ward, 1956. Pp. 419–452; 574–629; 737–743; 805–809; 858–908.

Commentaries on the Apocrypha

Bissel, Edwin Cone. *The Apocrypha of the Old Testament, with Historical Introductions, a Revised Translation, and Notes Critical and Explanatory* (being J. P. Lange's Commentary on Holy Scriptures, Vol. XV). New York: Charles Scribner's Sons, 1886.

Brown, Raymond E., Fitzmyer, Joseph A., Murphy, eds. *The Jerome Biblical Commentary*. Englewood Cliffs, New Jersey, 1968. Cf. pp. 461–486, 541–555, 556–568, 614–619, 620–632.

Gore, Charles, Goudge, H. L., and Gillaume, Alfred. *A Commentary on Holy Scripture Including the Apocrypha*. New York: The Macmillan Co. 1928. Part II. pp. 1–158.

Lamparter, Helmut. *Die Apokryphen I. Das Buch Jesus Sirach*. Stuttgart: Calwer Verlag, 1972. 210 pp.

——. *Die Apokryphen, II. Weisheit Salomos, Tobias, Judith, Baruch*, Stuttgart: Calwer Verlag, 1972. 228 pp.

Laymon, Charles M. *The Interpreter's One-Volume Commentary on the Bible*. Nashville and New York, 1971. Pp. 519–606. A commentary on 15 apocryphal books by six different scholars.

Orchard, Bernard, Sutcliffe, Edmund F., Fuller, Reginald C., and Russel, Raith, eds. *A Catholic Commentary on Holy Scripture*. New York: Thomas Nelson and Sons, 1957. This commentary does not include I Esdras, II Esdras, or The Prayer of Manesseh.

Reider, Joseph. *The Book of Wisdom*. Jewish Apocryphal Literature Series. New York: published for Dropsie College for Hebrew and Cognate Learning by Harper & Bros., 1957. 233 pp.

Tedesche, Sidney, and Zeitlin, Solomon. *The First Book of Maccabees*. Jewish

Apocryphal Literature Series. New York: published for Dropsie College by Harper & Bros.. 1950. 291 pp.

——. *The Second Book of the Maccabees.* Jewish Apocryphal Literature Series. New York: published for Dropsie College by Harper & Bros.. 1954. 271 pp.

Wace. Henry. ed. *Apocrypha* (The Speaker's Commentary). London: John Murray. 1888. 2 vols.

Zimmermann. Frank. *The Book of Tobit.* Jewish Apocryphal Literature Series. New York: published for Dropsie College by Harper & Bros.. 1958. 190 pp.

CHAPTER XV

Andrews. H. T. "Apocalyptic Literature." *Peake's Commentary of the Bible.* 1920. Pp. 431–435.

Berry. G. R. "The Apocalyptic Literature of the Old Testament." *Journ. of Biblical Literature.* lxii: 9–16. 1943.

Black. M. "The Inter-Testamental Literature." In T. W. Manson–H. H. Rowley. *A Companion to the Bible.* 2nd ed. Edinburgh: T & T Clark. 1963. Pp. 81–89.

Charles. R. H. "Apocalyptic Literature." In *Cheyne and Black's Encyclopedia Biblica.* London: Adam and Charles Black. 1891. I. cols. 213–250.

Charles. R. H. "Eschatology of the Apocryphal and Apocalyptic Literature." *Hasting's Dictionary of the Bible.* I. pp. 741–749.

——. *The Religious Development between the Old and New Testaments.* London: Oxford University Press. 1914. Pp. 220–252.

Eissfeldt. Otto. *Einleitung in das Alte Testament unter Einschluss der Apokryphen und Pseudepigraphen sowie der apokryphischen und pseudepigraphenartigen Qumran-Schriften.* 2.te Auflage. Tübingen: J. C. B. Mohr (Paul Siebeck). 1956. Pp. 745–787.

Ferrar. William John. *The Uncanonical Jewish Books.* London: SPCK. 1918. Pp. 49–109.

Fox. G. George. "Pseudepigrapha." *The Universal Jewish Encyclopedia.* 9:20 a.b.

Frey. J. B. "Apocalyptic." In *Pirot's Supplement au Dictionnaire de la Bible.* I. 326–354.

Frost. Stanley Brice. *Old Testament Apocalyptic: Its Origin and Growth.* London: The Epworth Press. 1952. Pp. 210–230.

Gautier. Lucien. *Introduction a L' Ancien Testament.* Lausanne: Libraire Payot et Cie. 1939. II. pp. 382–389.

Gehman. Henry Snyder. "The Pseudepigrapha." *The New Westminster Dictionary of the Bible.* Philadelphia: The Westminster Press. 1970. Pp. 775–776.

James. Montague. Rhodes. *The Lost Apocrypha of the Old Testament.* London: SPCK. 1920. 111 pp.

Kaufmann. J. "Apokalyptik." In *Encyclopedia Judaica.* ii. cols. 1142-54.

Kohler. K. "Eschatology." In *Jewish Encyclopedia* (1903). V. pp. 209–218.

MacCulloch. J. A. "Eschatology." In *Hasting's Encyclopedia of Religion and Ethics.* V. 373–391.

McGown. C. C. "Apocalyptic Literature." *The Universal Jewish Encyclopedia.* I. 418–422.

BIBLIOGRAPHY

Mangenot. E. "Apocalypses apocryphes." In *Dictionnaire de Theologie Catholique*. I. cols. 1479 – 98.

Miller. H. S. *General Biblical Introduction*. Houghton. N.Y.: The World-Bearer Press. 1944. Pp. 120 – 121.

Oesterley. W. O. E. "The Apocrypha and Pseudepigrapha." In T. W. Manson ed. *A Companion to the Bible*. Edinburgh: T. & T. Clarke. 1947. Pp. 89 – 96.

Pfeiffer. Charles F. *Between the Testaments*. Grand Rapids: Baker Book House. 1959. Pp. 121 – 124.

Pfeiffer. Robert H. "The Literature and Religion of the Pseudepigrapha." *The Interpreter's Bible*. I. 421 – 436.

——. "The Pseudepigrapha." Loetscher. Lefferts A. *The Twentieth Century Encyclopedia of Religious Knowledge*. Baker Book House. 1955. II. 924 – 926.

Rost. Leonhard. *Einleitung in die alttestamentlichen Apokryphen und Pseud-Epigraphen. Einschliesslich der grossen Qumran Handschriften*. Halle: Quelle & Meyer. 1970.

Russel. D. S. *The Method and Message of Jewish Apocalyptic*. Philadelphia: The Westminster Press. 1964. 464 pp.

Thomson. J. E. H. "Apocalyptic Literature." *The International Standard Bible Encyclopedia*. I. 161 – 178.

Torrey. C. C. "Apocalypse." In *Jewish Encyclopedia* (1901). I. 669 – 674.

——. *The Apocryphal Literature*. New Haven: Yale University Press. 1945. Pp. 103 – 145.

Waxman. Meyer. *A History of Jewish Literature*. New York: Block Publishing Co.. 1930. I. 26 – 44.

Wilder. A. N. "The Nature of Jewish Eschatology." *Jour. of Biblical Literature*. 1931. 50:201 – 206.

CHAPTER XVI

The Testaments of the Twelve Patriarchs

Charles. R. H. *The Testaments of the Twelve Patriarchs*. Translation of Early Documents. First Series. London: Soc. for the Promotion of Christian Knowledge. 1917. 108 pp.

——. "The Testaments of the Twelve Patriarchs." In Charles. R. F. *The Apocrypha and Pseudepigrapha of the Old Testament*. Oxford: at the Clarendon Press. 1913. II. 282 – 285.

Schnapps. F. and Kautzsch. E. *Die Apokryphen und Pseudepigraphen des Alten Testaments*. Tübingen: Verlag von J. C. B. Mohr. 1900. II. 458 – 506.

The Book of Jubilees

Charles. R. H. *The Ethiopic Version of the Hebrew Book of Jubilees*. London: Oxford University Press. 1895.

——. "The Book of Jubilees." Charles. R. H. *The Apocrypha and Pseudepigrapha*. II. 1 – 82.

Littmann. E. "Das Buch der Jubiläen." Kautzsch. E. *Die Apokryphen und Pseudepigraphen*. II. 31 – 119.

The Ascension of Isaiah

Beer. G. "Das Martyrium Jesajas." Kautzsch. E. *Die Apokryphen und Pseudepigraphen.* II. 119–126.

Box. G. H. *The Apocalypse of Abraham,* and R. H. Charles. *The Ascension of Isaiah.* London: The Soc. for the Promotion of Christian Knowledge. 1918. 99 pp. and 62 pp.

Charles. R. H. "The Ascension of Isaiah." Charles. R. H. *The Apocrypha and Pseudepigrapha.* II. 155–162.

The Paralipomena of Jeremiah

Harris. James. Rendel. *The Rest of the Words of Baruch: A Christian Apocalypse of the Year 136 A.D.* London: C. J. Clay & Sons. 1899.

The Lives of the Prophets

Torrey. C. C. *The Lives of the Prophets.* Jour. of Biblical Literature. Monograph Series. Vol. I; Philadelphia: Soc. of Biblical Literature and Exegesis. 1946. 53 pp.

The Testament of Job

Mai. Cardinal. *Scriptorum Nova Collectio.* Vol. VII. Rome. 1833.

James. M. R.. *Apocrypha Anecdota.* 2nd series. Cambridge: at the University Press. 1897.

The Assumption of Moses

Clemen. C. "Die Himmelsfahrt Moses." Kautzsch. E. *Die Apokryphen und Die Pseudepigraphen.* II. 311–331.

Ferrar. William. John. *The Assumption of Moses.* Translations of Early Documents. Series I. London: Soc. for the Promotion of Christian Knowledge. 1917. 42 pp.

The Apocalypse of Baruch

Charles. R. H. *The Apocalypse of Baruch.* London: Soc. for the Promotion of Christian Knowledge. 1917. 96 pp.

——. "2 Baruch I. the Syriac Apocalypse of Baruch." Charles. R. H. *Apocrypha and Pseudepigrapha.* II. 470–532.

Kautzsch. E. "Die syrische Baruchsapokalypse." Kautzsch. E. *Die Apokryphen und die Pseudepigraphen.* II. 404–446.

The Psalms of Solomon

Harris. Rendel J. *Psalmoi Solomontos; Psalms of the Pharisees. Commonly Called the Psalms of Solomon.* Cambridge: at the University Press. 1891.

The Sibylline Oracles

Blau. F. "Die Sibyllinen." Kautzsch. E. *Die Apokryphen und Pseudepigraphen.* II. 177–217.

Lanchester. H. C. O. "Sibylline Oracles." Charles. R. H. *Apocrypha and Pseudepigrapha.* II. 368–406.

Rowley. R. R. "The Interpretation and Date of the Sibylline Oracles." *Zeitschrift fuer alttestamentliche Wissenschaft.* 1926. 44:324–327.

3 Maccabees and 4 Maccabees

Emmet. C. W. *The Third Book of the Maccabees.* London: SPCK. 1918. 75 pp.

Hadas, Moses. *The Third and Fourth Book of the Maccabees.* Jewish Apocryphal Literature. Published for Dropsie College of Hebrew and Cognate Learning by Harper & Bros., 1953. 248 pp.

The Letter of Aristeas

Hadas, Moses. *Aristeas to Philocrates* (Letter of Aristeas). Jewish Apocalyptical Literature. Published for Dropsie College by Harper & Bros., 1951. 233 pp.

Thackeray, H. St. J., *The Letter of Aristeas.* London: Society for the Promotion of Christian Knowledge, 1917. 117 pp.

Wendland, P., in Kautzsch, *Die Apokryphen und Pseudepigraphen,* II, 1-31. (Der Aristeasbrief)

CHAPTER XVII

Philo and His Writings

Arnaldez, R. "Philo Judaeus." *New Catholic Encyclopedia.* New York, St. Louis, etc.: McGraw-Hill Book Co., 1966.

Baron, Salo W. and Blau, Joseph. *Judaism, Postbiblical and Talmudic Period.* New York: The Liberal Arts Press, 1954. Pp. 31-53.

Barrett, C. K. *The New Testament Background: Selected Documents.* London: S.P.C.K., 1957. Pp. 173-189.

"Philo." *The Encyclopedia Americana.* New York, Chicago, Washington, D. C.: Americana Corporation, 1959. XXI:766-767.

Belkin, S. *Philo and the Oral Law.* Cambridge: Harvard University Press, 1940.

Bentwich, Norman. *Philo-Judaeus of Alexandria.* Philadelphia: The Jewish Publication Soc. of America, 1910. 273 pp.

Daneliou, Jean. *Philon d-Alexandrie.* Paris: Libraire Artheme Fayard, 1958. 220 pp.

Drummond, James. "Philo." *A Dictionary of the Bible.* New York: Charles Scribner's Sons, 1909. V. (Extra vol.). pp. 197-208.

Gilbert, George Holley. *Interpretation of the Bible.* A Short History. New York: The Macmillan Company, 1908. Pp. 35-57.

Goodenough, E. R. *Introduction to Philo Judaeus.* New York: Oxford University Press, 1940.

——. *Light by Light.* New Haven: Yale University Press, 1935.

Goodhart, H. L. and Goodenough, E. R. *The Politics of Philo Judaeus with a General Bibliography.* New Haven: Yale University Press, 1938.

Goodhart, H. L. and Goodenough, E. R. *An Introduction to Philo Judaeus.* New Haven: Yale University Press, 1935.

Husik, Isaac. "Philosophy, Alexandrian." *The Universal Jewish Encyclopedia.* New York: Universal Jewish Encyclopedia Co., Inc., 1942. VIII: 499-500.

Heinemann, Isaac. "Philo." *The Universal Jewish Encyclopedia.* VIII, 495-496.

Heinemann, F. H. H. "Philo Judaeus." *Chamber's Encyclopedia.* London: George Newnes Limited, 1959. X. 661-662.

Katz, Peter. "Philo of Alexandria." *Twentieth Century Encyclopedia of Religious Knowledge.* Loetscher, Lefferts A. ed. Grand Rapids: Baker Book House, 1955. II, 876-877.

Marshall, F. H. *The Religious Backgrounds of Early Christianity*. St. Louis: Bethany Press, 1931. Pp. 101–112.

Pfeiffer, Robert H. *History of New Testament Times*. New York: Harper & Bros., 1949. Pp. 173–177; 197–209; 212–215.

Schürer, Emil. *A History of the Jewish People in the Time of Jesus Christ*. Edinburgh: T. & T. Clark, 1890. III, 321–381.

Schürer E., Biggs, Charles, and Altmann, Alexander. "Philo." *Encyclopedia Britannica*. 1971 ed. XVII, 860–862.

Wenley, R. M. "Philo, Judaeus." *The International Standard Bible Encyclopedia*. Grand Rapids: Wm. B. Eerdmans Pub. Co., 1939. IV, 2380a–2383a.

Williamson, Ronald. *Philo and the Epistle to the Hebrews*. Leiden: E. J. Brill, 1970. 602 pp.

Wolfson, A. "Philo Judaeus." *Dictionary of Philosophy*. New York: The Macmillan Co. & The Free Press, 1967. VI, 151–155.

Wolfson, Harry Austryn. "Philo." *Foundations of Religious Philosophy in Judaism, Christianity, and Islam*. Cambridge: Harvard University Press, 1947. 2 vols.

Zöckler, O. "Philo of Alexandria." *The New Schaff-Herzog Encyclopedia of Religious Knowledge*. Grand Rapids: Baker Book House, 1953. IX, 38–41.

Text of Philo

Colson, F. H. and Whitaker, G. H. *Philo*. In the Loeb Classical Library. London: William Heinemann, 1929–1956. 10 vols.

Marcus, Ralph. *Philo*. Supplementary volumes in the Loeb Classical Library. London: William Heinemann. 1958. 2 vols.

CHAPTER XVIII

Baron, Salo W. and Blau, Joseph L. *Judaism, Postbiblical and Talmudic*. New York: The Liberal Arts Press, 1954. Pp. 54–63.

Barrett, C. K. *The New Testament Background: Selected Documents*. London: S.P.C.K., 1957. Pp. 127–132; 190–207.

Bentwich, Norman. *Hellenism*. Philadelphia: The Jewish Publication Society of America, 1919. Pp. 24–34; 101–107; 241–245; 361–370.

Chadwick, Owen. "Josephus." *Encyclopedia Britannica*. 1971 ed. XIII, 89–90.

Farmer, Wm. R. *Maccabees, Zealots, and Josephus*. New York: Columbia University Press, 1956. 235 Pp.

Feldman, Louis H. *Josephus with an English Translation*. London: William M. Heinemann, 1965. Vol. IX.

Foakes-Jackson, Frederick John. *Josephus and the Jews*. London: Society for the Promotion of Christian Knowledge, 1930.

Hölscher, G. "Josephus." in Pauly-Wissowa. *Realenzyklopedie der klassischen Altertumswissenschaft*. Stuttgart: Alfred Druckenmüzzer Verlag, 1916. XVIII, 1934–2000.

Klausler, Joseph. *Jesus of Nazareth, His Life, Times and Teaching*. Trans. from the Hebrew by Herbert Danby. New York: The Macmillan Co., 1925. Pp. 55–59.

BIBLIOGRAPHY

Marcus, Ralph. "Bibliography on Josephus." *Proceedings of the American Academy for Jewish Research.* (1947). 16. 178—181.

——. "Josephus, Flavius." *Twentieth Century Encyclopedia of Religious Knowledge.* Grand Rapids: Baker Book House. 1955. I. 614.

——. *Josephus, with an English Translation.* London: William Heinemann. 1937—63. Vols. VI—VIII.

Montefiore, Hugh. *Josephus and the New Testament.* London: A. R. Mowbray, 1962.

Niese, Benedictus. "Josephus." *The Encyclopedia of Religion and Ethics.* New York: Charles Scribner's Sons, 1915. VII, 569—579.

Pfeiffer, Robert H. *History of New Testament Times.* New York: Harper & Bros., 1949. Pp. 207—210.

Reznikoff, Charles. "Josephus." *The Universal Jewish Encyclopedia.* New York: The Universal Jewish Encyclopedia, Inc., 1939. VI, 197—202.

Roth, Cecil. "Josephus Flavius." *Chamber's Encyclopedia.* London: George Newnes Limited. 1959. VIII, 138.

Schürer, Emil. "Josephus." *The New Schaff-Herzog Encyclopedia of Religious Knowledge.* Grand Rapids: Baker Book House, 1950 rpt. VI, 234—236.

Shutt, Rowland. J. H. *Studies in Josephus.* London: SPCK 1961. 132 pp.

Strugnell, S. "Josephus Flavius." *New Catholic Encyclopedia.* New York, St. Louis, etc.: McGraw-Hill Book Co., 1967. VII, 1120—1123.

Thackeray, H. St. John. *Josephus, The Man and the Historian.* New York: Jewish Institute of Religion Press. 1929. 151 pp.

——. "Josephus." in *Judaism and the Beginnings of Christianity.* New York: Block Publishing Co., 1924. Pp. 167—231.

——. "Josephus." *A Dictionary of the Bible.* New York: Charles Scribner's Sons, 1909. V, 461—473.

——. *Josephus, with English Translation.* London: William Heinemann, 1926—29. vols. I—V.

Wenley, R. M. "Josephus, Flavius," *The International Standard Bible Encyclopedia.* Grand Rapids: Wm. B. Eerdmans Pub. Co., 1939. III, 1742.

Williamson, Geoffrey Arthur. *The World of Josephus.* London: Secker & Warburg, 1964.

Whiston, William. *The Works of Flavius Josephus.* London: Ward, Lock and Co., no date. 858 pages.

CHRISTIAN LITERATURE CRUSADE

기독교문서선교회는 청교도적 복음주의신학과 신앙을 선포하는 국제적, 초교파적, 비영리 문서선교기관입니다.

기독교문서선교회는 한국교회를 위한 교육, 전도, 교화에 힘쓰고 있습니다.

만일 당신이 예수 그리스도와 그리스도인의 생활에 대하여 알기를 원하시면 지체말고 서신연락을 주십시요. 주 안에서 기쁜 마음으로 도움을 드리겠습니다.

서울 서초구 방배동 983-2
Tel. 586-8761~3

기독교 문서선교회

신구약 중간사

Introduction to the Intertestamental Period

2004년 12월 30일 초판 발행
2016년 3월 14일 초판 3쇄 발행

지 은 이 | 레이몬드 설버그

옮 긴 이 | 김의원

펴 낸 곳 | 사)기독교문서선교회
등   록 | 제16-25호(1980. 1. 18)
주   소 | 서울시 서초구 방배로 68
전   화 | 02) 586-8761~3(본사) 031) 942-8761(영업부)
팩   스 | 02) 523-0131(본사)   031) 942-8763(영업부)
홈페이지 | www.clcbook.com
이 메 일 | clckor@gmail.com
온 라 인 | 기업은행 073-000308-04-020, 국민은행 043-01-0379-646
          예금주: 사)기독교문서선교회

ISBN 978-89-341-0035-5 (93230)

※ 낙장·파본은 교환해 드립니다.

ISRAEL AND THE NATION

구약사

CLC 도서안내

F. F. 브루스 지음 | **유행열** 옮김
신국판 | 348면

본서는 구약성경 연구에 있어서 유용한 안내서로서 출애굽부터 바벨론 포로기까지와 포로 이후의 사항을 세밀히 기술하고 있으며, 이스라엘 백성의 삶의 모습 또한 보여준다.

CLC는 **67권째의 메시지**입니다.

기독교문서선교회

NEW TESTAMENT HISTORY

신약사

CLC 도서안내

F. F. 브루스 지음 | 나용화 옮김
신국판 | 488면

본서는 고등비평을 거부하는 이들을 위한 신약성경 역사 연구의 지침서로서, 가장 보수적이며 복음주의적인 관점에서 신약시대의 역사적 배경과 상황을 다루고 있다. 신약사에 담겨 있는 신학적인 의미들을 이해하는 데 큰 도움이 될 것이다.

CLC는 **67권째**의 메시지입니다.

기독교문서선교회

BACKGROUND OF THE NEW TESTAMENT

신약배경

CLC 도서안내

노재관 지음
신국판 | 328면

본서는 본서는 A. D. 1세기 당시의 다양한 삶의 정황, 즉 당시의 정치, 경제, 종교, 사회, 문화 등에 대한 정보를 제공하고 있다. 따라서 목회자들과 신학을 연구하는 신학도 및 평신도들에게 아주 유용한 책이 될 것이다.

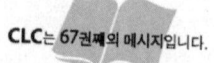
CLC는 67권째의 메시지입니다.

기독교문서선교회

A SURVEY OF ISRAEL'S HISTORY

이스라엘의 역사

CLC
도서안내

레온 우드 지음 | 김의원 옮김
신국판 | 560면

본서는 성경역사를 이해하는 데 가장 값진 자료로서 고고학으로 발견해 낸 최근의 많은 역사적 자료와 성경의 문서들을 잘 다듬어 인용함으로 성경 자료의 의미를 밝혀내고 그 신빙성을 충분히 입증하고 있다.

CLC는 **67권째**의 메시지입니다.

기독교문서선교회